校企合作新能源汽车专业精品教材

新能源汽车电力电子技术

主审 范继春

主编 马 军 陈金友 李新新

航空工业出版社

北京

内 容 提 要

本书根据当前新能源汽车技术的特点和高等职业院校的教育特色，采用项目任务式体例编写，系统地介绍了新能源汽车电力电子技术的相关知识。全书共六个项目，主要内容包括常用电力电子器件、AC/DC变换电路、DC/AC变换电路、DC/DC变换电路、AC/AC变换电路、电路保护与常用电力电子技术。

本书突出应用性和实用性，结构编排合理，内容系统全面，语言通俗易懂，模块丰富、图文并茂、可读性强，并配有相关视频辅助教学，可作为高等职业院校新能源汽车技术专业学生的教材。

图书在版编目（CIP）数据

新能源汽车电力电子技术 / 马军，陈金友，李新新主编. -- 北京：航空工业出版社，2023.7（2025.2重印）
ISBN 978-7-5165-3361-1

Ⅰ．①新… Ⅱ．①马… ②陈… ③李… Ⅲ．①新能源－汽车－电力电子技术－高等职业教育－教材 Ⅳ．
①U469.7

中国国家版本馆CIP数据核字（2023）第088105号

新能源汽车电力电子技术
Xinnengyuan Qiche Dianli Dianzi Jishu

航空工业出版社出版发行
（北京市朝阳区京顺路5号曙光大厦C座四层　100028）
发行部电话：010-85672666　010-85672683　　读者服务热线：010-85672635
北京同文印刷有限责任公司印刷　　　　　　　　全国各地新华书店经售
2023年7月第1版　　　　　　　　　　　　　　　2025年2月第2次印刷
开本：880×1230　1/16　　　　　　　　　　　　字数：330千字
印张：12.75　　　　　　　　　　　　　　　　　定价：59.80元

PREFACE 前言

发展新能源汽车是我国建设汽车强国的必由之路。近年来，我国坚持纯电驱动的战略取向，新能源汽车产业的发展取得了巨大成就。新能源汽车是电力电子技术的集大成者，新能源汽车产业的飞速发展离不开电力电子技术的支持，电力电子技术广泛应用于新能源汽车的交直流充电、驱动电机调速控制、制动能量回收、DC/DC变换等场合。因此，"新能源汽车电力电子技术"成为高等职业院校新能源汽车技术专业的一门必修课程。

为满足高等职业教育的教材需求，突出理论知识与实际应用相结合的教学特点，培养出更多掌握新能源汽车电力电子技术相关知识与技能的高素质技术人才，编者查阅了大量资料，在听取行业专家意见的基础上，结合"活页式教材"理念，精心编写了本书。

本书具有以下特点。

1 素质教育，立德树人

党的二十大报告指出："育人的根本在于立德。"本书有机融入党的二十大精神，将知识传授、能力

培养、人才成长与理想信念、价值理念、道德观念的教育有机结合，在每个项目的开头明确了"素质目标"，并在相关知识部分设置了"科技前沿""时代楷模"等模块，使学生深入领会精益求精、争创一流、艰苦奋斗、勇于创新、甘于奉献、严于律己、攻坚克难的精神，增强创新意识、质量意识、安全意识，激发进取精神、协作精神和爱国热情，从而树立正确的世界观、人生观、价值观。

2 校企合作，工学结合

在编写本书的过程中，编者咨询了多位新能源汽车专家和一线工作人员，充分考虑了新能源汽车电力电子技术相关岗位的知识要求、技能要求和素质要求，力求使职业教育与岗位需求有机结合。

3 活页理念，素质培养

为落实教育部相关文件精神，切实满足职业教育的要求，本书采用"活页式教材"理念进行编写，坚持以实践应用为主线，在向学生传授理论知识的同时，还着力锻炼学生解决问题的能力，培养学生的职业规划意识。本书兼顾理论教育、技能教育与素质教育，旨在培养德才兼备的综合性人才。

4 模块丰富，思维延伸

本书设置了丰富的模块。其中，"点拨""注意"模块主要对一些专业术语或电路现象进行解释说明，辅助学生理解和掌握相关知识；"知识链接"模块用于拓宽学生的视野；"课堂讨论""创想天地"模块旨在通过课堂交流提高学生的学习积极性，培养学生的创新创业精神，提高学生解决实际问题的能力。

5 任务驱动，理实一体

本书根据实际内容划分为多个项目，每个项目又设有多个任务，每个任务以任务引入→任务工单→相关知识的结构安排内容。

任务引入：通过新能源汽车电力电子技术的典型应用案例、行业资讯等形式引出学习任务。

任务工单：配套设计于每个任务中，体现"做中学，学中做"的教学理念。任务工单可以引导学生自学，让学生在实际的电路测试操作中熟悉电力电子器件的主要特性、了解电力变换电路的主要功能、掌握测试仪器的主要用法等，有利于激发学生的学习兴趣，培养学生自主学习的意识，增强学生的实践能力。

相关知识：参考高等职业院校"新能源汽车电力电子技术"的课程标准，以"必需、够用"为原则，侧重介绍新能源汽车中常用电力电子器件的主要性能、电力变换电路的结构和工作原理等内容。

6 过程考核，强化成果

本书以目标为导向，将过程化考核有机地融入每个项目，以强化教学成果，引领学生进一步拓展创新思维。

首先，在每个项目的开始明确了本项目所要达成的知识目标、技能目标和素质目标。

其次，在每个任务工单的末尾设置了"考核评价"模块，结合学生在任务实施中的表现从职业素养和专业能力两方面对学生进行评价。

PREFACE | 前言

再次，在每个项目中还设置了"综合测试"模块，引导学生更好地掌握与运用所学知识。

最后，在每个项目的末尾设置了"学习成果评价"模块，可以从知识、技能和素养三个方面对学生进行综合评价，检验学生的学习成果。

7 图文并茂，生动直观

为了方便学生理解，本书配备了大量与文字相辅相成的电路图、实物图、结构图等内容，并采用全彩印刷，利用不同颜色和标注对图片进行处理，方便学生更加直观地学习相关知识，更好地把握重点、消化难点。

8 数字资源，平台辅助

本书配有丰富的数字资源。读者可借助手机或其他移动设备扫描二维码观看微课视频，也可登录文旌综合教育平台"文旌课堂"（www.wenjingketang.com）查看和下载本书配套资源，如教学视频、优质课件、教案、习题答案等。

此外，本书还提供了在线题库，支持"教学作业，一键发布"，指导教师只需要通过微信或"文旌课堂"App扫描扉页二维码，即可迅速选题、一键发布、智能批改，并查看学生的作业分析报告，提高教学效率、提升教学体验。学生可在线完成作业，巩固所学知识，提高学习效率。

本书由范继春担任主审，马军、陈金友、李新新担任主编，龚灯荣、李义、杨勇、张瑞云、周志成、喻丽丽、袁桂梅担任副主编。

在编写本书的过程中，编者参考了大量的资料并引用了部分文章和图片等。在此，向这些资料的作者表示衷心的感谢。这些引用的资料大部分已获原作者授权，但由于部分资料来自网络，我们未能确认出处，也暂时无法联系到原作者。对此，我们深表歉意，并欢迎原作者随时与我们联系（电话：400-117-9835），我们将按规定支付酬劳。

由于编者水平有限，书中存在的疏漏与不当之处，恳请广大读者批评指正，以便我们进行修订和完善，不断提高教材水平。

目录 CONTENTS

| 绪　论 | 1 |

- 0.1 电力电子技术的含义 …… 1
- 0.2 电力电子技术的主要内容 …… 1
- 0.3 电力电子技术在新能源汽车上的应用 …… 3

项目1　常用电力电子器件 …… 7

任务 1.1　认识电力二极管 …… 8
- 任务引入 …… 8
- 任务工单——测试电力二极管的伏安特性 …… 9
  - 1.1.1　电力二极管的结构与工作原理 …… 13
  - 1.1.2　电力二极管的主要参数和选用方法 …… 14
  - 1.1.3　电力二极管的主要特性 …… 15

任务 1.2　认识晶闸管 …… 18
- 任务引入 …… 18
- 任务工单——测试晶闸管的动态特性 …… 19
  - 1.2.1　晶闸管的外形与结构 …… 23
  - 1.2.2　晶闸管的工作原理 …… 23
  - 1.2.3　晶闸管的主要参数和选用方法 …… 24
  - 1.2.4　晶闸管的主要特性 …… 26
  - 1.2.5　门极可关断晶闸管 …… 28

任务 1.3　认识绝缘栅双极晶体管 …… 31
- 任务引入 …… 31
- 任务工单——测试绝缘栅双极晶体管的特性 …… 33
  - 1.3.1　IGBT 的结构 …… 37
  - 1.3.2　IGBT 的工作原理 …… 37
  - 1.3.3　IGBT 的主要特性 …… 38
  - 1.3.4　IGBT 的擎住效应和安全工作区 …… 40
  - 1.3.5　IGBT 在新能源汽车上的应用 …… 41

综合测试 …… 43
学习成果评价 …… 44

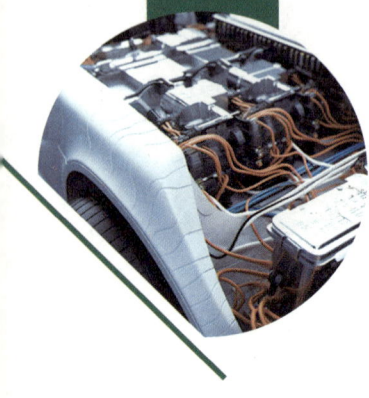

项目2　AC/DC变换电路　45

任务2.1　测试单相可控整流电路　46
任务引入　46
任务工单——测试单相半波可控整流电路　47
2.1.1　整流电路概述　49
2.1.2　单相半波可控整流电路　51
2.1.3　单相桥式全控整流电路　56

任务2.2　测试三相可控整流电路　60
任务引入　60
任务工单——测试三相桥式全控整流电路　61
2.2.1　三相半波可控整流电路　63
2.2.2　三相桥式全控整流电路　70

综合测试　78
学习成果评价　79

项目3　DC/AC变换电路　81

任务3.1　测试无源逆变电路　82
任务引入　82
任务工单——测试无源逆变电路　83
3.1.1　无源逆变电路概述　87
3.1.2　电压型无源逆变电路　89
3.1.3　电流型无源逆变电路　95

任务3.2　测试有源逆变电路　98
任务引入　98
任务工单——测试有源逆变电路　99
3.2.1　单相有源逆变电路　103
3.2.2　三相有源逆变电路　105
3.2.3　逆变失败与逆变角的限制　108

综合测试　111
学习成果评价　112

项目4　DC/DC变换电路　113

任务4.1　测试直流斩波电路　114
任务引入　114

任务工单——测试直流斩波电路	115
4.1.1 DC/DC 变换电路概述	117
4.1.2 基本直流斩波电路	119

任务 4.2 测试间接直流变换电路 … 126
任务引入 … 126
任务工单——测试间接直流变换电路 … 127
4.2.1 单端电路 … 129
4.2.2 双端电路 … 131

综合测试 … 135
学习成果评价 … 136

项目 5 AC/AC 变换电路 … 139

任务 5.1 测试交流调压电路 … 140
任务引入 … 140
任务工单——测试交流调压电路 … 141
5.1.1 AC/AC 变换电路的分类 … 143
5.1.2 单相交流调压电路 … 144
5.1.3 三相交流调压电路 … 148

任务 5.2 测试变频电路 … 151
任务引入 … 151
任务工单——测试变频电路 … 153
5.2.1 交－交变频电路 … 155
5.2.2 交－直－交变频电路 … 159

综合测试 … 162
学习成果评价 … 163

项目 6 电路保护与常用电力电子技术 … 165

任务 6.1 了解电力电子电路的保护措施 … 166
任务引入 … 166
任务工单——测试保护电路 … 167
6.1.1 过电压保护 … 169
6.1.2 过电流保护 … 170
6.1.3 缓冲电路保护 … 172

任务 6.2 了解 PWM 控制技术 … 174
任务引入 … 174

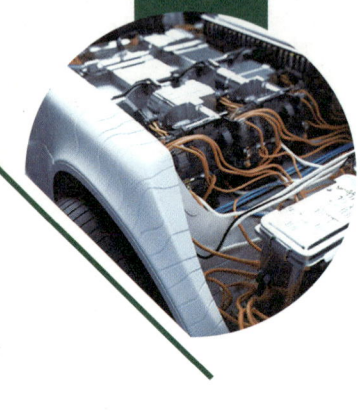

　　任务工单——测试单相 SPWM 逆变电路 ……………… 175
　　6.2.1　PWM 控制技术概述 ……………… 177
　　6.2.2　PWM 逆变电路及控制方法 ……………… 178
任务 6.3　了解软开关技术 ……………… 183
　　任务引入 ……………… 183
　　任务工单——测试零电流开关准谐振电路 ……………… 185
　　6.3.1　软开关的工作原理 ……………… 187
　　6.3.2　软开关电路概述 ……………… 188
　　6.3.3　典型的软开关电路 ……………… 190
综合测试 ……………… 192
学习成果评价 ……………… 193

参考文献 ……………… 194

绪 论

0.1 电力电子技术的含义

电力电子技术是指应用于电力领域的电子技术，是使用电力电子器件对电能进行变换和控制的技术。通常，电力电子技术包含电力电子器件制造技术和电力电子变流技术两个分支。

其中，电力电子器件制造技术和信息电子器件制造技术都是以半导体理论为基础的，且这两种电子器件的制造工艺也基本相同。而电力电子变流技术则是指利用电力电子器件构成电力电子电路，并对这些电路进行控制，以及利用这些电路构成电力电子装置和电力电子系统的技术。

> **点 拨**
>
> 电力电子技术是电子技术的一个分支，而另一个分支是信息电子技术，也就是我们熟知的模拟电子技术与数字电子技术。信息电子技术主要用于信息处理，而电力电子技术主要用于电力变换。

0.2 电力电子技术的主要内容

1. 电力电子电路

电力电子电路一般由主电路、控制电路、驱动电路、检测电路组成，如图0-1所示。

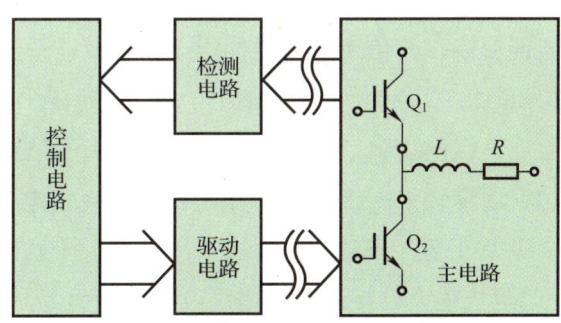

图0-1 电力电子电路的基本组成

（1）主电路是实现电力变换的主体，主要由电力电子器件按照一定的要求组成特定的结构，通过电力电子器件自身的开通和关断来实现电力变换，将电源的电能变换为负载所需要的形式。

（2）控制电路一般由信息电子电路组成，可按照系统的工作要求输出控制信号。

（3）驱动电路是主电路和控制电路之间的纽带，它可将控制电路产生的信号按照控制要求，变换为可使电力电子器件开通或关断的信号，并通过光、磁等传递信号，使控制电路与主电路实现电气隔离。

（4）检测电路用来检测主电路或应用现场的状态，并将这些状态信息反馈给控制电路。

 点　拨

通常，人们会在主电路和控制电路中设置一些保护电路，以保证电力电子器件和整个系统的可靠运行。

2. 电力电子器件

电力电子器件又称功率半导体器件，主要指用于电力设备的电能变换和运行控制的大功率（通常指电流为数十至数千安，电压为数百伏以上）电子器件。

1）电力电子器件的分类

电力电子器件的种类很多，并且各有特点。通常，按照开关控制特性的不同，电力电子器件可分为不可控器件、半控型器件和全控型器件。

（1）不可控器件是指本身没有开通、关断控制功能，需要根据外电路条件决定其开通、关断状态的器件。

（2）半控型器件是指通过控制信号只能控制其开通，而不能控制其关断的器件。

（3）全控型器件是指通过控制信号既能控制其开通，又能控制其关断的器件。

 点　拨

按照驱动电路加在电力电子器件控制端和公共端之间信号性质的不同，电力电子器件可分为电流控制型器件和电压控制型器件；按照电力电子器件内部自由电子和空穴两种载流子参与导电情况的不同，电力电子器件可分为单极型器件、双极型器件和复合型器件。

2）电力电子器件的特征

电力电子器件可直接用于电能变换，同信息电子器件相比，电力电子器件具有以下特征。

（1）处理大功率的能力（即承受大电压和大电流的能力）强，这是电力电子器件的重要特征。电力电子器件可处理小至毫瓦级，大至兆瓦级的功率，处理的功率范围远大于信息电子器件。

（2）由于电力电子器件的功率通常较大，因此为了减小自身损耗，电力电子器件一般都工作在开关状态。在此状态下，电力电子器件在开通（通态）时阻抗很小，接近于短路，电压降接近于零，而电流由外电路决定；在关断（断态）时阻抗很大，接近于断路，电流几乎为零，而两端的电压由外电路决定。

（3）在实际应用中，电力电子器件往往需要由信息电子电路来控制。

（4）电力电子器件自身的功率损耗远大于信息电子器件，因此为保证功率损耗产生的热量不致使电力电子器件因温度过高而损坏，在对电力电子器件进行封装时应考虑散热设计，在使用时一般也要为其安装散热器。

点 拨

因为电力电子器件处理的功率大，普通信息电子电路的信号一般不能直接控制电力电子器件的开通或关断，需要一定的中间电路对信号进行放大，这就是驱动电路存在的意义。

3）电力电子器件的功率损耗

电力电子器件在工作时的功率损耗主要包括通态损耗、断态损耗和开关损耗。

（1）当电力电子器件开通时，电力电子器件上有一定的通态电压降，从而形成通态损耗。

（2）当电力电子器件关断时，电力电子器件上有微小的断态漏电流，从而形成断态损耗。

（3）电力电子器件在开通和关断过程中，会产生开通损耗和关断损耗，合称开关损耗。

点 拨

通常电力电子器件的断态漏电流极小，因而通态损耗是电力电子器件功率损耗的主要成分。而当电力电子器件开关频率较高时，开关损耗会随之增大，逐渐成为电力电子器件功率损耗的主要成分。对某些器件来讲，驱动电路向其输入电能也是造成电力电子器件功率损耗的原因之一。

3. 电力变换

电力的种类主要有直流电（direct current, DC）和交流电（alternating current, AC）两种。其中，直流电的电流和电压方向不会随时间的变化而变化，而交流电的电流和电压方向会随时间的变化而变化。

在日常生活中，大型用电设备一般使用的是交流电，而常用的家用电器和数码产品虽然接入的是交流电，但其内部电路使用的却是直流电。在某些电路中，交流电与直流电还会交替使用。因此，为了满足不同情况下的用电要求，需要进行电力变换。电力变换主要分为交流变直流、直流变交流、直流变直流、交流变交流这四种类型，如表0-1所示。

表0-1 电力变换的类型

输出	输入	
	交流（AC）	直流（DC）
直流（DC）	整流	直流斩波、间接直流变换
交流（AC）	交流调压、变频	逆变

0.3 电力电子技术在新能源汽车上的应用

电力电子技术作为一门新兴并具有较广覆盖面的学科，其应用领域已经由传统的电力、交通、工业制造等领域拓展到通信、新能源汽车、节能减排等新兴领域，成为现代汽车的核心控制技术之一，对新能源汽车的发展起着不可替代的作用。

众所周知，新能源汽车区别于传统燃油汽车最核心的技术就在于"三电"系统——动力蓄电池系统、驱动电机系统、电控系统，如图0-2所示为"三电"系统在新能源汽车上的分布情况。下面对"三电"

系统所涉及的主要电力电子装置进行简单介绍。

图0-2 "三电"系统在新能源汽车上的分布情况

1. 电力电子装置的类型

变流器是新能源汽车电控系统常用的电力电子装置，可对整个车辆的动力输出进行合理的控制，其性能直接决定了新能源汽车的爬坡、加速、最高速度等主要性能指标。如图0-3所示为新能源汽车电控系统的基本组成。

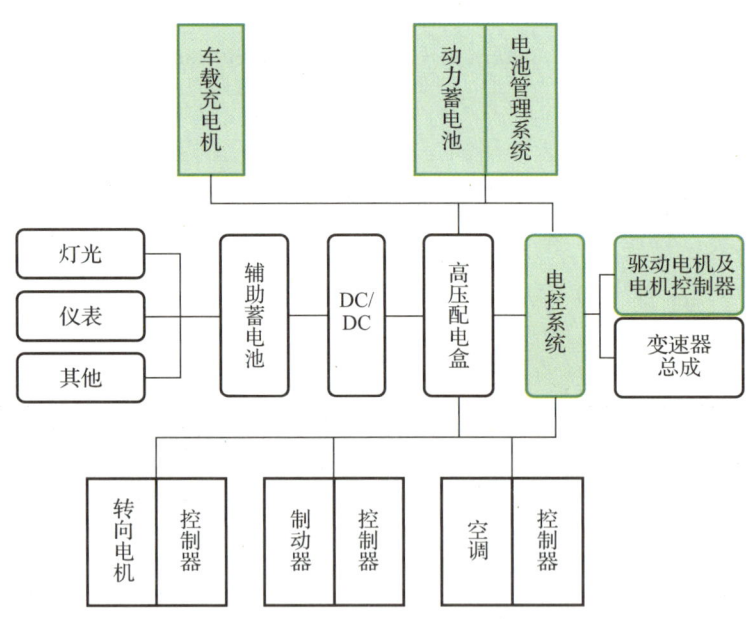

图0-3 新能源汽车电控系统的基本组成

按照电力变换类型的不同，新能源汽车上的变流器主要分为整流器、逆变器、直流斩波器和变频器4种。

（1）整流器是把交流电变换为直流电的装置。车载充电机就是整流器在新能源汽车上的典型应用，其功能是将电网交流电变换为直流电给动力蓄电池充电；而在车辆进行制动能量回收时，电机控制器也具有整流器的功能，可将驱动电机产生的交流电变换为直流电，然后给动力蓄电池充电。

（2）逆变器是将直流电变换为交流电的装置。通常，驱动电机在车辆低速行驶或爬坡时要求具有高转矩，在车辆高速行驶时具有低转矩。而驱动电机在低速下的最大输出转矩取决于逆变器的电流输出能力，最大输出功率则由逆变器的功率决定。

（3）直流斩波器（也称DC/DC变换器）是将固定的直流电压变换为可调的直流电压的装置。新能源汽车在行驶过程中需要频繁起停、加减速，因此，驱动电机的输入电压是在不断变化的。但受限于动力蓄电池的比功率指标，直接用动力蓄电池为驱动电机供电或接收驱动电机回收的电能，会造成驱动电机性能恶化。这时就需要用直流斩波器来平衡动力蓄电池和驱动电机的电压，将动力蓄电池的电压维持在相对稳定的数值上，这样可明显提高驱动电机的性能。

（4）变频器是把固定频率的交流电，经过功率半导体电路变换成另一种频率的交流电的装置。在新能源汽车中，变频器可以改变异步电机电源的频率，从而改变其同步转速，实现异步电机的调速控制。

2．电力电子装置的应用

1）充电机

充电机是一种将电网提供的交流电或者直流电变换为动力蓄电池所需要的直流电的装置，主要分为车载充电机和非车载充电机两种。

（1）车载充电机（见图0-4）是指固定安装在新能源汽车上的充电机，其内部主要由功率电路与控制电路组成。功率电路主要负责将外部输入的交流电变换为动力蓄电池可用的直流电；控制电路可实现与电池管理系统的通信，根据需求来控制功率电路输出一定大小的电压和电流。

（2）非车载充电机一般安装在固定的充电桩里，按照工作电源的不同可分为直流充电桩和交流充电桩两种。如图0-5所示为新能源汽车充电场景。

图0-4　车载充电机

图0-5　新能源汽车充电场景

直流充电桩通过整流变换将电网输入的交流电变换为直流电，可直接为动力蓄电池充电，这种充电方式被称为直流充电，也称"快充"。交流充电桩通过交流调压变换将电网输入的交流电频率变换成符合新能源汽车充电需求的交流电，它不能直接为动力蓄电池充电，还需要车载充电机的配合，这种充电方式被称为交流充电，也称"慢充"。

点 拨

直流充电用时短，但直流充电桩的体积大、建设成本高、数量较少，不能满足当下大量新能源汽车充电的需求，充电不方便，且经常使用直流充电会缩短动力蓄电池的使用寿命。交流充电用时较长，但有利于延长动力蓄电池的使用寿命，且充电方便，利用家用电源即可完成。

2）电机控制器

新能源汽车使用的驱动电机一般应具有瞬时功率大、过载能力强、能量转换效率高、使用寿命长的特点，同时必须具有较大的调速范围、较高的可靠性，且能在恶劣环境下长期工作。按照工作电源的不同，驱动电机一般分为直流电机和交流电机两种，它们所使用的电机控制器也有所不同。

（1）直流电机主要采用直流斩波器作为功率变换器。直流斩波器的斩波脉冲频率较高，非常适用于直流电机的调速控制。但由于直流电机效率低、质量和体积大、可靠性差，目前在新能源汽车驱动电机领域已经被交流电机替代。

（2）交流电机主要采用直流斩波器加逆变器或脉宽调制（pulse width modulation, PWM）逆变器这两种功率变换器，前者会增加新能源汽车的能量传输环节，降低工作效率；后者的线路简单、能量传输环节少、系统工作效率高。

项目 1

常用电力电子器件

项目导读

电力电子器件是电力电子技术发展和应用的基础,在电力系统中因其开关速度快、电能消耗低和使用寿命长而倍受重视。电力电子器件的种类众多,且各有特点。常用的电力电子器件有电力二极管、电力场效应晶体管、晶闸管、双极结型晶体管、绝缘栅双极晶体管等。

本项目主要介绍电力二极管、晶闸管和绝缘栅双极晶体管的基本知识。

知识目标

- 掌握电力二极管的结构、主要参数、选用方法和主要特性。
- 熟悉晶闸管的工作原理、选用方法和主要特性。
- 掌握绝缘栅双极晶体管的结构、工作原理和主要特性。
- 了解绝缘栅双极晶体管在新能源汽车上的应用。

技能目标

- 能测试电力二极管的伏安特性。
- 能测试晶闸管的动态特性。
- 能测试绝缘栅双极晶体管的特性。

素质目标

- 具有一定的沟通能力和团队意识。
- 树立民族自尊心、自豪感和文化自信。
- 养成安全、规范、高效完成工作的职业习惯。

任务1.1 认识电力二极管

任务引入

电力二极管又称功率二极管或半导体整流器,人们在20世纪50年代初期就已开始应用。由于结构简单、工作可靠,因此电力二极管常用于高压电、大功率及不需要调压的整流场合。如图1-1所示为常用的电力二极管类型。

扫一扫

电力二极管的类型

　　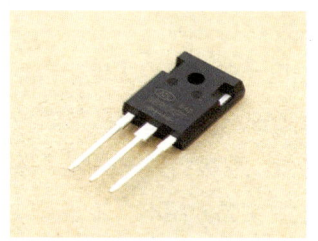

（a）普通二极管　　　　　　（b）快恢复二极管　　　　　　（c）肖特基二极管

图1-1　常用的电力二极管类型

本任务主要介绍电力二极管的相关知识,知识与技能要求如表1-1所示。

表1-1　知识与技能要求

任务内容	认识电力二极管	学习程度		
		识记	理解	应用
学习任务	电力二极管的结构与工作原理	●		
	电力二极管的主要参数		●	
	电力二极管的选用方法			●
	电力二极管的主要特性		●	
实训任务	测试电力二极管的伏安特性			●
自我勉励				

班级 _____　　　姓名 _____　　　学号 _____

任务工单——测试电力二极管的伏安特性

1. 任务准备

1）知识准备

PN结是构成电力二极管的核心元件，它通常由一个N型掺杂区（简称N区）和一个P型掺杂区（简称P区）紧密接触所构成。其中，P区会产生空穴，带正电荷，而N区会产生自由电子，带负电荷。

由于P区的空穴多于自由电子，N区的自由电子多于空穴，因此在浓度梯度的影响下，P区和N区的交界面附近将产生多子的扩散运动，即载流子（空穴或自由电子）由浓度高的一侧向浓度低的一侧运动。如图1-2（a）所示，P区的空穴向N区扩散，与N区的自由电子复合；N区的自由电子向P区扩散，与P区的空穴复合。

上述这种扩散运动使N区失掉自由电子而产生正离子，P区得到自由电子而产生负离子，结果在交界面两侧由等量正、负离子形成了空间电荷区，如图1-2（b）所示。在这个区域内，由于多子已扩散到对方区域并被复合掉，好像耗尽了一样，因此空间电荷区又称耗尽层。

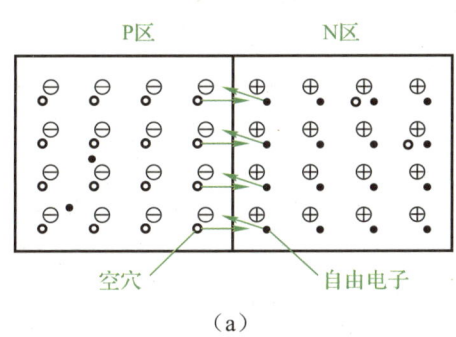
（a）

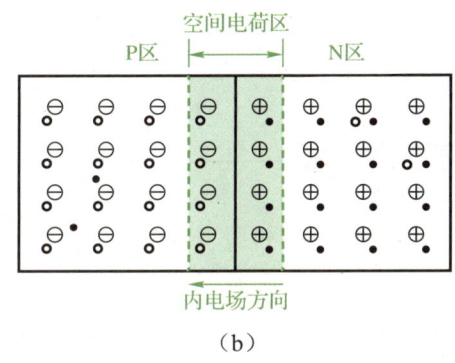
（b）

图1-2　扩散运动

空间电荷区的形成，建立了由N区指向P区的内电场。显然，内电场对多子的扩散运动起阻碍作用，但却有助于内电场中少子的漂移运动。因此，在内电场作用下，N区的空穴向P区漂移，P区的自由电子向N区漂移，最终使空间电荷区变窄，内电场被削弱。扩散运动和漂移运动既相互联系又彼此矛盾，最终达到一种动态平衡，使空间电荷区的正负电荷量达到稳定值。

将PN结用外壳封装起来，并引出两根电极引线，就可以构成一个电力二极管。电力二极管的电气图形符号如图1-3所示。其中从PN结的P端引出的电极称为阳极A，从PN结的N端引出的电极称为阴极K。

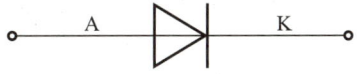

图1-3　电力二极管的电气图形符号

2）工具和器材准备

准备任务实施所需的工具和器材，并补全表1-2。

班级 _____ 姓名 _____ 学号 _____

表1-2 工具和器材清单

序号	名称	型号与规格	序号	名称	型号与规格
1	直流稳压电源		5	电位器	
2	数字万用表		6	电力二极管	
3	毫安表		7	导线	
4	电阻				

2．任务实施

1）判断电力二极管引脚的极性

（1）将数字万用表置于 $R×2\text{k}$ 位置，用红、黑两表笔分别测量电力二极管两引脚之间的正反向电阻。

（2）若此时数字万用表的读数为几十欧姆，则黑表笔所测引脚为_____，红表笔所测引脚为_____。

（3）保持电力二极管不动，调换数字万用表红、黑表笔的测量位置，再次测量电力二极管两引脚之间的电阻。若此时数字万用表的读数为几千欧姆，则黑表笔所测引脚为_____，红表笔所测引脚为_____。

 点 拨

电力二极管的正反向电阻相差越大越好。在测试中，若发现电力二极管的正反向电阻均为无穷大，则说明电力二极管内部开路；若正反向电阻均接近于零，则说明电力二极管内部短路（PN结被击穿）；若正反向电阻差别很小，则说明电力二极管已经失去单向导电性，不能使用。

2）用逐点法测试电力二极管的正向特性

（1）如图1-4所示连接电路。

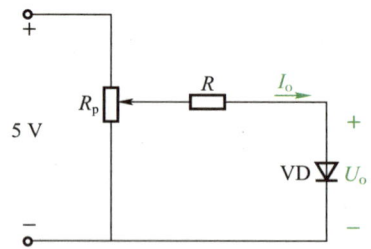

图1-4 电力二极管正向特性测试电路

（2）调节直流稳压电源，使其输出电压为5 V。

（3）调节 R_p，用数字万用表监测电力二极管两引脚之间的电压 U_o，使其按照表1-3所示的数值变化。每调整到一个电压值后，读取一次毫安表的示数 I_o，并将读数记录在表1-3中。

表1-3　电力二极管正向特性测试数据

U_o/V	0	0.1	0.2	0.3	0.4	0.5	0.6	0.65	0.7
I_o/mA									

3）用逐点法测试电力二极管的反向特性

（1）如图1-5所示连接电路。

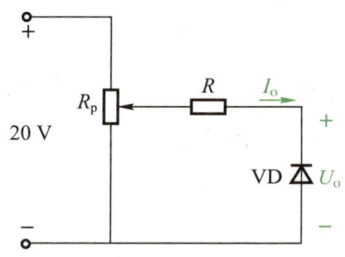

图1-5　电力二极管反向特性测试电路

（2）调节直流稳压电源，使其输出电压为20 V。

（3）调节R_p，用数字万用表监测电力二极管两引脚之间的电压U_o，使其按照表1-4所示的数值变化。每调整到一个电压值后，读取一次毫安表的示数I_o，并将读数记录在表1-4中。

表1-4　电力二极管正向特性测试数据

U_o/V	0	1	2	4	6	8	15
I_o/mA							

4）绘制二极管的伏安特性曲线

根据表1-3和表1-4的测试数据，在图1-6中绘制电力二极管的伏安特性曲线。

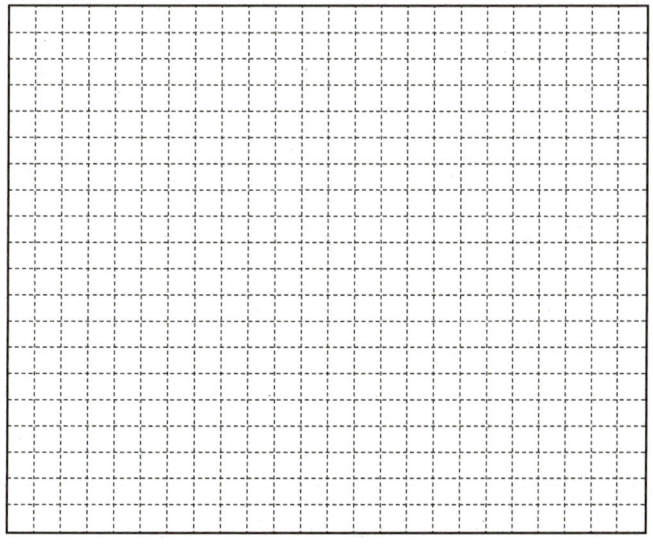

图1-6　电力二极管的伏安特性曲线

班级 _____ 姓名 _____ 学号 _____

 思维延伸

根据电力二极管的伏安特性,分析电力二极管的应用场合,列举电力二极管的实际应用案例。

3. 考核评价

各组展示任务完成情况,并完成如表1-5所示的考核评价表。

表 1-5 考核评价表

项目名称	评价标准	满分/分	评分/分		
			自评	互评	师评
职业素养考核项目 30%	任务工单整洁、规范	5			
	认真参加活动,积极思考	5			
	主动与同学、指导教师交流	5			
	团结协作,组织协调能力强	5			
	能发现问题并解决问题	10			
专业能力考核项目 70%	能正确使用数字万用表并准确读数	10			
	能正确判别电力二极管引脚的极性	10			
	能正确连接电力二极管正反向特性测试电路	10			
	能正确绘制电力二极管的伏安特性曲线	25			
	测试完毕后正确断开电路连接,整理器材并归位	15			
合计		100			
总评	自评(20%)+互评(20%)+师评(60%)=	综合等级:	指导教师(签名):		

项目1 常用电力电子器件

1.1.1 电力二极管的结构与工作原理

1. 电力二极管的结构

电力二极管是指可以承受高压、大电流,具有较大耗散功率的二极管。它可与其他电力电子器件相配合,实现整流、续流、电气隔离、钳位、保护等功能,在各种变流电路中发挥着重要作用。

从外形上看,电力二极管主要有螺栓型和平板型两种封装形式,如图1-7(a)所示。电力二极管的结构如图1-7(b)所示,其中"+"表示高掺杂浓度区域,"-"表示低掺杂浓度区域。

虽然电力二极管与信息二极管结构类似,都是以PN结为基础,但电力二极管在P区和N区之间有低掺杂N区存在,令PN结在保持开通的同时为多子的扩散提供了缓冲区域,从而使电力二极管能够耐受更大的反向电压而不被击穿,电力二极管由此满足了在高压、大电流场合下的使用要求。

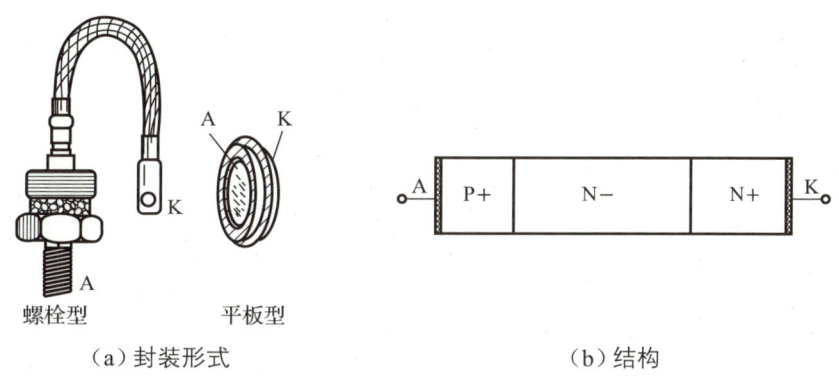

(a)封装形式　　　　　　　　　(b)结构

图1-7 电力二极管的封装形式、结构

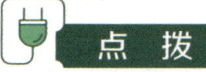

低掺杂N区由于掺杂浓度低而近似于无掺杂的纯半导体材料(本征半导体),因此,电力二极管的结构也被称为P-i-N结构。

2. 电力二极管的工作原理

电力二极管与信息二极管的工作原理基本相同,当无外加电压时,扩散运动和漂移运动处于动态平衡,流过电力二极管的电流为零。当有外加电压时,电力二极管会因外加电压极性的不同而表现出截然不同的导电性,即单向导电性。

电力二极管阳极A电位高于阴极K电位的外加电压称为正向电压,此时电力二极管处于正向偏置状态(简称正偏),电力二极管开通。此时的PN结表现为低阻抗状态,允许有较大的电流通过。

电力二极管阳极A电位低于阴极K电位的外加电压称为反向电压,此时电力二极管处于反向偏置状态(简称反偏),电力二极管关断。此时的PN结表现为高阻抗状态,PN结上通过电流很小。

PN结虽然具有一定的反向耐压能力,但当反向电压过大时,反向电流会急剧增大,造成反向击穿。反向击穿主要有雪崩击穿和齐纳击穿两种形式。

3. 结电容对电力二极管的影响

PN结的电荷量会随外加电压的变化而变化,即PN结呈现电容特性,该电容称为结电容C_J,又称为微分电容。结电容按其产生机制和作用的不同可分为势垒电容C_B和扩散电容C_D。

势垒电容只有在PN结外加电压变化时才起作用,外加电压频率越高,势垒电容作用越明显,并且势垒电容的大小与PN结的横截面积成正比,与阻挡层(即空间电荷区)的厚度成反比。而扩散电容仅在PN结正偏时起作用,并且当正向电压较低时,势垒电容为结电容的主要成分,当正向电压较高时,扩散电容为结电容的主要成分。

结电容会影响PN结的工作频率。特别是在高速开关状态下,结电容可能导致PN结单向导电性变差,甚至不能工作。因此,结电容限制了电力二极管工作频率的提高。

1.1.2 电力二极管的主要参数和选用方法

1. 电力二极管的主要参数

电力电子器件的参数是定量描述电力电子器件性能和安全工作范围的重要数据,是合理选择和正确使用电力电子器件的依据,一般可通过查询手册或者直接测量获得。电力二极管的主要参数有正向电流I_F、正向电压U_F、反向重复峰值电压U_{RRM}、反向重复平均电流I_{RR}、最高工作结温T_{JM}、反向恢复时间t_{rr}、正向恢复时间t_{fr}等。

(1)正向电流是指电力二极管长期运行时,在指定的管壳温度(简称壳温,用T_c表示)和散热条件下,沿电力二极管低阻方向流动的电流。该值是按照电流的热效应来定义的,使用时应按有效值相等的原则来选取,并留有一定的裕量。

点 拨

在进行电路分析时,对于直流电路,其电压和电流一般采用平均值;对于交流电路,其电压和电流必须采用有效值;对于负载,其电压和电流通常采用有效值。为方便分析,本书用u、i表示电压和电流的瞬时值,用U、I表示电压和电流的平均值或有效值。

(2)正向电压是指电力二极管在指定温度下,流过某一指定的稳态正向电流时对应的电压。

(3)反向重复峰值电压是指电力二极管在指定温度下,所能重复施加的反向最高峰值电压,其值通常为电力二极管雪崩击穿电压U_B的2/3。

(4)反向重复平均电流是指在反向重复峰值电压作用下的平均漏电流。

(5)结温是指电力二极管中PN结的平均温度,用T_j表示。最高工作结温是指电力二极管在PN结不损坏的前提下所能承受的最高平均温度,通常为125～175 ℃。

(6)反向恢复时间是指电力二极管在关断过程中,从电流减小至零时起到恢复反向阻断能力所需要的时间。

(7)正向恢复时间是指电力二极管在开通过程中,电压从零开始增大至峰值电压再减小至稳态电压所需要的时间。

2. 电力二极管的选用方法

电力二极管的选用一般考虑以下方面。

（1）在实际应用中，应确保所选电力二极管正向电流的额定有效值大于实际通过电流的有效值，且预留1.5~2倍的裕量。

（2）为确保安全，一般在实际应用中会以电力二极管可能承受的反向最高峰值电压的2~3倍作为反向重复峰值电压的参考值来选定电力二极管的型号。

（3）在使用电力二极管时，必须满足规定的冷却条件，若不能满足规定的冷却条件，则必须降低容量使用。例如，规定需要风冷的电力二极管在自冷条件使用时,只允许其工作电流为额定电流的1/3左右。

点拨

风冷是指通过风扇给电力电子器件降温的冷却方式，适合灰尘较少、环境较稳定的场合。自冷是指自然冷却方式，它不需要外加风扇降温，不存在风扇噪声，也减少了灰尘，但是降温性能较差。

1.1.3 电力二极管的主要特性

1. 静态特性

电力二极管的静态特性主要指其伏安特性，其曲线如图1-8所示。在电力二极管承受的I_F较小时，耗尽层逐渐变窄，而当I_F增大到一定值（门槛电压U_{TO}），耗尽层消失，I_F明显增大，电力二极管处于稳定开通状态（简称通态）。此时，与I_F对应的电力二极管两端电压即U_F。当电力二极管承受反向电压时，只有少子引起的微小且数值恒定的反向漏电流，此时电力二极管处于关断状态（简称断态）。

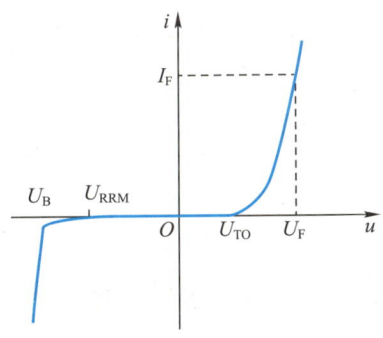

图1-8 电力二极管的伏安特性曲线

2. 动态特性

因结电容和电感的存在，电力二极管在零偏、正偏和反偏这三个状态之间转换时必然要经过一个过渡过程，在此期间电力二极管的电压、电流会随时间的变化而变化，这就是电力二极管的动态特性。电力二极管的动态特性往往专指反映其通态和断态之间转换过程的开关特性。

1）关断过程

如图1-9所示为电力二极管的关断过程，即由正偏转为反偏的过程，其中t_F称为下降时刻。从t_F开始，正向电流随着外加电压的增大而减小，并在t_0时刻下降为零，但此时电力二极管还未恢复反向阻断能力。之后，由于结电容的存在，电流会从正向变换为反向（相当于电容放电）。此时，储存的电荷还未完全释放，电力二极管两端的电压基本保持不变，这段时间称为延迟时间 t_d。在 t_1 时刻，反向电流达到最大值 I_{RP}，此后反向电流迅速减小，并出现反向过冲电压 U_{RP}（相当于电容的反向充电）。直到 t_2 时刻，电力二极管获得反向阻断能力，将进入断态。

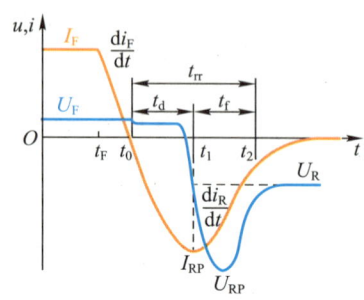

图1-9　电力二极管的关断过程

 点　拨

下降时间 t_F 与延迟时间 t_d 之比称为反向恢复系数，用 S 表示，$S = t_F / t_d$，S 越小，电力二极管反向恢复速度越快。

2）开通过程

如图1-10所示为电力二极管的开通过程，即由零偏转为正偏的过程。电力二极管的 U_F 会先出现一个过冲电压 U_{FP}，经过一段时间后才接近稳态正向电压，这段时间即正向恢复时间 t_{fr}。

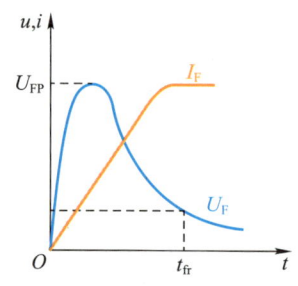

图1-10　电力二极管的开通过程

出现过冲电压的原因

阻性机制：电导调制使有效电阻随正向电流的增大而减小，管压降随之减小，因此正向电压在到达 U_{FP} 后开始减小，最后稳定在 U_F。

感性机制：随着时间的推移，电流会在电力电子器件内部电感上产生电压降，电流上升速度越快，U_{FP} 越高。

与时俱进的电力电子技术——张为佐

张为佐是我国著名的电力电子技术和功率半导体专家,长期从事功率半导体的研究工作,是我国功率半导体事业的创始人之一。

1958年,张为佐与一批具有献身精神的工程技术人员,在条件极其艰难的环境中不懈追求,成为中国电力电子技术研究的核心力量。在他们的努力下,中国电力电子器件的整体性能已接近国际水平,有些应用技术甚至走在西方发达国家前面。

1979年,张为佐撰写了《略论电力电子学》一文,被业内视为中国第一篇论述电力电子学的文章。进入20世纪90年代后,电力电子技术与微电子工艺技术相互渗透,智能化的功率模块和功率集成电路,成为业内的研究对象和发展重点。张为佐率先对电力电子技术作出新的定义,通过撰写大量文章、参加各种有关专业研讨会,向业内广泛传播这些技术,受到业内的极力推崇和高度评价。

张为佐先生一生从事电力电子技术研究工作,在国内首次研发成功了双向晶闸管,先后参加了我国初期的功率整流管、晶闸管、功率晶体管的研发工作;完成了电力电子触发器件的研究,是我国早期与国外电力电子业界交流的先驱之一。长期以来,张为佐与国外学术界和企业界建立了沟通渠道,为我国电力电子行业的对外交流做出了巨大贡献。

(资料来源:知网,有改动)

任务 1.2　认识晶闸管

任务引入

晶闸管是晶体闸流管的简称，又称可控硅整流器。1956年，晶闸管问世。1957年，世界上第一个晶闸管产品诞生，并于1958年投入商业化应用。

晶闸管由于能承受的电压和电流容量仍然是目前电力电子器件中最高的，而且工作可靠，因此在大容量的应用场合仍然具有非常重要的地位。如图1-11所示为不同封装形式的晶闸管实物图。

 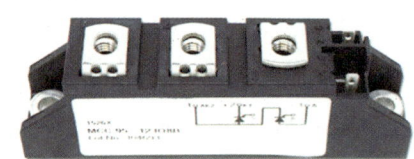 

　　（a）螺栓型　　　　　　　（b）塑封型　　　　　　（c）平板型

图1-11　不同封装形式的晶闸管实物图

本任务主要介绍晶闸管的相关知识，知识与技能要求如表1-6所示。

表1-6　知识与技能要求

任务内容	认识晶闸管	学习程度		
		识记	理解	应用
学习任务	晶闸管的结构与工作原理	●		
	晶闸管的主要参数和选用方法			●
	晶闸管的主要特性		●	
	GTO的工作原理		●	
实训任务	测试晶闸管的动态特性			●
自我勉励				

班级 _____   姓名 _____   学号 _____

任务工单——测试晶闸管的动态特性

1. 任务准备

1）知识准备

晶闸管的动态特性可分为开通过程和关断过程两部分。如图1-12所示为晶闸管的电气图形符号，当在晶闸管A、K两端施加反向电压时，无论是否在晶闸管G端施加电压，晶闸管都不会开通，此时只有很小的反向漏电流通过晶闸管；当在晶闸管A、K两端施加正向电压、在G端施加反向电压或者无外加电压时，晶闸管不会导通；当在晶闸管A、K两端以及G、K两端均施加正向电压时，晶闸管将开通。

如图1-13所示为晶闸管开通、关断条件测试电路。其中，U_A表示晶闸管A、K两端的电压，称为阳极电压；EL表示灯泡，串联在电路中；U_G表示晶闸管G、K两端的电压，称为门极电压。通过晶闸管A端的电流称为阳极电流，用I_A表示；通过晶闸管G端的电流称为门极电流，用I_G表示。

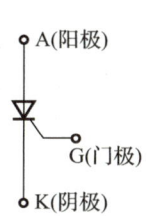

图1-12 晶闸管的电气图形符号

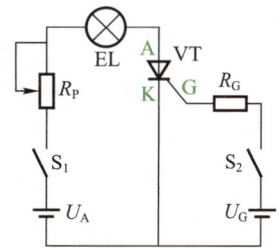

图1-13 晶闸管开通、关断条件测试电路

2）工具和器材准备

准备任务实施所需的工具和器材，并补全表1-7。

表1-7 工具和器材清单

序号	名称	型号与规格	序号	名称	型号与规格
1	直流稳压电源		5	灯泡	
2	数字万用表		6	电阻	
3	晶闸管		7	导线	
4	电位器				

2. 任务实施

1）判断晶闸管引脚的极性

如图1-14所示为数字万用表测试晶闸管引脚极性示例，具体测试方法如下。

将数字万用表置于电阻挡，用红、黑两表笔分别测量任意两引脚间的正反向电阻。若数字万用表的读数为几十欧姆，则此时红表笔所接引脚为门极G，黑表笔所接引脚为阴极K，另一引脚为阳极A。若数字万用表读数为几千欧姆，则此时红表笔所接引脚为门极G，黑表笔所接引脚为阳极A，另一引脚为阴极K。

图1-14 数字万用表测试晶闸管引脚极性示例

点 拨

将数字万用表置于电阻挡,分别测量门极G与阳极A之间、阳极A与阴极K之间的电阻。此时无论黑红表笔怎样调换测量,阻值均为无穷大。否则,说明晶闸管已经损坏。

2)测试晶闸管的开通和关断条件

(1)晶闸管的开通条件试验。

① 闭合S_1,为晶闸管施加12 V正向阳极电压,断开S_2,令U_G保持开路,观察灯泡是否点亮。

② 在步骤①的基础上,闭合S_2,为晶闸管施加5 V正向门极电压,观察灯泡是否点亮。

③ 在步骤①的基础上,反转U_G的极性,然后闭合S_2,为晶闸管施加5 V反向门极电压,观察灯泡是否点亮。

④ 断开S_1、S_2,反转U_A的极性,然后闭合S_1,为晶闸管施加12 V反向阳极电压,观察灯泡是否点亮。

⑤ 在步骤④的基础上,闭合S_2,为晶闸管施加5 V反向门极电压,观察灯泡是否点亮。

⑥ 在步骤④的基础上,反转U_G的极性,然后闭合S_2,为晶闸管施加5 V正向门极电压,观察灯泡是否点亮。

(2)晶闸管的关断条件试验。

① 闭合S_2,为晶闸管施加12 V正向阳极电压和5 V正向门极电压,此时灯泡被点亮。然后断开S_2,观察灯泡是否熄灭。

② 在步骤①灯泡点亮的基础上,断开阳极电压,观察灯泡是否熄灭。

③ 在步骤①灯泡点亮的基础上,断开S_2,然后闭合S_1,再立即断开S_1,观察灯泡是否熄灭。

④ 在步骤①灯泡点亮的基础上,断开S_2,调节R_P,使阳极电压逐渐减小,用数字万用表测量阳极电流I_A,当I_A由某个值突然减小到零时,该值就是被测晶闸管的维持电流I_H。此时若再增大门极电压,灯泡不再亮起,说明晶闸管已经关断。

班级 _____   姓名 _____   学号 _____

头脑风暴

在灯泡被点亮的情况下，观察门极是否连接电源。如果门极连接电源，则将当前的门极电压反向后，观察灯泡是否亮起，并思考原因。

（3）记录试验现象，并总结结论。

请在上述试验步骤完成后，将试验现象记录在表1-8中。

表1-8 晶闸管的开通、关断条件试验现象

试验顺序		试验前灯泡状态	试验时晶闸管条件		试验后灯泡状态
			U_A	U_G	
开通试验	1	不亮	正向	零	
	2	不亮	正向	正向	
	3	不亮	正向	反向	
	4	不亮	反向	零	
	5	不亮	反向	反向	
	6	不亮	反向	正向	
关断试验	1	亮	正向	零	
	2	亮	零	正向	
	3	亮	任意	零	
	4	亮	正向（逐渐减小至零）	零	

结论：

（1）晶闸管的开通条件为晶闸管阳极与阴极之间施加_____（正向/反向）电压，门极与阴极之间施加_____（正向/反向）电压。

（2）晶闸管的关断条件为通过晶闸管的电流小于_____。可采用的方法有将_____电源断开，或者在阳极和阴极之间施加_____（正向/反向）电压。

（3）晶闸管开通后维持阳极电压不变，此时，如果将门极触发电压撤除，晶闸管处于_____（开通/关断）状态，即门极对晶闸管_____（有/无）控制作用。

思维延伸

根据晶闸管的开通和关断条件，分析晶闸管的应用场合，列举晶闸管的实际应用案例。

班级 _____ 姓名 _____ 学号 _____

3. 考核评价

各组展示任务完成情况，并完成如表1-9所示的考核评价表。

表 1-9 考核评价表

项目名称	评价标准	满分/分	评分/分		
			自评	互评	师评
职业素养考核项目 30%	任务工单整洁、规范	5			
	认真参加活动，积极思考	5			
	主动与同学、指导教师交流	5			
	团结协作、组织协调能力强	5			
	能发现问题并解决问题	10			
专业能力考核项目 70%	能正确使用数字万用表并准确读数	10			
	能判别晶闸管引脚的极性	10			
	能正确连接晶闸管开通与关断条件测试电路	10			
	能正确分析晶闸管的开通与关断条件	25			
	测试完毕后正确断开电路连接，整理器材并归位	15			
	合计	100			
总评	自评（20%）+互评（20%）+师评（60%）=	综合等级：	指导教师（签名）：		

1.2.1 晶闸管的外形与结构

1. 晶闸管的外形

晶闸管作为一种理想的大功率变流电子器件，能够以较小的电流控制千安级的电流和千伏级的电压，被广泛应用于相控整流、逆变、交流调压、直流变换等场合。

目前，晶闸管常用的封装形式有塑封型、螺栓型和平板型三种。其中，采用螺栓型封装的螺栓部分是其阳极，此类晶闸管安装方便且能够与散热器紧密相连；采用平板型封装的晶闸管则可夹在两个散热器中间。

2. 晶闸管的结构

晶闸管的结构如图1-15所示，其主体为四个半导体组成的三个PN结。由最外层的P_1层和N_2层分别引出阳极A和阴极K，由中间层P_2引出门极G（也称为控制极）。

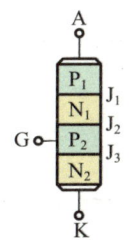

图1-15 晶闸管的结构

扫一扫

常见晶闸管的类型

1.2.2 晶闸管的工作原理

从晶闸管的结构来看，如果在晶闸管上取一个倾斜的截面，则可将具有四层三端结构的晶闸管分成一个PNP型晶体管和一个NPN型晶体管，如图1-16所示为晶闸管内部结构等效图。如图1-17所示为晶闸管的互补三极管等效电路，下面通过该电路来说明晶闸管的工作原理。

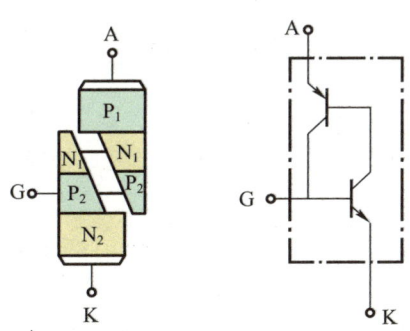

图1-16 晶闸管内部结构等效图

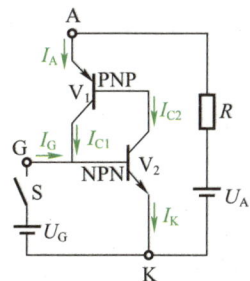

图1-17 晶闸管的互补三极管等效电路

1. 晶闸管的断态

当S断开时，尽管有正向阳极电压U_A的存在，但在门极无触发电流的情况下，晶闸管不会开通，处于正向阻断状态（简称断态）。

2. 晶闸管的通态

当S闭合时，U_G给晶闸管的门极注入驱动电流I_G，随后流入晶体管V_2的基极，产生了集电极电流

$I_{C2} = \beta_2 I_G$。而 I_{C2} 又是晶体管 V_1 的基极电流,从而产生了集电极电流 $I_{C1} = \beta_1 I_{C2} = \beta_1 \beta_2 I_G$($\beta_1$ 和 β_2 分别表示晶体管 V_1 和 V_2 的电流放大倍数)。此时,I_{C1} 流入晶体管 V_2 的基极,进一步增大了晶体管 V_2 的基极电流,如此循环,形成了强烈的正反馈,使两个晶体管很快达到完全饱和状态,晶闸管将处于正向开通状态(简称通态)。

在晶闸管开通后,即使断开 S,在晶闸管内部正反馈的影响下,晶闸管依旧处于通态。此时要想关断晶闸管,最根本的方法就是使晶闸管阳极电压减小到一定值或零,即令阳极电流减小到无法维持正反馈的程度。可采用的方法如下。

(1)移除晶闸管正向阳极电压,使晶体管 V_1 的通态被破坏,此时阳极与阴极之间的电流一并被移除,晶闸管关断。

(2)在晶闸管阳极施加反向阳极电压,使晶体管 V_2 接近断态,无法进行电流的正反馈,晶闸管关断。

> **点拨**
>
> 晶闸管门极的作用仅是触发晶闸管开通,一旦晶闸管开通后,门极便失去控制作用,因此晶闸管属于半控型器件。

3. 晶闸管的反向阻断状态

令 U_G 反向,闭合 S,则晶体管 V_2 的基极与发射极电压反向,晶体管 V_2 不会开通。同理,晶体管 V_1 也不开通,此时晶闸管处于反向阻断状态(简称反向阻断态)。

1.2.3 晶闸管的主要参数和选用方法

1. 晶闸管的主要参数

1)额定电压参数

(1)断态重复峰值电压 U_{DRM},指在门极断路且晶闸管的结温为额定值时,允许重复加在晶闸管上的正向峰值电压。

(2)反向重复峰值电压 U_{RRM},指在门极断路且晶闸管的结温为额定值时,允许重复加在晶闸管上的反向峰值电压。

(3)通态(峰值)电压 U_T,指晶闸管通过某一规定倍数的额定通态平均电流时的峰值电压。

2)额定电流参数

(1)通态平均电流 $I_{T(AV)}$,指晶闸管在环境温度为 40 ℃ 的冷却状态下,稳定结温不超过额定结温时所允许通过的最大工频正弦半波电流的平均值。

(2)维持电流 I_H,指在室温下晶闸管门极断路时,晶闸管保持开通所需的最小电流。维持电流与晶闸管的结温有关,结温越高,维持电流越小。

(3)擎住电流 I_L,指晶闸管从断态刚变为通态时便移除触发电压,此时能保持晶闸管开通所需的最小电流。通常,晶闸管的擎住电流是其维持电流的 2~4 倍。

3）动态参数

（1）断态电压临界上升率 du/dt，指在门极断路且晶闸管的结温为额定值时，不导致晶闸管从断态到通态转换的最大电压上升率。

（2）通态电流临界上升率 di/dt，指在规定条件下，晶闸管能承受而无有害影响（不会导致晶闸管损坏）的最大通态电流上升率。

> 当断态电压临界上升率过大时，说明充电电流过大，这会造成晶闸管的误开通。而当通态电流临界上升率过大时，会有很大的电流集中在门极附近的小区域内，从而使晶闸管因局部过热而损坏。因此，在使用晶闸管时应采取保护措施，保证这两项参数不超过规定值。

2. 晶闸管的选用方法

1）正反向重复峰值电压的确定

（1）规定断态重复峰值电压 U_{DRM} 为断态不重复峰值电压（即正向最大瞬时电压）U_{DSM} 的 90%。

（2）规定反向重复峰值电压 U_{RRM} 为反向不重复峰值电压（即反向最大瞬时电压）U_{RSM} 的 90%。

2）晶闸管额定电压的确定

通常取晶闸管的 U_{DRM} 和 U_{RRM} 中较小的标值作为晶闸管的额定电压，并按标准电压等级取整数。而在实际应用中，考虑到晶闸管会受到环境温度、散热条件及过电压等因素的影响，在选用时一般以晶闸管工作时所承受最大电压 U_{TM} 的 2～3 倍作为其额定电压，以保证安全裕量，即

$$U_{TN} \geqslant (2\sim3)U_{TM}$$

3）晶闸管额定电流的确定

晶闸管的额定电流是以通态平均电流 $I_{T(AV)}$ 为依据来确定的。$I_{T(AV)}$ 这个参数是按照正向电流造成的晶闸管本身的通态损耗热效应来定义的，而晶闸管的发热又与电流的有效值 I_d 有关。因此，根据有效值相等则发热相同的原理，将非正弦半波电流的有效值折合成等效的正弦半波电流平均值，则晶闸管的通态平均电流为

$$I_{T(AV)} = \frac{I_d}{1.57}$$

由于晶闸管的过载能力通常比电机等负载的要小，因此在选用晶闸管时，一般以晶闸管工作时所承受通态平均电流的 1.5～2 倍作为其额定电流，即

$$I_{TN} \geqslant (1.5\sim2)I_{T(AV)} = (1.5\sim2)\frac{I_d}{1.57}$$

> 1.57 是晶闸管的波形系数，即晶闸管的电流有效值与电流平均值之比。

【例1-1】 一个晶闸管接在220 V的交流电路中，通过晶闸管的电流有效值为100 A，取安全裕量为最大电压和最大电流的2倍，问如何选择晶闸管的额定电压和额定电流。

【解】 晶闸管额定电压为

$$U_{TN} = 2\sqrt{2} \times 220 = 622 \text{ (V)}$$

按照晶闸管参数系列取700 V，即7级。

晶闸管额定电流为

$$I_{TN} = 2 \times \frac{100}{1.57} = 127 \text{ (A)}$$

按照晶闸管参数系列取100 A。

1.2.4 晶闸管的主要特性

1. 静态特性

晶闸管的静态特性是指在其内部电、热平衡条件下，晶闸管阳极与阴极之间的电压和阳极电流之间的关系，即晶闸管阳极伏安特性，其曲线如图1-18所示。其中，$U_{(BO)}$表示正向转折电压，$U_{(BR)}$表示反向击穿电压。

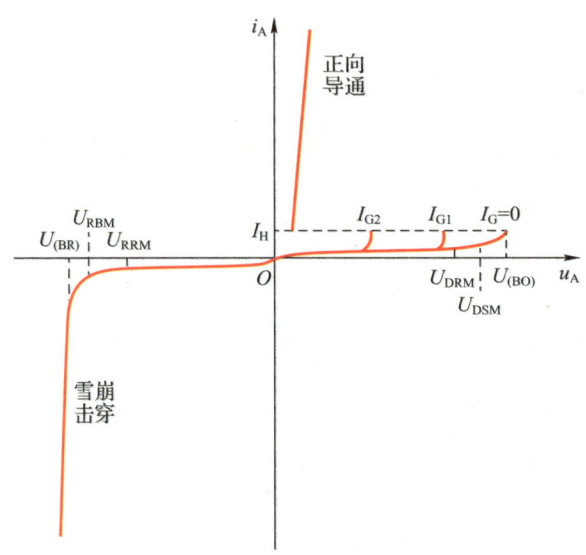

图1-18 晶闸管阳极伏安特性曲线

1）正向特性

（1）当$I_G = 0$ A时，在晶闸管阳极、阴极两端之间施加正向电压，此时只有很小的正向漏电流通过，因此晶闸管处于断态。

（2）当$U_A > U_{(BO)}$时，正向漏电流将急剧增大，此时晶闸管两端电压降很小，晶闸管处于通态，晶闸管的这种开通方式称为"硬开通"。晶闸管一旦导通，门极就失去了控制作用，此时不论门极是否有触发电流，晶闸管都保持开通。要使晶闸管关断，只能使晶闸管的电流降到维持电流I_H以下。

 **注 意**

多次"硬开通"会导致晶闸管永久性损坏,因此一般采用门极触发方式,即在晶闸管的门极输入足够大的触发电流,使晶闸管开通。门极触发电流越大,正向转折电压越小。

2) 反向特性

当晶闸管处于反向阻断态时,只有极小的反向漏电流通过;当反向电压达到反向击穿电压 $U_{(BR)}$ 后,外电路若无限制措施,则反向漏电流将急剧增大,容易导致晶闸管发热损坏。

2. 动态特性

如图1-19所示为晶闸管的开通和关断过程波形,其中 I_{RM} 表示反向恢复峰值电压。

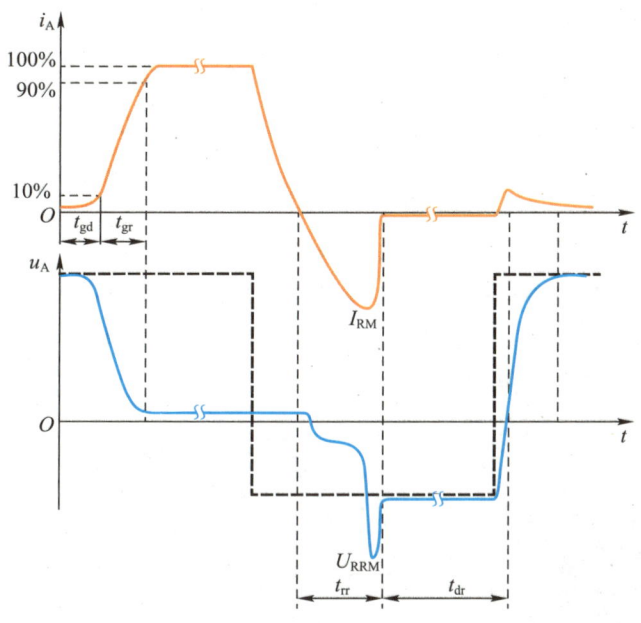

图1-19 晶闸管的开通和关断过程波形

1) 开通过程

(1) 门极控制开通延迟时间 t_{gd}。由于晶闸管内部的正反馈过程需要时间,再加上外电路电感的限制,因此晶闸管被触发后,其阳极电流的增长不可能是瞬时的,而是有一段延迟时间。

(2) 门极控制开通上升时间 t_{gr}。在此时间内阳极电流从10%增大到90%。t_{gr} 除反映晶闸管本身特性外,还受到外电路电感的严重影响。

(3) 门极控制开通时间 t_{gt}。晶闸管由断态转为通态的时间为门极控制开通时间,即 $t_{gt} = t_{gd} + t_{gr}$。

 课堂讨论

请讨论一下影响晶闸管开通过程的因素有哪些。

2) 关断过程

(1) 门极控制关断下降时间 t_{rr}。由于外电路电感的存在,原处于通态的晶闸管,当其阳极电压突然

由正向变为反向时，其阳极电流的衰减必然也需要一个过渡过程。

（2）正向阻断恢复时间 t_{dr}。在此时间内对晶闸管施加正向阳极电压，则晶闸管会重新正向开通，而不是受门极控制而开通。

（3）门极控制关断时间 t_{off}。门极控制关断下降时间与正向阻断恢复时间之和为门极控制关断时间，即 $t_{off}=t_{rr}+t_{dr}$。这段时间大约在几百微秒，远远大于门极控制开通时间。

> **点拨**
>
> 在实际应用中，应对晶闸管施加足够长时间的反向电压，使晶闸管充分恢复其对正向电压的阻断能力，从而确保晶闸管工作的可靠性。

1.2.5　门极可关断晶闸管

按关断、开通及控制方式的不同，晶闸管派生器件可分为快速晶闸管、双向晶闸管、逆导晶闸管、门极可关断晶闸管（gate turn-off thyristor, GTO）、温控晶闸管和光控晶闸管等多种。下面主要对GTO进行介绍。

1. GTO的结构及工作原理

不同于普通晶闸管，GTO是全控型器件，它既可通过向门极施加正向触发脉冲控制开通，又可通过向门极施加反向触发脉冲控制关断。在结构上，GTO与普通晶闸管相同，都是PNPN型四层三端器件，其外形、结构断面与电气图形符号如图1-20所示。

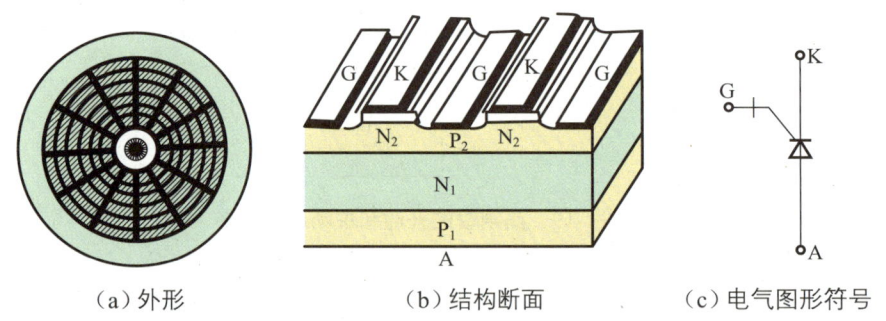

（a）外形　　　　（b）结构断面　　　　（c）电气图形符号

图1-20　GTO的外形、结构断面与电气图形符号

GTO是一种多元的功率集成器件，虽然外部同样具有阳极、阴极和门极，但内部则包含数十个甚至数百个共阳极的GTO元，这些GTO元的阴极和门极在器件内部并联在一起，且每个GTO元阴极和门极的距离很短，有效减小了横向电阻，因此GTO可以从门极分出电流而使其关断。

> **点拨**
>
> 开通的GTO由于处于临界饱和状态，因此只要在门极施加反向触发脉冲即可使其关断。而开通的普通晶闸管处于深度饱和状态，因此在门极施加反向触发脉冲并不能使其关断。

2. GTO 的主要参数

1) 最大可关断阳极电流

GTO 的最大可关断阳极电流 I_{ATO} 是用来衡量 GTO 额定电流的参数,这与普通晶闸管用通态平均电流作为额定电流不同。当通过 GTO 的电流大于最大可关断阳极电流时,会使 GTO 的开通饱和程度过深,此时即使在门极施加反向触发脉冲也无法使其关断。

2) 电流关断增益

最大可关断阳极电流 I_{ATO} 与门极脉冲电流的最大值 I_{GM} 之比称为电流关断增益 β_{off},用来表征 GTO 的门极可关断能力,即

$$\beta_{off} = \frac{I_{ATO}}{I_{GM}}$$

通常大容量 GTO 的电流关断增益很小,通常为 3～5,这是 GTO 的一个缺点。例如,在 I_{ATO} 为 1 000 A 的 GTO 中,I_{GM} 需要达到 200 A,这便失去了晶闸管所具有的"小电流控制大电流"的优点,导致 GTO 开关速度降低。

3) 擎住电流

GTO 由于工艺结构特殊,其擎住电流 I_L 要比普通晶闸管大得多,因而在应用于带阻感性负载的电路时,其门极触发脉冲必须有足够的宽度。

3. GTO 门极驱动电路

GTO 能够应用于新能源汽车的关键是对 GTO 门极驱动电路的合理设计,如果 GTO 门极驱动电路设计不合理,将会导致 GTO 的损坏。

1) GTO 门极驱动电路的基本要求

GTO 门极驱动电路通常包括门极开通电路、门极关断电路和门极反偏电路三部分。如图 1-21 所示为理想的 GTO 门极驱动电流波形。合理的 GTO 门极驱动电路一般需要满足以下要求。

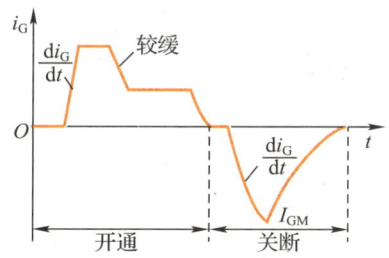

图 1-21 理想的 GTO 门极驱动电流波形

(1) 门极开通要求。在控制 GTO 开通时,门极触发脉冲应具有前沿陡、幅值高、宽度大、后沿缓的脉冲波形。前沿陡峭的门极触发脉冲有利于 GTO 快速开通,可以保证使所有的 GTO 元几乎同时开通且电流分布均匀;高幅值的门极触发脉冲可实现强触发,有利于缩短开通时间,减少开通损耗;门极触发脉冲有足够的宽度可以保证阳极电流可靠建立;后沿平缓的门极触发脉冲可以防止产生振荡。

(2) 门极关断要求。已开通的 GTO 是通过门极反向电流来关断的,要求门极关断脉冲的波形前沿陡、幅值高、宽度足够、后沿平缓。前沿陡可以缩短关断时间,减少关断损耗。若后沿坡度太陡则可能产生正向门极电流,使 GTO 恢复开通。

（3）门极反偏要求。基于结构方面的原因，GTO与普通晶闸管相比承受电压上升率的能力较差，如阳极电压上升率较大时可能会引起误开通。为此可设置门极反偏电路，在GTO正向阻断期间在门极施加反偏电压，从而提高GTO承受电压上升率的能力。

> **点拨**
>
> 在门极施加的反向电压必须小于门极反向雪崩电压，持续时间可以是几十微秒或整个断态时间，这样有利于GTO的安全运行。

2）GTO门极驱动电路实例

如图1-22所示为GTO门极驱动电路实例。U_i经过晶体管V放大后，触发GTO开通，并为C充电。当V关断时，C向外放电，产生的反向电流使GTO关断。而L在VT_1阳极电流减小时释放储能，可补偿GTO的门极关断电流，提高关断能力。此外，C上必须有一定的能量才能使GTO关断，故要求V的触发脉冲必须有一定的宽度。

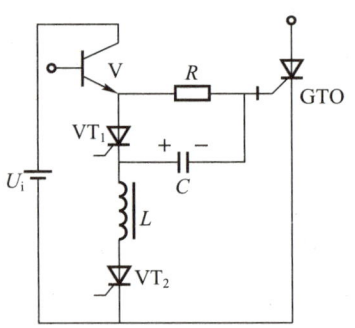

图1-22 GTO门极驱动电路实例

4．GTO的应用

GTO是一种较理想的直流开关器件，具有自关断及通断迅速等优点，不需要复杂的换流回路，且工作频率高，主要用于斩波调速、变频调速、电力逆变等场合。

但是，在相同的工作条件下，与普通晶闸管相比，GTO的擎住电流较大，关断脉冲对功率和反向门极电流的上升率要求较高。因此，很多GTO都制成逆导型，在承受反向电压时应和电力二极管串联使用。

任务 1.3　认识绝缘栅双极晶体管

任务引入

在日常行驶时，新能源汽车的工作电流会高达上百安，而用于精确控制驱动电机输入电流的关键电力电子器件就是绝缘栅双极晶体管（insulated gate bipolar transistor, IGBT）。在新能源汽车尤其是纯电动汽车中，IGBT是除动力蓄电池外最昂贵的部件。IGBT可分为N沟道型和P沟道型两种，其电气图形符号如图1-23所示，其文字符号常用Q表示。如未特殊说明，本书所述IGBT均指N沟道型IGBT。

（a）N沟道型IGBT　　　（b）P沟道型IGBT

图1-23　IGBT的电气图形符号

本任务主要介绍IGBT的相关知识，知识与技能要求如表1-10所示。

表1-10　知识与技能要求

任务内容	认识绝缘栅双极晶体管	学习程度		
		识记	理解	应用
学习任务	IGBT的结构与工作原理	●		
	IGBT的主要特性		●	
	IGBT的擎住效应和安全工作区		●	
	IGBT在新能源汽车上的应用	●		
实训任务	测试绝缘栅双极晶体管的特性			●
自我勉励				

班级 _____   姓名 _____   学号 _____

任务工单——测试绝缘栅双极晶体管的特性

1. 任务准备

1) 知识准备

IGBT是以电力晶体管（giant transistor, GTR）为主导元件，以金属-氧化物-半导体场效应晶体管（metal oxide semiconductor field-effect transistor, MOSFET）为驱动元件构成的复合型半导体器件。其中，GTR饱和电压低，载流密度大，开通电阻小，开关速度较低，但驱动电流较大，驱动电路复杂；MOSFET输入阻抗高，开关速度快，所需驱动功率小且驱动电路简单，但开通电阻大。

IGBT作为复合型半导体器件，综合了两种电力电子器件的优点，同时具有高输入阻抗和低开通电压两方面的优点。目前，IGBT主要应用于变速电机、电力系统、开关电源、新能源汽车等产品中。

如图1-24所示为IGBT开关测试电路。其中，R_P表示电位器，灯泡与IGBT的集电极C串联，然后与电源正极相连，IGBT的发射极E与电源负极相连。缓慢改变门极电压的大小，可通过观察灯泡的明灭情况来判断IGBT的通断状态。

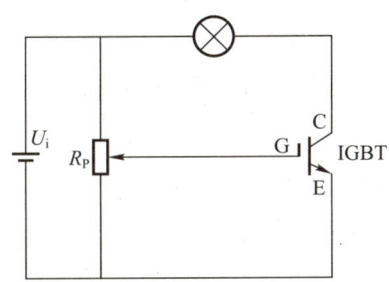

图1-24　IGBT开关测试电路

2) 工具和器材准备

准备任务实施所需的工具和器材，并补全表1-11。

表1-11　工具和器材清单

序号	名称	型号与规格	序号	名称	型号与规格
1	直流稳压电源		4	指针式万用表	
2	IGBT模块		5	灯泡	
3	电位器		6	导线	

2. 任务实施

1) 判断IGBT引脚的极性

具体操作步骤如下。

（1）测试前先将IGBT的三只引脚短路放电，避免影响测试的准确度。

（2）将指针式万用表置于$R×1k$位置，分别测量IGBT各引脚之间的电阻，如图1-25所示。

（3）若某个引脚与其他两个引脚之间的电阻都为无穷大，在调换红、黑表笔后，该引脚与其他两个引脚之间的电阻仍为无穷大,则可判断该引脚为门极G。

(4)在测量剩余两个引脚之间的电阻时,若测得的阻值为无穷大,但在调换红、黑表笔后所测量的电阻较小,则调换表笔后红表笔所接引脚为集电极C,黑表笔所接引脚为发射极E。

图1-25 用指针式万用表测量IGBT引脚之间的电阻示例

2)判断IGBT是否完好

具体操作步骤如下。

(1)将指针式万用表置于$R×10\,k$位置,并用万用表的黑表笔接IGBT的集电极、红表笔接IGBT的发射极,此时指针式万用表的指针应在零位。

(2)用手指同时触碰IGBT的门极和集电极,这时IGBT被触发开通,指针式万用表的指针应摆向阻值较小的方向,并能够停在某一位置保持不动。

(3)接下来用手指同时触碰IGBT的门极和发射极,这时IGBT被阻断,指针式万用表的指针应回零。如果测试结果与上述相符,则可判断该IGBT完好。

 点 拨

在测试IGBT是否完好时,要选用指针式万用表,并将挡位设置在$R×10\,k$挡,这是因为采用数字万用表或采用$R×1\,k$挡及以下的挡位时,万用表会因内部电池电压太低而不能使IGBT开通,无法判断IGBT是否完好,从而影响试验结果。

3)测试IGBT的特性

正确连接IGBT开关测试电路,然后通过调节R_P来改变IGBT的U_{GE},并进行以下试验。

(1)分析U_{GE}与I_G的关系。

调节R_P,测量在不同大小的U_{GE}下,I_G的大小,并将其记录在表1-12中。

表1-12 门极电流的测试数据

U_{GE}/V	0	1	2	3	4	5	6	7	8
I_G/mA									

结论:当U_{GE}逐渐增大时,I_G接近于_____,可视为门极与发射极之间的电阻非常大,电流无法通过。

（2）分析 U_{GE} 与 I_C 和 I_E 的关系。

调节 R_P，测量在不同大小的 U_{GE} 下，I_C 和 I_E 的大小，并将其记录在表1-13中。

表1-13　集电极电流和发射极电流的测试数据

U_{GE}/V	0	1	2	3	4	5	6	7	8
I_C/mA									
I_E/mA									

结论：当 U_{GE} 逐渐增大时，I_C 和 I_E _____。

（3）分析 U_{GE} 与 U_{CE} 的关系。

调节 R_P，观察在不同大小的 U_{GE} 下，U_{CE} 的大小与灯泡的明灭情况，并将其记录在表1-14中。

表1-14　集电极－发射极电压和灯泡的测试数据

U_{GE}/V	0	1	2	3	4	5	6	7	8
U_{CE}/V									
灯泡明/灭									

结论：当 U_{GE} 增大到_____V之前，U_{CE} 接近电源电压，电流接近于零，相当于_____（开通/关断）状态下的开关；当 U_{GE} 达到_____V时，U_{CE} 接近于零，电流增大，灯泡_____（明/灭），相当于_____（开通/关断）状态下的开关；当 U_{GE} 继续增大时，U_{CE} _____（增大/减小），电流变_____（大/小）。因此，通过给IGBT的门极施加一定电压，可以控制IGBT从_____（开通/关断）状态变为_____（开通/关断）状态，等效为一个电压控制开关。

思维延伸

根据IGBT的特性，分析IGBT的应用场合，列举IGBT的实际应用案例。

班级 _____   姓名 _____   学号 _____

3. 考核评价

各组展示任务完成情况，并完成如表 1-15 所示的考核评价表。

表 1-15 考核评价表

项目名称	评价标准	满分/分	评分/分		
			自评	互评	师评
职业素养考核项目 30%	任务工单整洁、规范	5			
	认真参加活动，积极思考	5			
	主动与同学、指导教师交流	5			
	团结协作，组织协调能力强	5			
	能发现问题并解决问题	10			
专业能力考核项目 70%	能正确使用指针式万用表并准确读数	10			
	能判别 IGBT 引脚的极性	10			
	能正确连接 IGBT 开关测试电路	10			
	能判断 IGBT 是否完好	25			
	测试完毕后正确断开电路连接，整理器材并归位	15			
合计		100			
总评	自评（20%）+互评（20%）+师评（60%）=	综合等级：	指导教师（签名）：		

1.3.1　IGBT的结构

如图1-26所示为N沟道型IGBT的内部结构。其中，顶部N⁺层称为源区，从源区引出IGBT的发射极E（也称源极）；顶部栅区通过一层氧化膜与源区实现电气隔离，从栅区引出IGBT的门极G（也称栅极）；N基极称为漏区；底部P⁺层称为漏注入区，它是IGBT特有的功能区，与P⁺基极和漏区一起形成PNP型双极晶体管，从漏注入区引出IGBT的集电极C（也称漏极）。漏注入区向漏极注入空穴，可进行电导调制，从而降低器件的通态电压。

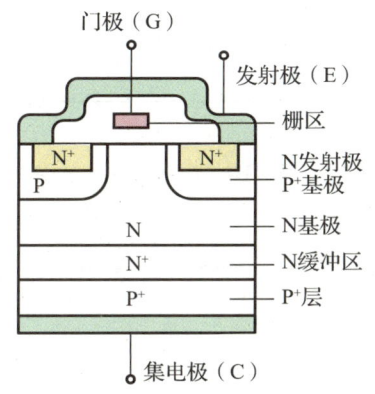

图1-26　N沟道型IGBT的内部结构

 点　拨

IGBT由于栅区与源区之间的氧化膜很薄，其击穿电压一般为20～30 V，因此门极击穿是造成IGBT失效的常见原因之一。

在实际应用中，一般所说的IGBT并不是指IGBT单管，而是指IGBT模块。它是由多个IGBT和二极管芯片组以绝缘方式组装到金属基板上，并通过特定的电路封装而成的。

相较于IGBT单管，IGBT模块主要有以下优点。

（1）将多个IGBT芯片并联，可使IGBT模块的额定电流更大。

（2）将多个IGBT芯片按照特定的电路形式组合，如半桥、全桥等，可以减少外部电路连接的复杂性。

（3）多个IGBT芯片处于同一个金属基板上，相当于在独立的散热器与IGBT芯片之间增加了一块均热板，使IGBT模块的工作更可靠。

（4）多个IGBT芯片之间连接与多个分立形式的单管进行外部连接相比，电路布局更好，引线电感更小。

（5）IGBT模块更适合高压和大电流的场合。

1.3.2　IGBT的工作原理

如图1-27所示为IGBT的理想等效电路，其中R_N为基区扩散电阻。当在IGBT的门极和发射极之间施加正向电压U_{GE}，且U_{GE}大于开启电压$U_{GE(th)}$时，MOSFET内形成导电沟道，为晶体管V_{J1}提供基极电流，此时IGBT开通。当在IGBT的门极和发射极之间施加反向电压U_{GE}或不加电压时，MOSFET内的导电沟道消失，晶体管V_{J1}的基极电流被切断，此时IGBT关断。因此，IGBT是电压控制型器件。

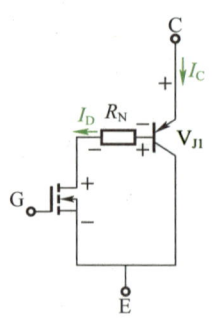

图1-27 IGBT的理想等效电路

> **点拨**
>
> 由于IGBT存在电导调制效应，因此当IGBT开通时，基区扩散电阻R_N将会减小，通态电压降也会减小。

1.3.3 IGBT的主要特性

1. 静态特性

IGBT的静态特性主要有伏安特性和转移特性两种。

1）伏安特性

IGBT的伏安特性是指以门极电压U_{GE}为参量时，集电极电流I_C与集电极-发射极电压U_{CE}之间的关系，其曲线如图1-28（a）所示。从图中可以看出，IGBT的伏安特性曲线分为饱和区、有源区、正向阻断区和反向阻断区。在有源区内，门极电压越高，集电极电流越大。

2）转移特性

IGBT的转移特性是指集电极电流I_C与门极电压U_{GE}之间的关系，其曲线如图1-28（b）所示。从图中可以看出，当门极电压U_{GE}小于开启电压$U_{GE(th)}$时，IGBT处于断态。而在IGBT开通后，集电极电流I_C与门极电压U_{GE}近似成线性关系。

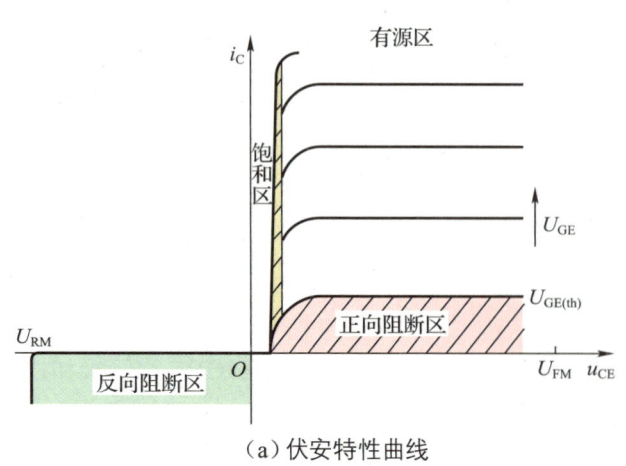
（a）伏安特性曲线

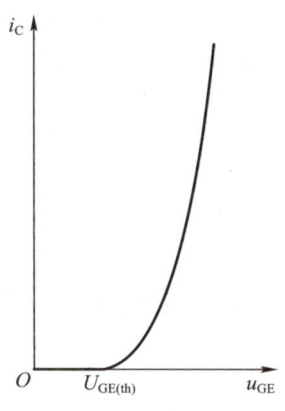
（b）转移特性曲线

图1-28 IGBT的静态特性曲线

点拨

在实际应用中，最大门极电压受最大集电极电流限制，并不会无限制增大，其最佳取值一般为 15 V 左右。

2. 动态特性

IGBT 的动态特性又称开关特性，分为两大部分：一是开关速度，主要指标是开关过程中各部分的时间；另一个是开关过程中的损耗。IGBT 在其开通过程中，大部分时间是作为 MOSFET 来运行的。如图 1-29 所示为 IGBT 的动态特性曲线。IGBT 的动态特性主要表现在集电极电流 I_C、门极电压 U_{GE} 和集电极-发射极电压 U_{CE} 的波形变化上。其中，$t_{d(on)}$ 表示 PNP 型晶体管由放大区进入饱和区所用的时间，称为开通延迟时间，t_r 表示开通上升时间，二者之和就是集电极电流开通时间 t_{on}，即 $t_{on} = t_{d(on)} + t_r$；在 IGBT 关断过程中，$t_{d(off)}$ 表示关断延迟时间，t_f 表示电流关断时间，二者之和就是集电极电流关断时间 t_{off}，即 $t_{off} = t_{d(off)} + t_f$。

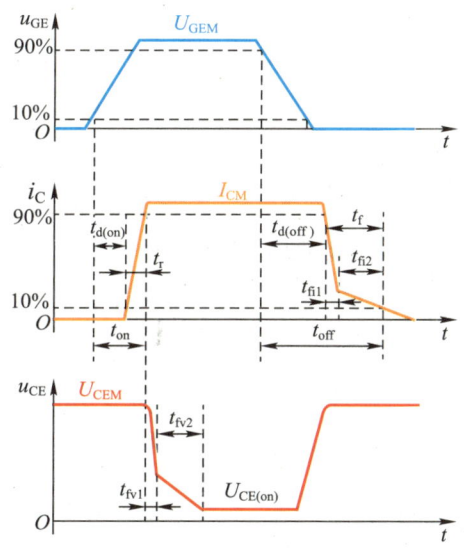

图 1-29 IGBT 的动态特性曲线

此外，电流关断时间又可以分为 t_{fi1} 和 t_{fi2} 两部分。其中，t_{fi1} 表示 IGBT 器件内部 MOSFET 的关断过程，此阶段电流减小较快；而 t_{fi2} 表示 IGBT 器件内部 PNP 型晶体管的关断过程，这是因为晶体管上存储的电荷无法迅速释放，所以此阶段电流减小较慢。

相应地，U_{CE} 的下降过程也分为 t_{fv1} 和 t_{fv2} 两部分。其中，t_{fv1} 表示 IGBT 器件内部 MOSFET 的电压减小过程，t_{fv2} 表示 IGBT 器件内部 PNP 型晶体管的电压减小过程。

点拨

PNP 型晶体管的存在虽然为 IGBT 带来了电导调制效应的好处，但也引入了少子储存现象，从而使 IGBT 的开关速度低于 MOSFET。

1.3.4 IGBT的擎住效应和安全工作区

1. IGBT的擎住效应

1）擎住效应产生的原因

在实际应用中,IGBT并不是以理想等效电路出现的。如图1-30所示为IGBT的实际等效电路。其中,V_1表示PNP型晶体管,V_2表示NPN型晶体管。

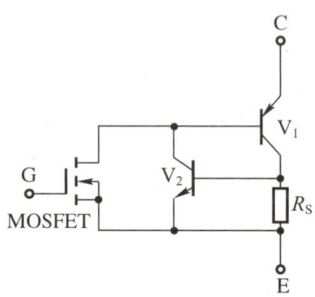

图1-30　IGBT的实际等效电路

从图1-30中可以看出,IGBT的内部寄生了一个NPN型晶体管,其基极和发射极并联了一个体区扩展电阻R_S,V_1的横向空穴电流会在R_S上产生电压降,相当于在V_2的基极施加正向电压。在额定的集电极电流范围内,这个正向电压不会很大,并不能使V_2开通。但当V_1的集电极电流增大到一定程度后,该正向电压能令V_2开通,从而促使两个晶体管处于饱和状态,相当于一个开通的晶闸管。此时,门极就会失去对集电极电流的控制,形成IGBT自锁现象,这就是擎住效应,更准确地说是静态擎住效应。

动态擎住效应主要是指在IGBT高速关断时,因电流或电压下降过快产生较大的位移电流。这个电流在流经R_S时,产生了足以使V_2开通的正向电压,从而形成IGBT自锁现象。

2）擎住效应的危害与预防措施

当有过电流流过IGBT时,可以控制门极来阻断过电流,保护器件。但自锁现象一旦发生,门极将失去对电路的控制,使IGBT无法关断,最终会导致IGBT因过电流而损坏。

为了避免发生擎住效应,一般可采用以下几种措施。

(1) 保证IGBT的最大工作电流不超过集电极电流的临界值。

(2) 在IGBT集电极和发射极之间并联一个电容,从而减小IGBT关断时的dU_{CE}/dt。

(3) 增大门极电阻,延长IGBT的关断时间。

点　拨

当IGBT内部的晶闸管开通时,会出现静态擎住效应;当IGBT高速关断时,会出现动态擎住效应。动态擎住效应比静态擎住效应所允许的集电极电流小。

2. IGBT的安全工作区

安全工作区(safe operating area, SOA)是指IGBT在不发生自损坏或性能下降的情况下,同时承受一定电压和电流而不失效的区域。IGBT的安全工作区一般可以分为正偏安全工作区(forward bias safe operating area, FBSOA)、反偏安全工作区（reverse bias safe operating area, RBSOA）、短路安全工作区（short circuit safe operating area, SCSOA）。如图1-31所示为IGBT的正偏安全工作区和反偏安全工作区。

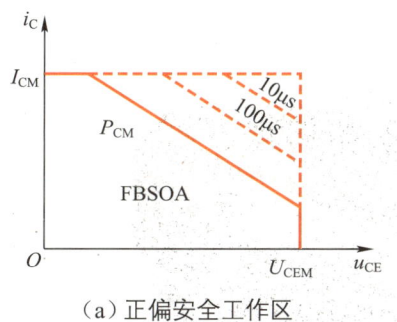 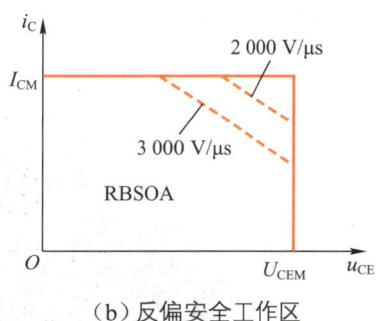

（a）正偏安全工作区　　　　　　　　　　　（b）反偏安全工作区

图1-31　IGBT的正偏安全工作区和反偏安全工作区

（1）正偏安全工作区是指IGBT开通时对应的安全工作区，如图1-31（a）所示。它由集电极峰值电流I_{CM}、集电极-发射极峰值电压U_{CEM}和集电极-发射极峰值功耗P_{CM}确定。其中，I_{CM}的设定应保证不产生擎住效应，U_{CEM}由PNP型晶体管的击穿电压决定，P_{CM}由IGBT最高允许结温决定。IGBT的开通时间越长，发热越严重，则安全工作区越窄。如果IGBT是以脉冲形式开通，则正偏安全工作区还会增大。增大部分为图1-31（a）中右上角斜线部分，其中标注的数据代表脉冲的周期。

（2）反偏安全工作区是指IGBT关断时对应的安全工作区，如图1-31（b）所示。它由集电极峰值电流I_{CM}、集电极-发射极峰值电压U_{CEM}和最大允许集电极电压上升率dU_{CE}/dt确定。该区域表示当IGBT门极偏置电压为零或负值，而电流还存在时的关断瞬态。当IGBT截止过程中集电极电压上升率增大时，反偏安全工作区将会变小。减小部分为图1-31（b）中右上角虚线部分，其中标注的数据代表集电极电压上升率。

（3）短路安全工作区是指在IGBT集电极与发射极之间处于高压状态时，突然给门极加上高压会导致IGBT发生短路的区域，此时的短路电流相当于额定电流的十倍。在短路安全工作区内，IGBT始终处于通态，此状态的IGBT的耗能是三种安全工作区中最大的，出现失效的概率也最高。

1.3.5　IGBT在新能源汽车上的应用

IGBT在开通的时候，能够承受几十到几百安的电流，在断开时，可以承受几百到几千伏的电压，而且IGBT在巨大的电流电压作用下，还能有极高的开关速度，一秒钟可达上万次，但它只有我们手指甲盖大小。

随着电力电子技术的进步，IGBT在新能源汽车中得到了广泛的应用，是新能源汽车的核心器件之一，对整车的性能有着重要的影响。新能源汽车是通过动力蓄电池、驱动电机来给车辆提供动力的，IGBT主要应用于交流充电、电力驱动等场合，具体表现在以下方面。

（1）充电桩：由于从电网引出的是220 V工频交流电，因此在用充电桩给新能源汽车动力蓄电池充电时，需要通过基于IGBT设计的电源变换电路将交流电变换为直流电，同时要把220 V电压变换为动力蓄电池所需的电压，才能给动力蓄电池充电。IGBT的性能直接决定了新能源汽车的充电效率。

（2）逆变器：在逆变电路中，IGBT需要配合逆变器将动力蓄电池的直流电变换为驱动电机所需的交流电，并通过改变交流电的频率，来改变驱动电机的转速，从而精准地改变车辆的行驶速度。

（3）车载空调：新能源汽车车载空调的工作原理与驱动电机的基本相同，即通过逆变器将动力蓄电池的直流电变换为交流电后，驱动电动压缩机工作。

如图1-32所示为比亚迪汽车上IGBT模块的应用。

图1-32　比亚迪汽车上IGBT模块的应用

国产化中崛起的中国IGBT产业

IGBT的应用非常广泛，小到家电，大到工业制造、交通、电网等战略性产业，IGBT已经全面取代了传统的Power MOSFET，可以说是电力电子行业里的"CPU"。

随着工业控制及电源行业市场回暖，IGBT在各领域的市场规模逐步扩大。IGBT是变频器、逆变电焊机等传统工业设备的核心器件，且已在这些领域中得到广泛应用。同时，IGBT在新能源汽车领域中发挥着至关重要的作用。

可以说我国拥有最大的功率半导体市场，国内厂商在IGBT等高端器件技术上与国际大公司相比还有一些差距。从市场上看，虽然英飞凌、三菱和富士电机等国际厂商目前占有绝对的市场优势，但国内IGBT也在国产化进程中呈现出强势崛起的姿态。

例如，作为国内IGBT行业领军企业的斯达半导体公司，其自主研发的第二代芯片FS-Trench已实现量产，成功打破了国外企业常年对IGBT芯片的垄断；而新能源汽车领军企业比亚迪公司研发的IGBT4.0芯片通过精细化平面栅设计，增大了驱动电机的扭矩与输出功率，在不需要大功率输出的工况中也能够大大降低能耗，综合能耗较市场主流产品降低了约20%；国内唯一自主掌握了高铁动力IGBT芯片及模块技术的企业株洲中车时代电气公司，它拥有国内首条、全球第二条8 inch IGBT芯片生产线，该公司研发的1 200～6 500 V高压模块技术优势明显。这些都是我国IGBT行业正在打破国外垄断、逐步迈上自主研发道路、具备国产替代能力的最好体现。

（资料来源：新浪网，有改动）

项目1　常用电力电子器件

综合测试

1. 填空题

（1）PN结加正向电压时开通，加反向电压时关断的性质称为PN结的＿＿＿＿＿＿。

（2）结电容按其产生机制和作用的差别可分为＿＿＿＿＿＿和＿＿＿＿＿＿。

（3）关断晶闸管有＿＿＿＿＿＿和＿＿＿＿＿＿两种方法。

（4）晶闸管的额定电压参数有＿＿＿＿＿＿、＿＿＿＿＿＿和＿＿＿＿＿＿。

（5）IGBT具有＿＿＿＿＿＿和＿＿＿＿＿＿两方面优点。

（6）IGBT的静态特性主要有＿＿＿＿＿＿和＿＿＿＿＿＿。

2. 判断题

（1）电力二极管是电流控制型器件。（　　）

（2）给晶闸管加上正向阳极电压时，晶闸管将开通。（　　）

（3）IGBT的开通时间越长，发热越严重，则安全工作区越窄。（　　）

（4）正向开通的电力二极管表现为低阻抗状态，可以通过较大的电流。（　　）

（5）一般以晶闸管在工作时所承受最大电压的1～1.5倍作为其额定电压。（　　）

（6）当IGBT内部的晶闸管开通时，会出现动态擎住效应。（　　）

3. 选择题

（1）在通常情况下，电力电子器件功率损耗的主要原因是（　　），而当器件开关频率较高时，功率损耗主要为开关损耗。

　　A．通态损耗　　　B．断态损耗　　　C．开通损耗　　　D．关断损耗

（2）晶闸管一旦开通，门极就（　　）控制作用，不论门极触发电流是否存在，晶闸管都（　　）开通。

　　A．失去　停止　　B．失去　保持　　C．保持　停止　　D．保持　保持

（3）为确保安全，一般在实际生活中会以电力二极管可能承受的反向最高峰值电压的（　　）倍作为反向重复峰值电压的参考值来选定电力二极管的型号。

　　A．1～2　　　　　B．2～3　　　　　C．3～4　　　　　D．4～5

（4）IGBT是（　　）器件。

　　A．不可控　　　　B．半控型　　　　C．全控型　　　　D．双极型

4. 简答题

（1）简述晶闸管开通的条件。

（2）为什么GTO和普通晶闸管同为PNPN结构，GTO能够自关断，而普通晶闸管不能？

（3）简述IGBT模块在新能源汽车上的应用。

学习成果评价

指导教师根据学生对本项目的实际学习成果对其进行评价,学生配合指导教师共同完成如表1-16所示的学习成果评价表。

表1-16 学习成果评价表

班级		组号		日期	
姓名		学号		指导教师	
学习成果/项目名称		常用电力电子器件			
评价项目	评价内容	评价方式		满分/分	评分/分
知识 40%	电力二极管的结构和工作原理	理论测试		4	
	电力二极管的主要参数和选用方法			2	
	电力二极管的主要特性			6	
	晶闸管的结构和工作原理			4	
	晶闸管的主要参数和选用方法			4	
	晶闸管的主要特性			6	
	门极可关断晶闸管			4	
	IGBT的结构和工作原理			2	
	IGBT的主要特性			6	
	IGBT的擎住效应和安全工作区			2	
技能 40%	测试电力二极管的伏安特性	实践操作		10	
	测试晶闸管的动态特性			10	
	测试绝缘栅双极晶体管的特性			20	
素养 20%	积极参加教学活动,主动学习、思考、讨论	综合评判		6	
	认真负责,按时完成学习、实践任务			4	
	团结协作,与组员之间密切配合			4	
	服从指挥,遵守课堂和实训室纪律			4	
	守正创新,自信自强			2	
合计				100	
自我评价					
指导教师评价					

项目 2

AC/DC 变换电路

项目导读

AC/DC变换又称整流。在新能源汽车上，有许多电子设备使用的是直流电源，如为车辆提供电能的动力蓄电池、低压辅助电池，以及车上各种电子控制单元等。但在我国电力输送网络中，电能主要以高压交流电进行传输。因此，为了满足这些设备对直流电源的需求，就需要对电网输入的交流电进行变换，而这一个变换过程就是依靠整流电路实现的。

整流电路的工作原理、特性、电压电流波形，以及电量之间的数量关系与整流电路所带负载的性质密切相关，因此，在分析整流电路时，可根据负载性质的不同分别对其进行讨论。本项目主要介绍典型整流电路的组成及工作原理。

知识目标

- 掌握整流电路的概念、分类及分析方法。
- 了解单相可控整流电路的组成及工作原理。
- 了解三相可控整流电路的组成及工作原理。

技能目标

- 能测试单相半波可控整流电路。
- 能测试三相桥式全控整流电路。
- 能计算整流电路的输出。
- 能用示波器检测整流前后电信号波形的变化情况。

素质目标

- 提升文化素养，坚定文化自信。
- 增强实现中华民族伟大复兴的历史使命感。
- 树立技能成才、技能报国的理想信念。

任务 2.1　测试单相可控整流电路

任务引入

整流电路广泛应用于日常生活中，如手机充电器、电源适配器、稳压直流电源等，都是整流电路的应用实例。整流电路包括单相整流电路、三相整流电路等类型，而单相整流电路是组成三相整流电路的基础。典型的单相可控整流电路包括单相半波可控整流电路、单相桥式全控整流电路、单相全波可控整流电路、单相桥式半控整流电路等。

本任务主要介绍单相可控整流电路的相关内容，知识与技能要求如表2-1所示。

表2-1　知识与技能要求

任务内容	测试单相可控整流电路	学习程度		
		识记	理解	应用
学习任务	整流电路的概念和分类	●		
	整流电路的分析		●	
	单相半波可控整流电路的组成、工作波形和输出		●	
	单相桥式全控整流电路的组成、工作波形和输出		●	
实训任务	测试单相半波可控整流电路			●
自我勉励				

班级 _____   姓名 _____   学号 _____

任务工单——测试单相半波可控整流电路

1. 任务准备

1）知识准备

单相半波可控整流电路的优点是结构简单，所使用的整流器件较少，调控方便。但该电路只对交流信号的正半周期进行了整流，变换效率低且输出电压脉动大。此外，变压器二次侧电流中含有直流分量，容易使变压器铁芯产生直流磁化现象。

为了避免这种情况，就需要使变压器铁芯工作在不饱和状态。常采用的方法是降低磁感应强度或增大铁芯横截面积，但这就会使搭载电路的设备体积增大。因此，单相半波可控整流电路在实际中只适用于一些容量小、质量小、对波形要求不高的场合。

2）工具和器材准备

准备任务实施所需的工具和器材，并补全表2-2。

表 2-2 工具和器材清单

序号	名称	型号与规格	序号	名称	型号与规格
1	单相交流电源		5	万用表	
2	电位器		6	晶闸管触发电路	DJK03-1
3	晶闸管		7	导线	
4	示波器				

2. 任务实施

1）连接试验电路

如图2-1所示为带电阻性负载的单相半波可控整流电路，请选择相应的器材，按照图2-1连接电路，并确认连接无误。

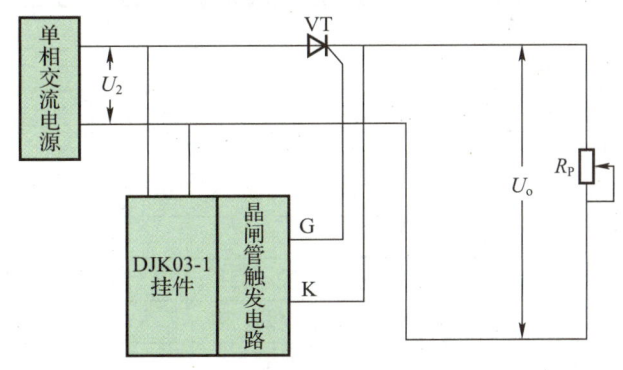

图 2-1 带电阻性负载的单相半波可控整流电路

2）检测电路的基本参数

（1）在电源输入端接入220 V的工频交流电，在操作中要注意个人及设备安全，在连接或拆除电路时应断开电源，不能带电操作。

（2）将 R_p 调至最大阻值处，调节电路触发脉冲，慢慢增加移相电压，使 α 保持在 30°～150° 范围内，然后用示波器观察当 α 分别为 30°、60°、90°、120°、150° 时，u_2、u_{VT}、u_o 的波形。

（3）请用万用表检测 U_2、U_{VT}（即 G、K 两点间电压）、U_o 的值，并将测量和计算结果填入表 2-3 中。

（4）请结合表 2-3 中的数据，绘制出 u_{VT}、u_o 的波形曲线。

表 2-3　带电阻性负载的单相半波可控整流电路基本参数的检测和计算数据

α	30°	60°	90°	120°	150°
U_2					
U_{VT}					
U_o（记录值）					
U_o（计算值）$U_o = 0.45U_2(1+\cos\alpha)/2$					

 创想天地

除了带电阻性负载外，单相半波可控整流电路在使用中还有可能带其他特性的负载，如阻感性负载、反电动势负载等。请结合本工单内容，讨论在带阻感负载的情况下，单相半波可控整流电路的工作情况。

3．考核评价

各组展示任务完成情况，并完成如表 2-4 所示的考核评价表。

表 2-4　考核评价表

项目名称	评价标准	满分/分	评分/分		
			自评	互评	师评
职业素养考核项目 30%	任务工单整洁、规范	5			
	认真参加活动，积极思考	5			
	主动与同学、指导教师交流	5			
	团结协作、组织协调能力强	5			
专业能力考核项目 70%	能发现问题并解决问题	10			
	能正确使用数字万用表并准确读数	10			
	能正确连接带电阻性负载的单相半波可控整流电路	10			
	能用示波器观察单相半波可控整流电路的工作波形	10			
	能正确计算单相半波可控整流电路的输出电压	25			
	测试完毕后正确断开电路连接，整理器材并归位	15			
合计		100			
总评	自评（20%）+互评（20%）+师评（60%）=	综合等级：	指导教师（签名）：		

2.1.1 整流电路概述

1. 整流电路的组成和基本参数

1)整流电路的组成

整流电路通常由变压器、整流主电路和滤波器等组成,其作用是将交流电变换为直流电。在整流电路中,变压器的作用是实现交流输入电压与直流输出电压间的匹配,以及交流电网与整流电路之间的电气隔离;整流主电路主要由整流二极管或晶闸管组成;滤波器接在主电路与负载之间,用于滤除脉动直流电压中的交流成分。

2)整流电路的基本参数

整流电路的基本参数是反映其工作性能和电路中电力电子器件性能的主要依据。整流电路基本参数主要有以下几个。

(1)输出电压(平均值)U_o,它反映整流电路输出直流电压的大小。

(2)输出电流(平均值)I_o,它反映整流电路输出直流电流的大小。

(3)整流器件承受的最大反向电压U_{TM}。

(4)通过整流器件的正向电流(平均值)I_D。

> 采用整流二极管的整流电路故障发生率比较高,主要是整流二极管容易因过流而损坏,出现二极管开路或击穿故障。常用的检修方法是测量整流二极管的正反向电阻。

为了更准确地描述整流电路的工作过程,人们还引入了以下几个参数。

(1)控制角α:晶闸管从开始承受正向阳极电压到触发开通之间的电角度,也称触发角或触发延迟角。

(2)导通角θ:晶闸管在一个周期内导通的电角度,其大小为$\theta = \pi - \alpha$。

(3)移相:通过改变α的大小来改变触发脉冲在每个周期内出现的相位的操作。移相是为了改变晶闸管的导通时间,从而改变输出电压的大小。而α的变化范围称为移相范围。

> 通过控制触发脉冲的相位来控制输出电压大小的方式称为相位控制,简称相控。

2. 整流电路的分类

整流电路是电力电子技术中出现最早的一种电力变换电路,在直流电动机的调速、发电机的励磁调节、电解、电镀等领域都得到了广泛应用,其电路形式也多种多样。整流电路按照不同的方式,可以分为不同的类型,具体如下。

1)按照组成器件分类

按照组成器件的不同,整流电路可分为不可控整流电路、半控整流电路和全控整流电路。

（1）不可控整流电路完全由整流二极管构成，电路输出电压和输入交流电压（有效值）之比是固定不变的。

（2）半控整流电路的整流器件由不可控器件和可控器件混合组成，在此类电路中，电路输出电压的极性不可改变，但电路输出电压的大小可以调节。

（3）全控整流电路的整流器件由可控器件组成，电路输出电压的极性及大小都可以通过可控器件进行调节。

点　拨

在全控整流电路中，功率可由电源向负载传送，也可由负载反馈给电源，即有源逆变。

2）按照电路结构分类

按照电路结构的不同，整流电路可分为半波整流电路和桥式整流电路。

扫一扫

单相半波整流电路与单相全波整流电路的区别

（1）半波整流电路又称零式整流电路。在此类电路中，整流器件的阳极（或阴极）全部连接在一起，并接到负载的一端，负载的另一端与电源相连，电路中的电流方向是单向的，负载上得到的只是电源电压波形的一半。

（2）桥式整流电路是全波整流电路的一种，可以将其视为由两组半波整流电路并联而成，电路中的两组整流器件一组接成共阴极，一组接成共阳极，分别与负载两端相连，此时的电流是交变的。桥式整流电路不需要变压器二次绕组的中心抽头，但比半波整流电路多用一倍的功率器件。

3）按照交流电源相数分类

按照交流电源相数的不同，整流电路可分为单相整流电路、三相整流电路和多相整流电路。

（1）单相整流电路的交流侧由单相电源供电，带负载能力一般较小，适用于小功率整流装置。

（2）三相整流电路的交流侧由三相电源供电，带负载能力较大，输出直流电的脉动小，对电网影响较小，且控制的滞后时间短，适用于大功率整流装置。

（3）多相整流电路能改善功率因数，提高输出直流电的脉动频率，使变压器一次电流的波形更接近正弦波，从而显著减少高次谐波对电网的影响，适用于大功率整流领域，最常用的有带平衡电抗器的双反星形可控整流电路和三相桥式整流电路两种类型。

课堂讨论

除上述分类方式外，整流电路还有哪些分类方式？

3．整流电路的分析

通常采用波形分析法对整流电路进行分析。该方法主要根据电路结构和负载特性，分析电路中各整流器件开通和关断的物理过程，从而在一系列的电压和电流波形中得出整流电路的基本数学关系。

项目2　AC/DC变换电路

　点　拨

> 整流电路的工作波形主要包括：① 整流电路输出电压和输出电流的波形；② 整流电路整流器件电压和电流的波形；③ 交流侧电流的波形。

整流电路的基本数学关系具体包括以下几方面。

（1）整流电路输出电压与输入交流电压之比与控制角之间的关系。

（2）整流电路输出电流的分析与计算。

（3）通过分析整流器件的工作情况，确定各整流器件承受的最大正、反向电压和通过的最大电流，从而合理地选择整流器件的额定电压和额定电流，最大限度地发挥整流器件的作用。

（4）整流电路中常用基本参数的计算方法，这些参数有功率、功率因数、效率、相位移系数、波形畸变系数、纹波系数等，它们是评价整流电路具体技术性能的指标。

2.1.2　单相半波可控整流电路

在分析单相半波可控整流电路时，需要研究电路带不同负载时的工作特性。可控整流电路常带的负载有电阻性负载、阻感性负载和反电动势负载三种。以下主要对带电阻性负载和带阻感性负载两种情况进行分析。

　注　意

> 要特别注意电路结构和负载类型对整流电路的影响，带不同负载时整流电路输出电压和输出电流的波形差别很大。

1．带电阻性负载

1）电路的组成

如图2-2所示为带电阻性负载的单相半波可控整流电路，它是结构最简单的整流电路，主要由晶闸管VT、整流变压器T及负载电阻R组成。

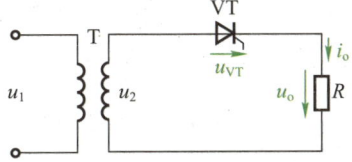

图2-2　带电阻性负载的单相半波可控整流电路

其中，整流变压器负责将外部输入的高压交流电变换为电路所需要的低压交流电，起变压和电气隔离的作用；u_1和u_2分别表示整流变压器的一次、二次电压的瞬时值，其有效值用U_1和U_2表示。

注　意

在分析整流电路时，一般将电路中的整流器件看作理想器件，即整流器件的通态电压降为零，且动态响应是瞬时的，并且也不考虑整流变压器漏阻抗对电路的影响。

2）电路的工作波形

如图2-3所示为带电阻性负载的单相半波可控整流电路的工作波形。其中，图2-3（a）为经过变压器降压后的电源电压u_2的波形；图2-3（b）为施加在晶闸管门极的触发脉冲u_g的波形；图2-3（c）为电路输出电压u_o的波形；图2-3（d）为晶闸管电压u_{VT}的波形。

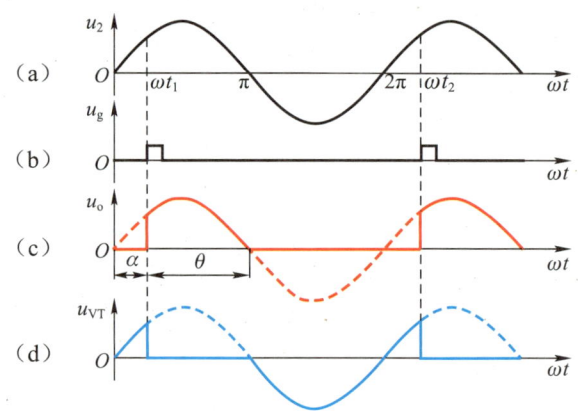

图2-3　带电阻性负载的单相半波可控整流电路的工作波形

（1）在$0\sim\omega t_1$区间，门极没有施加触发脉冲，在正向电压下VT处于断态。此时电路中无电流通过，$u_o=0$，$u_{VT}=u_2$。

（2）在ωt_1时刻，门极接收到触发脉冲，VT开通。此时的晶闸管相当于一根导线，因此$u_{VT}=0$，而$u_o=u_2$。

（3）在$\omega t_1\sim\pi$区间，门极的触发脉冲逐渐消失，而VT依旧保持通态。

（4）在π时刻，$u_2=0\,\text{V}$，维持VT导通的正向电压消失，VT关断。此时电路中无电流通过。

（5）在$\pi\sim2\pi$区间，u_2反向，在反向电压下VT处于反向阻断态。此时电路中无电流通过，$u_o=0$，$u_{VT}=u_2$。

（6）在下一个周期的ωt_2时刻，门极再次接收到触发脉冲，VT再次开通，电路将重复上述过程。

 **注　意**

一般电阻性负载的最大特点是负载上的电压、电流同相位，且波形相同。因此，由欧姆定律可知，$i_o=U_o/R$，其波形与图2-3（c）相同。

通过对带电阻性负载的单相半波可控整流电路工作波形的分析，可得到以下结论。

（1）通过图2-3（c）可以看出，在$0\sim2\pi$的工作周期内，电路只在正半周期进行整流，因此称为"半波"整流。

(2)通过对比图2-3（a）和图2-3（c）可以看出，负载上得到的整流电压是一个极性不变、幅值变化的脉动直流电压，其脉动频率与电源电压频率一致。

(3)通过图2-3可以看出，晶闸管只有在承受正向电压和有门极触发脉冲这两个条件都满足时才会导通，因此必须根据被触发晶闸管的阳极电位提供相应触发电路的同步信号，以确保能够在准确的时刻送出晶闸管所需要的触发脉冲。

(4)通过图2-3可以看出，带电阻性负载的单相半波可控整流电路的移相范围为0°～180°。

3）电路的输出

以下为带电阻性负载的单相半波可控整流电路基本参数的计算公式。

(1)电路输出电压为

$$U_o = \frac{1}{2\pi}\int_\alpha^\pi \sqrt{2}U_2 \sin\omega t \, d\omega t = \frac{\sqrt{2}U_2}{2\pi}(1+\cos\alpha) = 0.45U_2 \frac{1+\cos\alpha}{2} \tag{2-1}$$

(2)电路输出电流为

$$I_o = \frac{U_o}{R} = 0.45\frac{U_2}{R}\frac{1+\cos\alpha}{2} \tag{2-2}$$

(3)晶闸管承受的最大反向电压为

$$U_{TM} = \sqrt{2}U_2 \tag{2-3}$$

(4)通过晶闸管电流的平均值为

$$I_{VT} = I_o \tag{2-4}$$

(5)通过晶闸管电流的有效值为

$$I_T = \frac{U_2}{R}\sqrt{\frac{\pi-\alpha}{2\pi}+\frac{\sin 2\alpha}{4\pi}} \tag{2-5}$$

【例2-1】 假设有一个单相半波可控整流电路对电阻性负载供电，整流元器件为一个晶闸管。已知电源电压为AC 220 V，电路输出电压为80 V，输出电流为50 A，那么请问此时晶闸管的控制角为多少？请选择适合的晶闸管型号。

【解】（1）根据公式（2-1）可求出晶闸管的控制角为

$$\cos\alpha = \frac{2U_o}{0.45U_2} - 1 = 0.616$$

$$\alpha = \arccos(0.616) = 52°$$

(2)根据欧姆定律，可计算出电路中负载的电阻 $R = 1.6\ \Omega$。

(3)根据公式（2-5），可求出通过晶闸管的电流有效值为

$$I_T = \frac{U_2}{R}\sqrt{\frac{\pi-\alpha}{2\pi}+\frac{\sin 2\alpha}{4\pi}} = 90\ (A)$$

(4)根据晶闸管额定电流大于等于实际电流的原则，晶闸管额定电流的取值范围为

$$I_{T(AV)} = (1.5\sim 2)\frac{I_T}{1.57} \approx 86\sim 115\ (A)$$

因此，按照电流等级可取晶闸管的额定电流为100 A。

(5)根据公式(2-3),可求出晶闸管承受的最大反向电压为

$$U_{TM} = \sqrt{2}U_2 = 311 \,(\text{A})$$

则晶闸管的额定电压选用范围为

$$U_{TN} = (2\sim3)U_{TM} = 622\sim933\,(\text{V})$$

因此,按照电压等级可取晶闸管额定电压为700 V。故选择晶闸管的型号为KP100-7。

2. 带阻感性负载

1) 无续流二极管时的工作波形

当负载的感抗ωL与电阻R相比不可忽略时,这种负载称为阻感性负载。如图2-4所示为无续流二极管时带阻感性负载的单相半波可控整流电路及其工作波形,其中,L表示电感。

L对电流的变化有阻碍作用,这使流过L的电流不能发生突变。并且L的存在会增大VT的导通角,使VT在承受反向电压的一段时间内保持通态,造成u_o的波形出现部分负值,从而使电路输出电压减小。

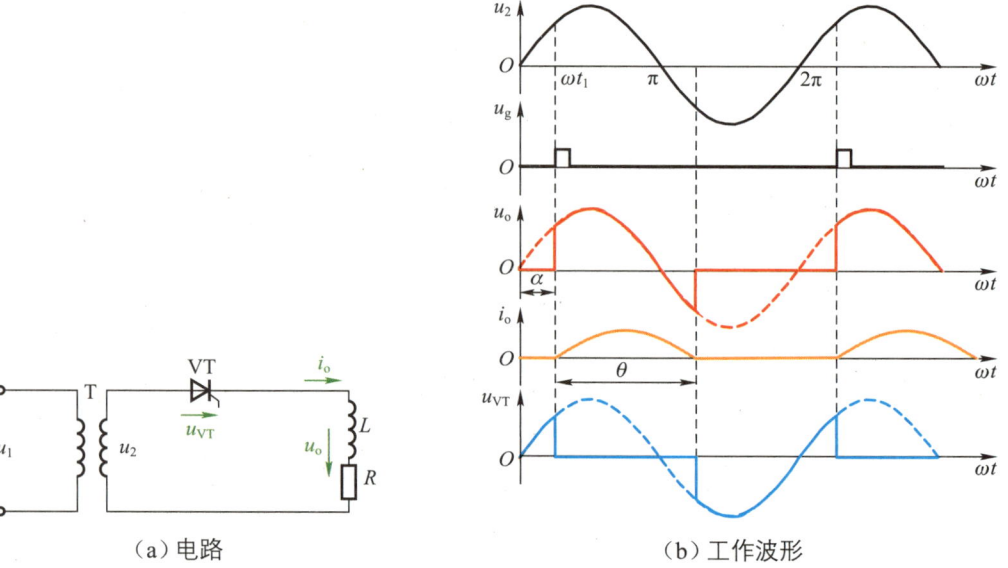

图2-4　无续流二极管时带阻感性负载的单相半波可控整流电路及其工作波形

相较于电阻性负载,阻感性负载不仅会消耗电能,还会存储和释放电能。当α增大时,VT延迟开通,L在u_2的正半周期储存的电能少,维持VT导通的时间短;而当L非常大时(通常令$\omega L > 10R$即可),其所储存的电能多,维持VT导通的时间长,此时u_o正、负半波的面积接近相等,则电路输出电压近似为零,输出电流也很小,没有太大的实用价值。因此,为了使带有大电感负载的整流电路能够正常工作,一般会在负载两端并联一个续流二极管。

2) 有续流二极管时的工作波形

如图2-5所示为有续流二极管时带阻感性负载的单相半波可控整流电路及其工作波形,其中,VD表示续流二极管。通过图2-5可知,当u_2为正时,VT在ωt_1时刻开通,此时VD因承受反向电压而处于断态;当u_2为负时,电路通过VD对VT施加反向电压,VT关断。此时L开始释放其储存的电能,保证i_o继续在回路中流通,u_o的波形不再出现负值部分。

项目2　AC/DC变换电路

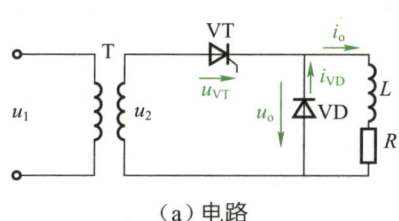

（a）电路

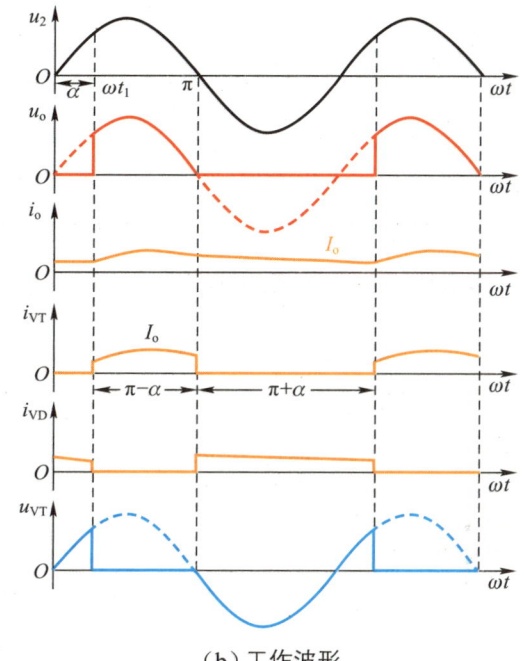

（b）工作波形

图2-5　有续流二极管时带阻感性负载的单相半波可控整流电路及其工作波形

通过对图2-4和图2-5的分析，可得到以下结论。

（1）在π～2π区间，L释放其储存的电能，电流通过VD构成回路，此过程称为"续流"。

（2）在图2-5（a）所示电路中，电路输出电压的波形与带电阻性负载的单相半波可控整流电路相同，且只受α影响，与L的大小无关。

（3）在图2-5（a）所示电路中，当 $\omega L \gg R$，即L足够大时，VD一直导通到下一周期VT开通时，i_o不但连续，并且近似于一条水平直线。

（4）i_o由VT和VD分担，通过二者的电流基本上是矩形波。

3）电路的输出

以下为带阻感性负载的单相半波可控整流电路基本参数的计算公式。

（1）通过晶闸管电流的平均值和有效值分别为

$$I_{VT} = \frac{\pi - \alpha}{2\alpha} I_o$$

$$I_T = \sqrt{\frac{1}{2\pi} \int_\alpha^\pi I_o^2 \mathrm{d}\omega t} = I_o \sqrt{\frac{\pi - \alpha}{2\alpha}}$$

（2）通过续流二极管电流的平均值和有效值分别为

$$I_{D(VD)} = \frac{\pi + \alpha}{2\alpha} I_o$$

$$I_{VD} = \sqrt{\frac{1}{2\pi} \int_0^{\pi+\alpha} I_o^2 \mathrm{d}\omega t} = I_o \sqrt{\frac{\pi + \alpha}{2\alpha}}$$

（3）晶闸管和续流二极管承受的最大正、反向电压为

$$U_{TM} = U_{VDM} = \sqrt{2} U_2$$

注 意

电路中大电感的存在,使晶闸管的正向电流缓慢增长。若门极触发脉冲宽度不够,可能会出现正向电流还未上升到晶闸管的擎住电流时触发脉冲便已消失的情况,此时的晶闸管仍处于断态。

2.1.3 单相桥式全控整流电路

相比于单相半波整流电路,单相桥式整流电路输出的直流电压、电流脉动小,能够有效改善变压器的直流磁化现象,提高变压器的效率,因此应用范围更广。单相桥式整流电路可分为单相桥式全控整流电路和单相桥式半控整流电路,其中前者更为常用,下面主要对其进行介绍。

扫一扫

带反电动势负载的单相桥式全控整流电路分析

1. 带电阻性负载

1)电路的组成

如图 2-6 所示为带电阻性负载的单相桥式全控整流电路,它主要由整流变压器 T、四个晶闸管 $VT_1 \sim VT_4$ 以及负载电阻 R 组成。其中,VT_1、VT_4 组成一组桥臂,VT_2、VT_3 组成另一组桥臂,而变压器二次电压 u_2 的两端接在每组桥臂的中点。

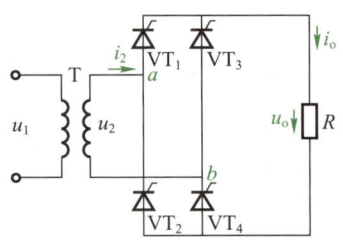

图2-6 带电阻性负载的单相桥式全控整流电路

2)电路的工作波形

如图 2-7 所示为带电阻性负载的单相桥式全控整流电路的工作波形。

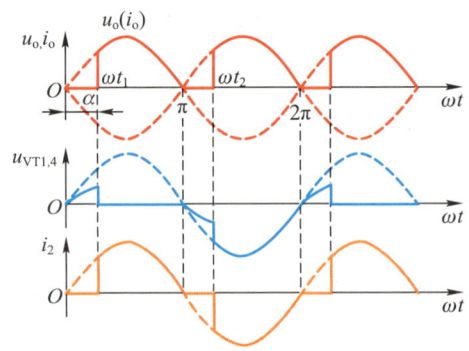

图2-7 带电阻性负载的单相桥式全控整流电路的工作波形

在 u_2 的正半周期,a、b 两点之间的电压为正值。在 $0 \sim \omega t_1$ 区间,VT_1、VT_4 处于断态,u_2 由这两个晶闸管共同承担,$u_{VT} = u_2/2$。而在 ωt_1 时刻,VT_1、VT_4 触发开通,电路中的电流从 a 点出发,沿着

VT_1、R、VT_4 的方向，最终回到 b 点。此时 u_o 与 i_o 均为正向，其波形与 i_2 的波形相同。

同理，在 u_2 的负半周期，a、b 两点之间的电压为负值，VT_1、VT_4 因为承受反向电压而关断。而此时的 VT_2、VT_3 开始承受正向电压，并在 ωt_2 时刻，因门极触发脉冲的加入而开通，电路中的电流从 b 点出发，沿着 VT_3、R、VT_2 的方向，最终回到 a 点。此时 u_o 与 i_o 仍为正向，但其波形与 i_2 的波形相反。之后，在 u_2 重新回到正半周期时，VT_2、VT_3 因为承受反向电压而关断，电路将如此循环工作下去。

通过对图 2-7 的分析，可得到以下结论。

（1）电路中两组桥臂上的晶闸管触发脉冲在相位上相差 $180°$，每组晶闸管的导通角为 $\theta = \pi - \alpha$。

（2）单相桥式全控整流电路输出直流电的脉动程度小于单相半波可控整流电路。

（3）在桥式整流电路变压器的二次绕组中，正半周期与负半周期的电流方向相反且波形对称，因此不存在半波整流电路中的直流磁化现象。

注 意

单相桥式全控整流电路在电源电压的正、负半周期内都能够进行整流，且其输出整流电压在一个周期内脉动两次。

3）电路的输出

以下为带电阻性负载的单相桥式全控整流电路基本参数的计算公式。

（1）电路输出电压和输出电流分别为

$$U_o = \frac{1}{\pi}\int_\alpha^\pi \sqrt{2}U_2 \sin\omega t \, d\omega t = \frac{\sqrt{2}U_2}{\pi}(1+\cos\alpha) = 0.9 U_2 \frac{1+\cos\alpha}{2}$$

$$I_o = \frac{U_o}{R} = 0.9 \frac{U_2}{R} \frac{1+\cos\alpha}{2}$$

（2）在晶闸管还未开通时，假设一组桥臂上的两个晶闸管的漏电阻相等，两个晶闸管各分得电源电压的一半，则每个晶闸管承受的最大反向电压为

$$U_{TM} = \frac{\sqrt{2}U_2}{2}$$

（3）由于两组桥臂上的晶闸管轮流开通，因此通过晶闸管电流的平均值为电路输出电流的一半，即

$$I_{VT} = \frac{1}{2}I_o = 0.45 \frac{U_2}{R} \frac{1+\cos\alpha}{2}$$

（4）通过每个晶闸管电流的有效值为

$$I_T = \sqrt{\frac{1}{2\pi}\int_\alpha^\pi \left(\frac{\sqrt{2}U_2}{R}\sin\omega t\right)^2 d\omega t} = \frac{U_2}{R}\sqrt{\frac{\sin 2\alpha}{4\pi}+\frac{\pi-\alpha}{2\pi}}$$

注 意

如果不考虑整流电路变压器的损耗，则要求变压器的容量为 $S = U_2 I_2$。

2. 带阻感性负载

1) 无续流二极管时的工作波形

如图2-8所示为无续流二极管时带阻感性负载的单相桥式全控整流电路及其工作波形。通过观察可以发现，电感的存在起到了平波的作用，因此 i_o 的波形近似于一条直线。

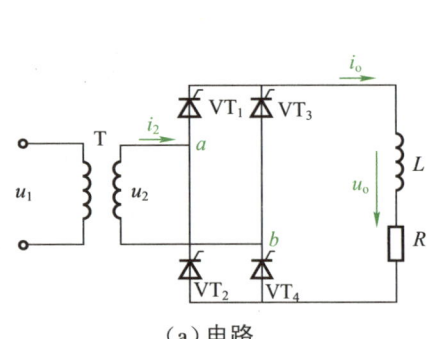

（a）电路

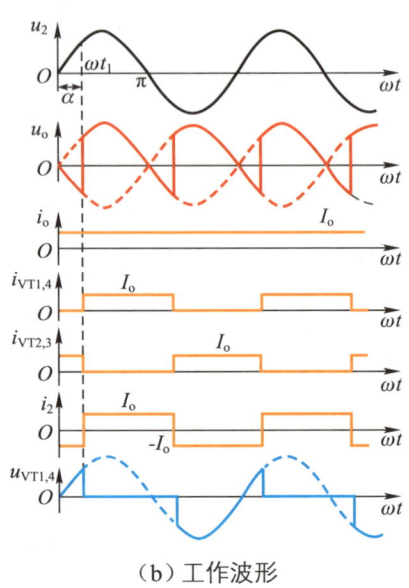

（b）工作波形

图2-8　无续流二极管时带阻感性负载的单相桥式全控整流电路及其工作波形

（1）在 u_2 正半周期的 $\omega t_1 \sim \pi$ 区间，VT_1、VT_4 在 ωt_1 时刻触发开通，在此区间内 $u_o = u_2$。

（2）在 u_2 负半周期的 $\pi \sim \pi+\alpha$ 区间，VT_1、VT_4 在 L 的作用下继续保持导通，因此在 u_o 的波形中出现了负值部分。

（3）在 u_2 负半周期的 $\pi+\alpha \sim 2\pi$ 区间，VT_2、VT_3 触发开通，并且使 VT_1、VT_4 因承受反向电压而关断。通过 VT_1、VT_4 的电流迅速转移到 VT_2、VT_3 上，这个过程就称为"换相"（也称为"换流"）。因此，两组桥臂上的晶闸管电流交替出现矩形波，之后电路将在下一个周期重复上述过程。

> **注　意**
>
> 为了方便讨论，假设电路已经工作于稳态，在图2-8（b）中的 $0 \sim \omega t_1$ 区间反映了在电源电压的上一个工作周期中，VT_2、VT_3 在电感作用下保持导通时的波形。

2) 有续流二极管时的工作波形

与单相半波可控整流电路一样，为了减小电压负值的影响，提高电路输出电压，扩大移相范围，带阻感性负载的单相桥式全控整流电路也会在负载两端并联一个续流二极管。如图2-9所示为有续流二极管时带阻感性负载的单相桥式全控整流电路及其工作波形。

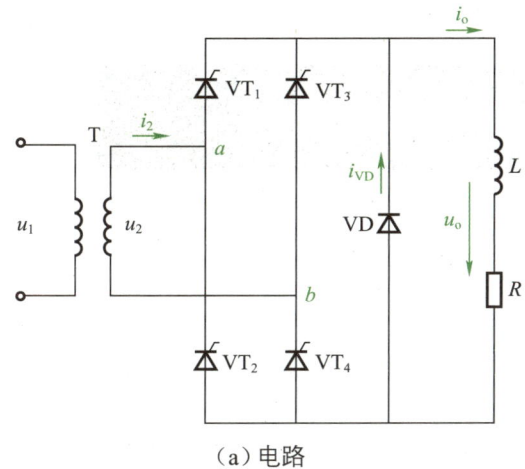
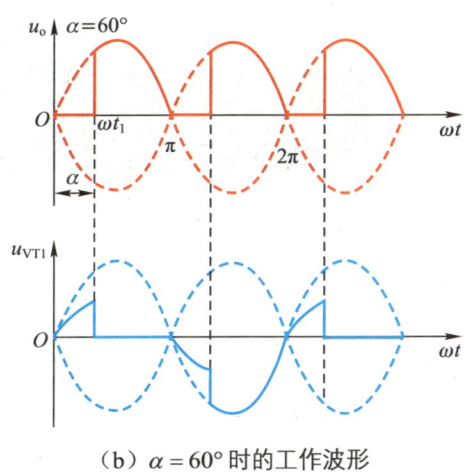

(a)电路　　　　　　　　　　(b) $\alpha=60°$ 时的工作波形

图2-9　有续流二极管时带阻感性负载的单相桥式全控整流电路及其工作波形

（1）在 u_2 正半周期的 $0\sim\omega t_1$ 区间，VD 处于断态，此时两组桥臂上的晶闸管都关断，因此 VT_1、VT_4 各自分得 u_2 的一半。

（2）在 u_2 正半周期的 $\omega t_1\sim\pi$ 区间，VT_1、VT_4 在 ωt_1 时触发开通，此时 $u_o=u_2$。

（3）在 u_2 负半周期的 $\pi\sim\pi+\alpha$ 区间，L 产生的感应电压令 VD 开通，i_o 在 L、R 和 VD 之间流通，VT_1、VT_4 关断，并各自分得 u_2 的一半。

（4）在 u_2 负半周期的 $\pi+\alpha\sim 2\pi$ 区间，VT_2、VT_3 在 $\omega t=\pi+\alpha$ 时触发开通，此时 $u_o=u_2$，但极性相反。之后，在 u_2 重新到正半周期时，VT_2、VT_3 因为承受反向电压而关断，电路将如此循环工作下去。

通过对图2-8和图2-9的分析，可得到以下结论。

（1）无续流二极管时单相桥式全控整流电路的移相范围为 $0°\sim 90°$，而有续流二极管时单相桥式全控整流电路的移相范围为 $0°\sim 180°$。

（2）无续流二极管时单相桥式全控整流电路晶闸管承受的最大正、反向电压均为 $\sqrt{2}U_2$，而有续流二极管时单相桥式全控整流电路晶闸管承受的最大反向电压为 $\sqrt{2}U_2$，最大正向电压为 $\dfrac{\sqrt{2}}{2}U_2$。

（3）有续流二极管时，带阻感性负载的单相桥式全控整流电路的工作波形与带电阻性负载的相同，因此其各项参数也相同。以下为无续流二极管时单相桥式全控整流电路基本参数的计算公式。

① 电路输出电压和输出电流分别为

$$U_o=\frac{1}{\pi}\int_\alpha^{\pi+\alpha}\sqrt{2}U_2\sin\omega t\,d\omega t=0.9U_2\cos\alpha$$

$$I_o=\frac{U_o}{R}=0.9\frac{U_2}{R}\cos\alpha$$

② 通过晶闸管电流的平均值和有效值分别为

$$I_{VT}=\frac{1}{2}I_o=0.45\frac{U_2}{R}\cos\alpha$$

$$I_T=\frac{U_2}{R}\sqrt{\frac{1}{2\pi}\sin\alpha+\frac{\pi-\alpha}{\pi}}$$

任务2.2　测试三相可控整流电路

任务引入

对于传统燃油汽车来说,当车辆制动或减速时,制动系统会将车辆的动能转化为摩擦热,释放至大气,这样不仅造成了制动摩擦部件的损耗,还造成了能量的浪费。而新能源汽车通过制动能量回收,可以将车辆动能变换为电能,并为动力蓄电池充电,从而有效延长车辆的续驶里程,减少制动损耗。

如图2-10所示为新能源汽车制动能量回收示意。在车辆行驶过程中,当驾驶员踩下加速踏板时,动力蓄电池为驱动电机提供电能,从而驱动车辆克服阻力向前行驶。当驾驶员松开加速踏板或踩下制动踏板时,动力蓄电池不再为驱动电机提供电能,汽车的行驶惯性成为驱动电机转子转动的动力,使转子切割磁感线,从而产生三相交流电,制动能量回收系统用三相可控整流电路将三相交流电进行整流并反充给动力蓄电池。

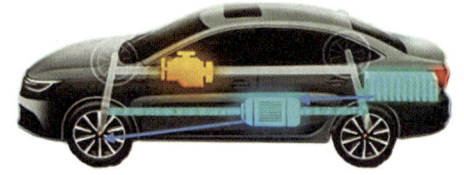

图2-10　新能源汽车制动能量回收示意

本任务主要介绍三相可控整流电路的相关内容,知识与技能要求如表2-5所示。

表2-5　知识与技能要求

任务内容	测试三相可控整流电路	学习程度		
		识记	理解	应用
学习任务	带电阻性负载的三相半波可控整流电路		●	
	带阻感性负载的三相半波可控整流电路		●	
	带电阻性负载的三相桥式全控整流电路		●	
	带阻感性负载的三相桥式全控整流电路		●	
实训任务	测试三相桥式全控整流电路			●
自我勉励				

班级 _____ 姓名 _____ 学号 _____

任务工单——测试三相桥式全控整流电路

1. 任务准备

1)知识准备

三相桥式全控整流电路是工业中应用最为广泛的一种整流电路,它一般需要六个晶闸管作为主要的整流器件。将其中三个晶闸管的阴极连接在一起,构成共阴极组,将另外三个晶闸管的阳极连接在一起,构成共阳极组。其中,共阴极组在电源电压的正半周导通,流经变压器二次绕组的是正向电流;共阳极组在电源电压的负半周导通,流经变压器二次绕组的是反向电流。在电源电压的一个周期中,变压器绕组中没有了直流磁通势,这有利于抑制变压器的谐波。

2)工具和器材准备

准备任务实施所需的工具和器材,并补全表2-6。

表2-6 工具和器材清单

序号	名称	型号与规格	序号	名称	型号与规格
1	变压器		5	万用表	
2	电位器		6	晶闸管触发电路	DJK03-1
3	晶闸管		7	导线	
4	示波器				

2. 任务实施

1)连接试验电路

如图2-11所示为带电阻性负载的三相桥式全控整流电路,请选择相应的器材,按照图2-11连接电路,并确认连接无误。

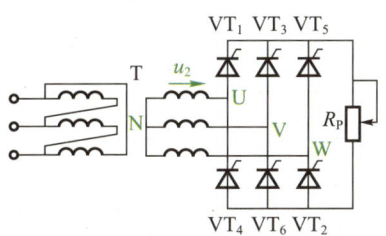

图2-11 带电阻性负载的三相桥式全控整流电路

2)检测电路的基本参数

(1)在电源输入端接入380 V的工频交流电,在操作中要注意个人及设备安全,在连接或拆除电路时应断开电源,不能带电操作。

(2)将R_P调至最大阻值处,调节电路触发脉冲,缓慢增加移相电压,然后用示波器观察当α分别为30°、60°、90°时,u_2、u_{VT1}、u_o的波形。

(3)请用万用表检测U_2、U_{VT1}、U_o的值,并将测量和计算结果填入表2-7中。

（4）请结合表2-7中的数据，绘制出 u_{VT1}、u_o 的波形曲线。

表2-7　带电阻性负载的三相桥式全控整流电路基本参数检测数据

α	30°	60°	90°
U_2			
U_{VT1}			
U_o（记录值）			
U_o（计算值）$U_o = 2.34U_2\cos\alpha$			

创想天地

除了带电阻性负载外，三相桥式全控整流电路在使用中还有可能带其他特性的负载，比如阻感性负载、反电动势负载等。请结合本工单内容，设想一下在带阻感性负载的情况下，三相桥式全控整流电路的工作情况。

3．考核评价

各组展示任务完成情况，并完成如表2-8所示的考核评价表。

表2-8　考核评价表

项目名称	评价标准	满分/分	评分/分		
			自评	互评	师评
职业素养考核项目30%	任务工单整洁、规范	5			
	认真参加活动，积极思考	5			
	主动与同学、指导教师交流	5			
	团队协作，组织协调能力强	5			
	能发现问题并解决问题	10			
专业能力考核项目70%	能正确使用万用表并准确读数	10			
	能正确连接带电阻性负载的三相桥式全控整流电路	10			
	能用示波器观察三相桥式全控整流电路的工作波形	10			
	能正确计算三相桥式全控整流电路的输出电压	25			
	测试完毕后正确断开电路连接，整理器材并归位	15			
合计		100			
总评	自评（20%）+互评（20%）+师评（60%）=	综合等级：	指导教师（签名）：		

项目2 AC/DC变换电路

单相可控整流电路虽然结构简单，调试、维护方便，但电路的整流电压脉动大、脉动频率低，因此只适用于小容量、对整流指标要求不高的场合。当整流电路容量较大，或要求直流电压脉动较小、易滤波且便于控制时，就需要采用三相可控整流电路。

三相可控整流电路可分为三相半波可控整流电路、三相桥式全控整流电路、三相桥式半控整流电路、双反星形可控整流电路、十二脉波整流电路等。其中，三相半波可控整流电路是最基本的一种电路，而应用最广泛的是三相桥式全控整流电路和三相桥式半控整流电路。下面主要对三相半波可控整流电路和三相桥式全控整流电路进行分析。

2.2.1 三相半波可控整流电路

1. 带电阻性负载

1）电路的组成

三相半波可控整流电路根据晶闸管接线方式的不同，可分为三相半波共阴极组可控整流电路和三相半波共阳极组可控整流电路。由于采用共阴极接法时触发电路有公共端，接线方便，因此三相半波共阴极组可控整流电路应用更为广泛，下面以三相半波共阴极组可控整流电路为例进行介绍。如图2-12所示为带电阻性负载的三相半波共阴极组可控整流电路，它主要由三个共阴极的晶闸管 VT_1、VT_2、VT_3，整流变压器 T，以及负载电阻 R 组成。

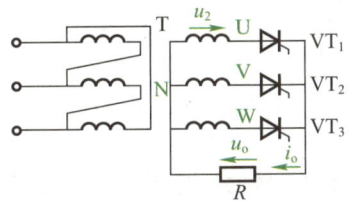

图2-12 带电阻性负载的三相半波共阴极组可控整流电路

> 为了使三次谐波的感应电流形成回路，避免三次谐波流入电网，变压器一次绕组一般连接成三角形。而为了引出中性线作为三个单相整流支路的共用回路，变压器的二次绕组必须连接成星形。

2）电路的工作波形

（1）$\alpha = 0°$ 时的工作波形。

如图2-13所示为 $\alpha = 0°$ 时带电阻性负载的三相半波共阴极组可控整流电路的工作波形。其中，ωt_1、ωt_2、ωt_3、ωt_4 为相电压的交点，称为自然换相点。三相半波共阴极组可控整流电路的自然换相点是各晶闸管触发开通的最早时刻，将其作为计算各晶闸管控制角 α 的起点，即 $\alpha = 0°$。自然换相点之间的相位依次相差120°，三相触发脉冲之间的相位也依次相差120°。下面以 VT_1 为例进行波形分析。

> **点拨**
>
> 单相可控整流电路的自然换相点是变压器二次电压 u_2 的过零点。

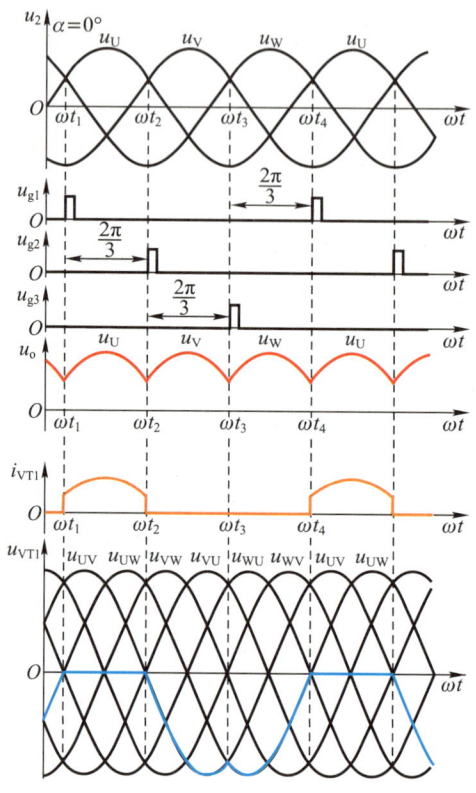

图2-13　$\alpha=0°$ 时带电阻性负载的三相半波共阴极组可控整流电路的工作波形

① 在 $\omega t_1 \sim \omega t_2$ 区间，VT_1 在 u_U（此时 $u_U > u_V$、$u_U > u_W$）和 u_{g1} 的作用下开通，其他两个晶闸管因承受反向电压而关断，u_{VT1} 近似为零。此时 u_o 与 u_U 的波形相同。并且，由于电路带电阻性负载，因此 i_o 的波形与 u_o 的波形一致。

> **注意**
>
> 变压器二次侧各相绕组的电流与各相晶闸管流过的电流相同，每个周期只有单方向电流流过，因此变压器二次绕组的电流中存在直流分量，会出现直流磁化问题。

② 在 $\omega t_2 \sim \omega t_3$ 区间，VT_2 在 u_V（此时 $u_V > u_U$、$u_V > u_W$）和 u_{g2} 的作用下开通，其他两个晶闸管因承受反向电压而关断。此时 $u_o = u_V$，$i_{VT1} = 0$，$u_{VT1} = u_U - u_V = -u_{UV}$。

③ 在 $\omega t_3 \sim \omega t_4$ 区间，VT_3 在 u_W（此时 $u_W > u_U$、$u_W > u_V$）和 u_{g3} 的作用下开通，其他两个晶闸管因承受反向电压而关断。此时 $u_o = u_W$，$i_{VT1} = 0$，$u_{VT1} = u_U - u_W = -u_{UW}$。

VT_2 与 VT_3 的电压和电流波形与 VT_1 相同，波形之间的相位依次相差120°，因此 u_o 在一个周期内有三次脉动，其脉动频率是电源频率的三倍。

> **注　意**
>
> 当 $\alpha < 0°$ 且晶闸管触发脉冲宽度较窄时，会发生输出电压突然变小的情况，而三个晶闸管轮流间隔开通，u_o 的波形断续，这会造成电路无法正常工作，因此在实际应用中，必须对最小控制角 α_{min} 进行限制。

（2）$\alpha = 30°$ 时的工作波形。

如图2-14所示为 $\alpha = 30°$ 时带电阻性负载的三相半波共阴极组可控整流电路的工作波形。以 VT_1 为例，通过观察图2-14可以发现，在接近 u_U 的过零点时，VT_1 已承受一段时间的正向电压。由于触发脉冲之间的相位相差 $120°$，而此时 VT_1 的导通角为 $150° - \alpha = 120°$，因此 u_o 与 i_o 的波形处于连续与断续之间的临界状态。

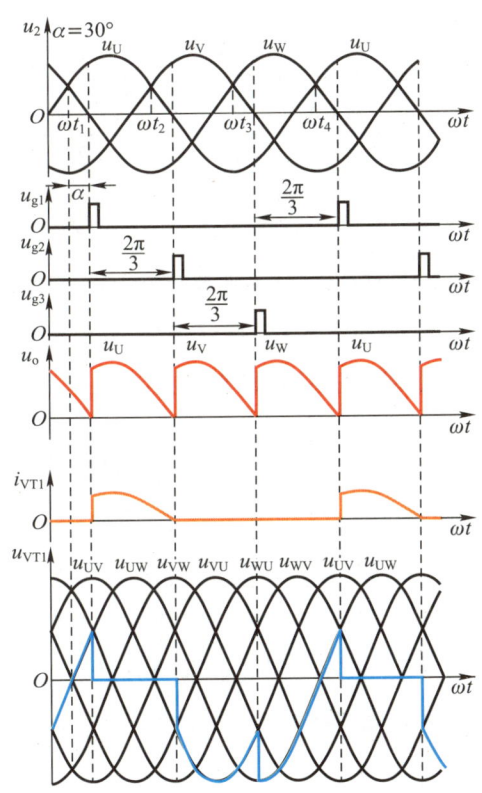

图2-14　$\alpha = 30°$ 时带电阻性负载的三相半波共阴极组可控整流电路的工作波形

（3）$\alpha = 90°$ 时的工作波形。

如图2-15所示为 $\alpha = 90°$ 时带电阻性负载的三相半波共阴极组可控整流电路的工作波形。以 VT_1 为例，由图2-15可知，在 u_U 过零变负后，VT_1 承受反向电压，其导通角为 $150° - \alpha = 60°$。在 VT_2 的触发脉冲到来之前，u_o 为零，其波形断续。

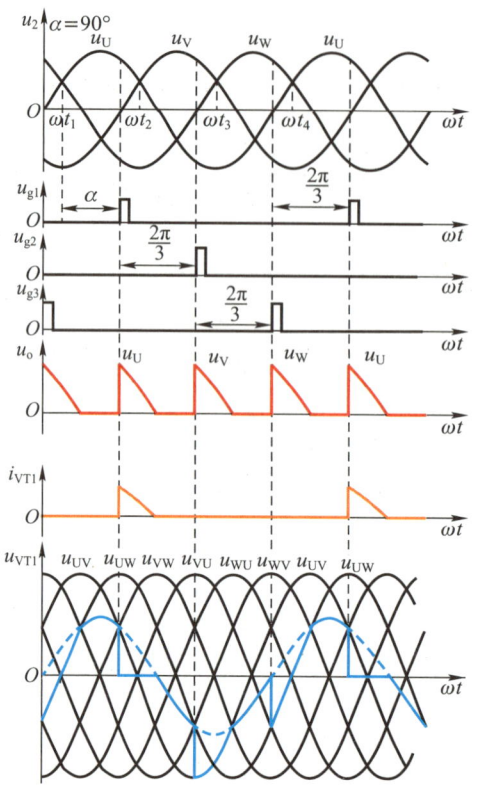

图2-15　α=90°时带电阻性负载的三相半波共阴极组可控整流电路的工作波形

通过对带电阻性负载的三相半波共阴极组可控整流电路工作波形的分析，可得到以下结论。

（1）当 $\alpha=0°$ 时，u_o 的波形为三相相电压正半周的包络线。

（2）当 α 增大时，晶闸管电压中的正电压增大，而 u_o 随之减小。

（3）当 $\alpha>150°$ 时，晶闸管因承受反向电压而关断。此时，$u_o=0$，晶闸管电压与电源相电压相同。

（4）当 $0°<\alpha<30°$ 时，u_o 的波形是连续的；当 $30°<\alpha<150°$ 时，u_o 的波形是断续的。因此，带电阻性负载的三相半波共阴极组可控整流电路的移相范围为 $0°\sim150°$。

3）电路的输出

由于电路输出波形有连续部分和断续部分，因此需要分开计算这两部分的电路参数。以下为带电阻性负载的三相半波共阴极组可控整流电路基本参数的计算公式。

（1）电路输出电压、输出电流。

① 当 $0°<\alpha<30°$ 时，电路输出波形连续，通过分析可得

$$U_o = \frac{3}{2\pi}\int_{\frac{\pi}{6}+\alpha}^{\frac{5\pi}{6}} \sqrt{2}U_2 \sin\omega t \, d\omega t = \frac{3\sqrt{6}U_2}{2\pi}\cos\alpha = 1.17U_2\cos\alpha$$

$$I_o = \frac{U_o}{R} = 1.17\frac{U_2}{R}\cos\alpha$$

② 当 $30°<\alpha<150°$ 时，电路输出波形断续，晶闸管导通角减小，通过分析可得

$$U_o = \frac{3}{2\pi}\int_{\frac{\pi}{6}+\alpha}^{\pi} \sqrt{2}U_2 \sin\omega t \, d\omega t = \frac{3\sqrt{6}U_2}{2\pi}\left[1+\cos\left(\frac{\pi}{6}+\alpha\right)\right] = 0.675U_2\left[1+\cos\left(\frac{\pi}{6}+\alpha\right)\right]$$

$$I_\text{o} = \frac{U_\text{o}}{R} = 0.675 \frac{U_2}{R}\left[1+\cos\left(\frac{\pi}{6}+\alpha\right)\right]$$

（2）通过每个晶闸管电流的有效值。

① 当 $0° < \alpha < 30°$ 时，电路输出波形连续，通过分析可得

$$I_\text{T} = \sqrt{\frac{1}{2\pi}\int_{\frac{\pi}{6}+\alpha}^{\frac{5\pi}{6}+\alpha}\left(\frac{\sqrt{2}U_2\sin\omega t}{R}\right)^2 \text{d}\omega t} = \frac{U_2}{R}\sqrt{\frac{1}{3}+\frac{\sqrt{3}}{4\pi}\cos 2\alpha}$$

② 当 $30° < \alpha < 150°$ 时，电路输出波形断续，晶闸管导通角减小，通过分析可得

$$I_\text{T} = \sqrt{\frac{1}{2\pi}\int_{\frac{\pi}{6}+\alpha}^{\pi}\left(\frac{\sqrt{2}U_2\sin\omega t}{R}\right)^2 \text{d}\omega t} = \frac{U_2}{R}\sqrt{\frac{5}{12}-\frac{\alpha}{2\pi}+\frac{\sqrt{3}}{8\pi}\cos 2\alpha+\frac{1}{8\pi}\sin 2\alpha}$$

（3）每个晶闸管承受的最大反向电压、晶闸管阳极与阴极之间的最大正向电压。

① 当 $0° < \alpha < 30°$ 时，电路输出波形连续，晶闸管承受的最大反向电压为变压器二次线电压峰值，即

$$U_\text{TM} = \sqrt{2}\times\sqrt{3}U_2 = \sqrt{6}U_2 = 2.45U_2$$

② 当 $30° < \alpha < 150°$ 时，电路输出波形断续。由于晶闸管阴极与中性点之间的电压最小值为零，而晶闸管阳极与中性点之间电压的最大值为变压器二次绕组相电压的峰值，因此晶闸管阳极与阴极之间的最大正向电压为变压器二次绕组相电压的峰值，即

$$U_\text{FM} = \sqrt{2}U_2$$

2．带阻感性负载

1）无续流二极管时的工作波形

如图2-16所示为无续流二极管时带阻感性负载的三相半波共阴极组可控整流电路，它主要由三个共阴极的晶闸管 VT_1、VT_2、VT_3，整流变压器T，以及负载电阻R和电感L组成。如果L足够大，则 i_o 的波形连续且近似于一条直线，i_VT 的波形接近矩形波。

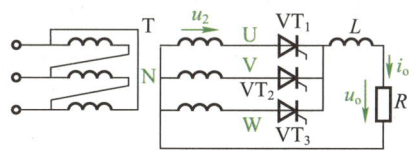

图2-16 无续流二极管时带阻感性负载的三相半波共阴极组可控整流电路

（1）$\alpha \leqslant 30°$ 时的工作波形。

当 $\alpha \leqslant 30°$ 时，u_o 的波形与带电阻性负载时基本相同。由于电感的储能作用，因此 i_o 的波形基本是平直的，VT的导通角为 $120°$，i_VT 的波形为矩形波。

（2）$\alpha > 30°$ 时的工作波形。

如图2-17所示为无续流二极管时带阻感性负载的三相半波共阴极组可控整流电路的工作波形。以 VT_1 为例，当 $\alpha = 60°$ 时，由于自感电压的存在，使 VT_1 在 u_U 由零转负后仍然承受正向电压而保持导通。此时 u_o 的波形中出现负值，而 i_o 的波形保持连续。直到 VT_2 的触发脉冲到来后，才发生换流，然后 VT_1 因承受反向电压而关断。而当 $\alpha = 90°$ 时，u_o 的波形中正负面积相等，此时电路的输出电压为零。因此，无续流二极管时带阻感性负载的三相半波共阴极组可控整流电路的移相范围为 $0°\sim 90°$。

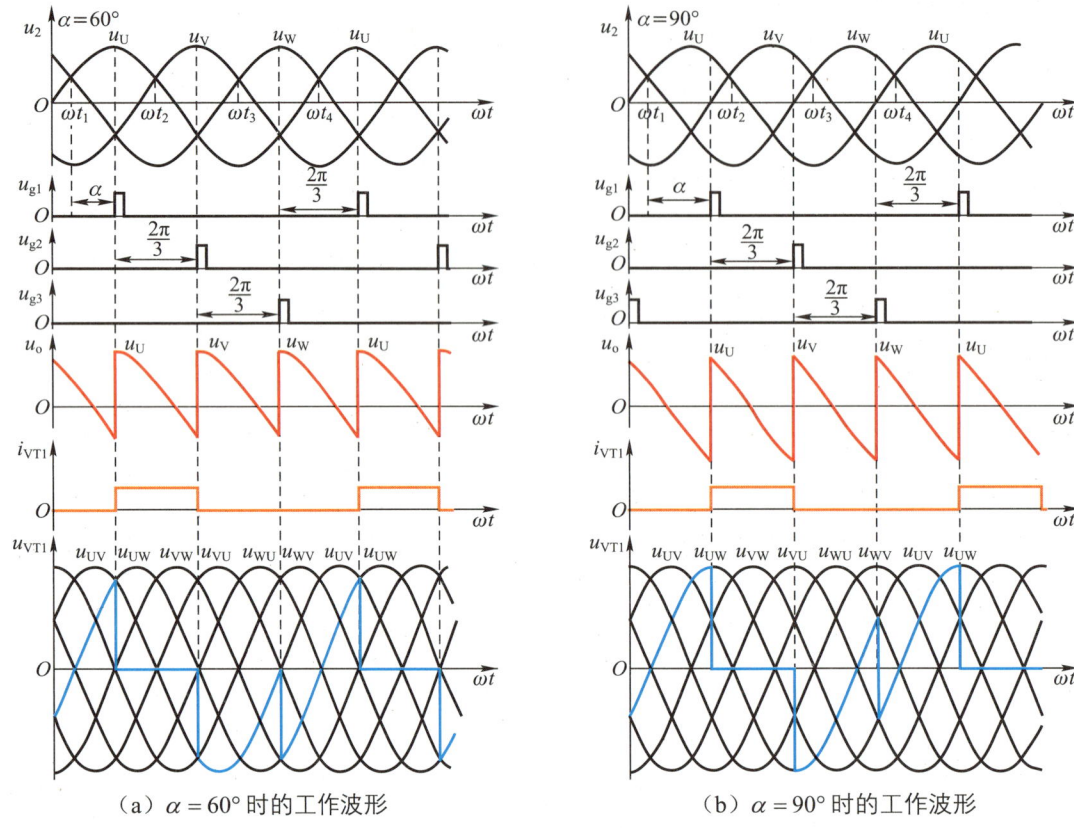

(a) α=60°时的工作波形　　　　　　　　　(b) α=90°时的工作波形

图2-17　无续流二极管时带阻感性负载的三相半波共阴极组可控整流电路的工作波形

2）有续流二极管时的工作波形

由于电路中存在大电感负载，因此当 $α>30°$ 时，u_o 开始出现负值，这使电路输出电压减小。通常的解决办法是在电感负载两端接入一个续流二极管，这样既可以提高电路输出电压，又可以扩大移相范围，使 i_o 的波形更加平稳。

如图2-18所示为有续流二极管时带阻感性负载的三相半波共阴极组可控整流电路及其工作波形，其中VD表示续流二极管。在加入VD后，u_o 的波形与带电阻性负载时基本相同，在 $α≤30°$ 时波形连续，在 $α>30°$ 时波形断续，但 i_o 的波形连续且近似于一条直线。

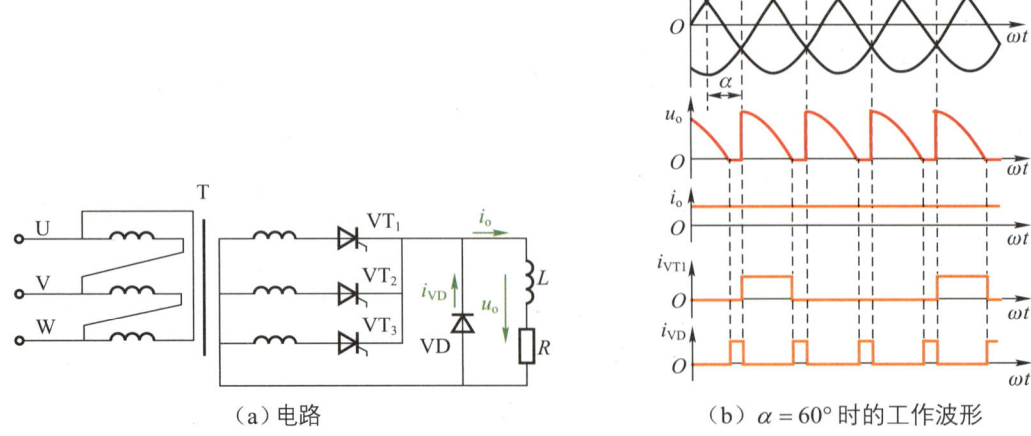

(a) 电路　　　　　　　　　　　　(b) α=60°时的工作波形

图2-18　有续流二极管时带阻感性负载的三相半波共阴极组可控整流电路及其工作波形

 **课堂讨论**

请参考带电阻性负载的三相半波共阴极组可控整流电路,对续流二极管的工作波形进行简单分析。

3)电路的输出

(1)无续流二极管时的电路输出。

由于 u_o 和 i_o 的波形均连续,因此当 $0° < \alpha < 90°$ 时,带阻感性负载的三相半波共阴极组可控整流电路的基本参数计算如下。

① 电路输出电压、输出电流以及晶闸管承受的最大反向电压分别为

$$U_\text{o} = 1.17 U_2 \cos \alpha$$

$$I_\text{o} = \frac{U_\text{o}}{R} = 1.17 \frac{U_2}{R} \cos \alpha$$

$$U_\text{TM} = \sqrt{6} U_2$$

② 晶闸管电流的平均值、有效值分别为

$$I_\text{VT} = \frac{1}{3} I_\text{o}$$

$$I_\text{T} = \frac{\sqrt{3}}{3} I_\text{o}$$

(2)有续流二极管时的电路输出。

由于加入续流二极管时带阻感性负载的三相半波共阴极组可控整流电路的工作波形与带电阻性负载时的基本相同,因此当 $0° < \alpha < 30°$ 时,u_o 和 i_o 的波形连续,电路基本参数与无续流二极管时相同。当 $30° < \alpha < 150°$ 时,有续流二极管时带阻感性负载的三相半波共阴极组可控整流电路的基本参数计算公式如下。

① 电路输出电压、输出电流分别为

$$U_\text{o} = 0.675 U_2 \left[1 + \cos\left(\frac{\pi}{6} + \alpha\right)\right]$$

$$I_\text{o} = \frac{U_\text{o}}{R} = 0.675 \frac{U_2}{R} \left[1 + \cos\left(\frac{\pi}{6} + \alpha\right)\right]$$

② 通过晶闸管电流的平均值和有效值分别为

$$I_\text{VT} = \frac{5\pi - 6\alpha}{12\pi} I_\text{o}$$

$$I_\text{T} = \sqrt{\frac{5\pi - 6\alpha}{12\pi}} I_\text{o}$$

③ 通过续流二极管电流的平均值和有效值分别为

$$I_\text{D(VD)} = \frac{\left(\alpha - \frac{\pi}{6}\right) \times 3}{2\pi} I_\text{o} = \left(\frac{3\alpha}{2\pi} - \frac{1}{4}\right) I_\text{o}$$

$$I_{VD} = \sqrt{\left(\frac{3\alpha}{2\pi} - \frac{1}{4}\right)} I_o$$

④ 续流二极管承受的最大电压为变压器二次相电压峰值，即

$$U_{VDM} = \sqrt{2} U_2$$

三相半波可控整流电路 U_o/U_2 与 α 的关系

如图2-19所示为三相半波可控整流电路 U_o/U_2 与 α 的关系变化曲线，其中线条1是负载为电阻时的变化曲线，线条2是负载为电感时的变化曲线。通过观察可以发现，α 越大，U_o/U_2 越小。

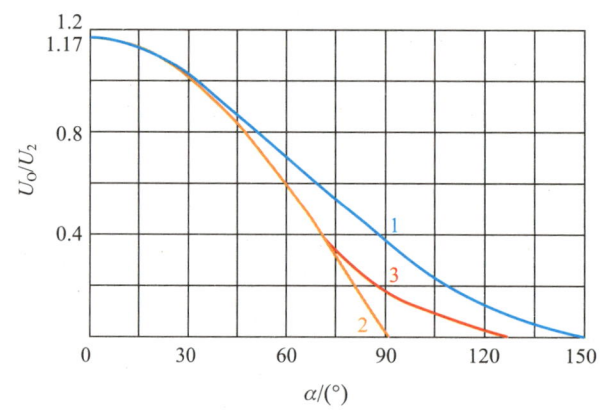

图2-19　三相半波可控整流电路 U_o/U_2 与 α 的关系变化曲线

此外，在 $\alpha > 30°$ 后，如果电感不是很大，那么 u_o 波形中的负值部分可能会减小，则电路输出电压会略微增加，这时就会出现图2-19中线条3所示的变化情况。

2.2.2　三相桥式全控整流电路

虽然三相半波可控整流电路结构简单，容易调整，且三相负荷平衡，但其变压器二次绕组中含有直流分量，使变压器铁芯直流磁化并产生较大的漏磁通，存在附加损耗。因此，为了提高变压器的效率，通常采用三相桥式全控整流电路。

扫一扫

三相桥式半控整流电路
和三相桥式全控整流电路的区别

1. 带电阻性负载

1）电路的组成

如图2-20所示为带电阻性负载的三相桥式全控整流电路，它主要由整流变压器T、六个晶闸管 $VT_1 \sim VT_6$ 以及负载电阻R组成。其中，VT_1、VT_3、VT_5 采用共阴极连接，称为共阴极组；VT_4、VT_6、VT_2 采用共阳极连接，称为共阳极组。因此，三相桥式全控整流电路的实质是由三相半波共阴极组可控整流电路与三相半波共阳极组可控整流电路串联组成。

项目2 AC/DC变换电路

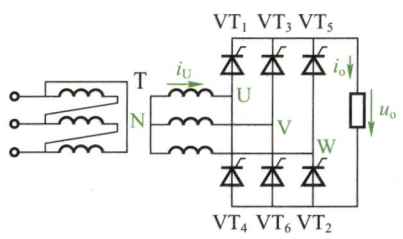

图2-20 带电阻性负载的三相桥式全控整流电路

对于共阴极组三个晶闸管来说,阳极电位最高的一个晶闸管导通;而对于共阳极组三个晶闸管来说,阴极电位最低的一个晶闸管导通。

 点 拨

> 在一个周期中,变压器二次绕组中流过正负两个方向的电流,消除了变压器的直流磁化,有利于减小变压器的谐波,提高变压器的利用率。

2)电路的工作波形

(1)$\alpha = 0°$ 时的工作波形。

如图2-21所示为 $\alpha = 0°$ 时带电阻性负载的三相桥式全控整流电路的工作波形。当 $\alpha = 0°$ 时,6个晶闸管按照 $VT_1 \to VT_2 \to VT_3 \to VT_4 \to VT_5 \to VT_6$ 的顺序依次获得触发脉冲,各相邻触发脉冲之间的相位相差60°,电路的自然换相点既是相电压的交点,也是线电压的交点。因此,为了分析方便,以60°作为一个阶段,将一个周期分为6个阶段。

在 I 阶段,u_U 最高,u_V 最低,共阴极组中 VT_1 触发开通,共阳极组中 VT_6 触发开通,电流从U相出发,流经 VT_1、R、VT_6,最终返回V相,$u_o = u_{UV} = u_U - u_V$。同理,其他5个阶段也按上述方法分析,具体情况如表2-9所示。最终,在一个周期中,u_o 共脉动6次,且脉动波形相同,故该电路也称三相六脉动整流电路,其脉动频率是电源频率的6倍,是三相半波可控整流电路输出电压频率的2倍。

表2-9 当 $\alpha = 0°$ 时带电阻性负载的三相半波可控整流电路中晶闸管的工作情况

阶段	I	II	III	IV	V	VI
共阴极组中开通的晶闸管	VT_1	VT_1	VT_3	VT_3	VT_5	VT_5
共阳极组中开通的晶闸管	VT_6	VT_2	VT_2	VT_4	VT_4	VT_6
电路输出电压	$u_{UV}=u_U-u_V$	$u_{UW}=u_U-u_W$	$u_{VW}=u_V-u_W$	$u_{VU}=u_V-u_U$	$u_{WU}=u_W-u_U$	$u_{WV}=u_W-u_V$

另外,以 VT_1 为例,从图2-21中可以看出,u_{VT1}、i_{VT1},以及晶闸管承受的最大反向电压等,均与带电阻性负载的三相半波可控整流电路的基本参数相同。

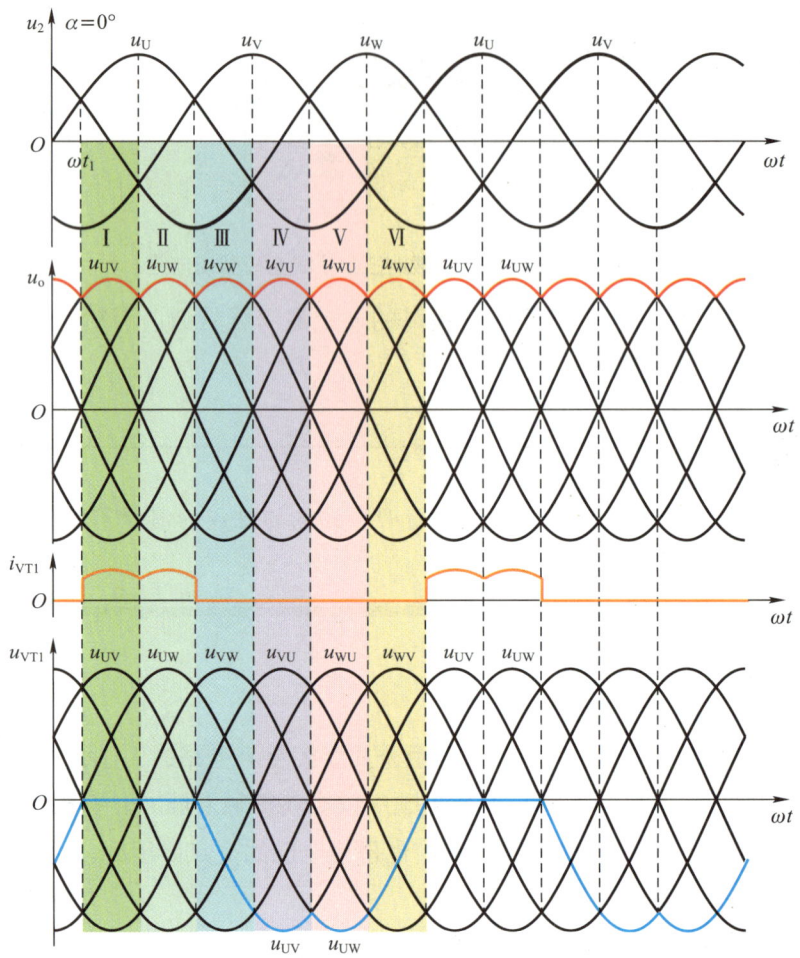

图 2-21 α=0°时带电阻性负载的三相桥式全控整流电路的工作波形

 点　拨

当晶闸管开通时，晶闸管的管压降几乎为零；当晶闸管断开时，晶闸管的管压降由与其同组开通的晶闸管决定。

（2）α=60°时的工作波形。

如图 2-22 所示为 α=60°时带电阻性负载的三相桥式全控整流电路的工作波形。以 VT_1 为例，从图 2-22 中可以看出，当 α=60°时，在 I 阶段，VT_1 触发开通，此时 u_U 最大，u_W 最小，共阳极组中 VT_2 触发开通，$u_o = u_{UW} = u_U - u_W$。同理，其他 5 个阶段也按上述方法分析。

 注　意

$u_o = u_{UW}$ 的波形并不在 I 阶段对应的区域，而是滞后 60°。

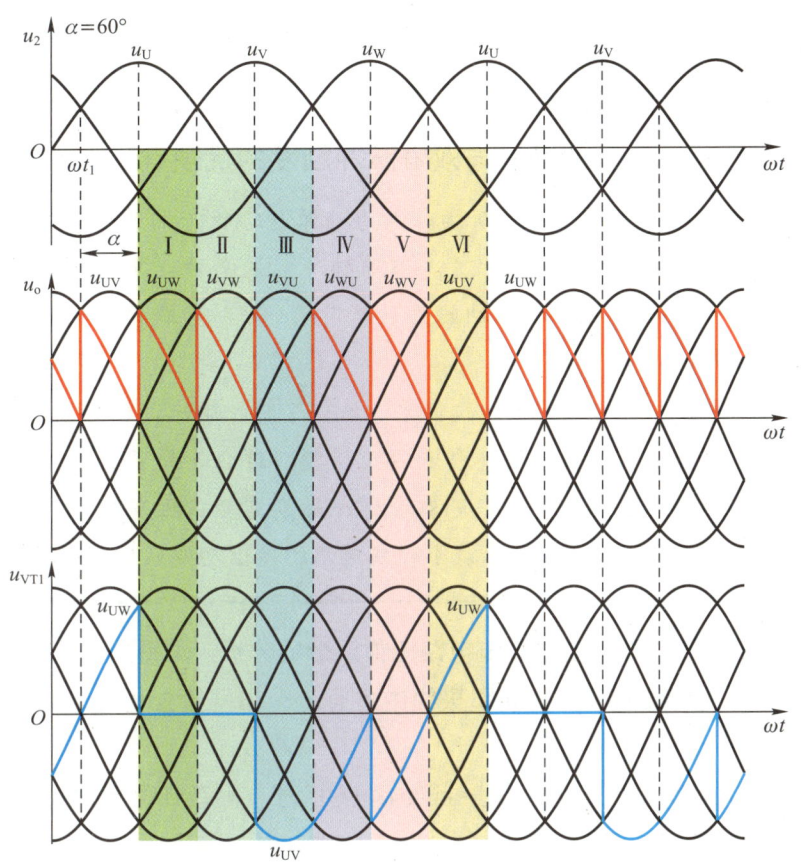

图2-22 α=60°时带电阻性负载的三相桥式全控整流电路的工作波形

(3) α=90°时的工作波形。

如图2-23所示为α=90°时带电阻性负载的三相桥式全控整流电路的工作波形。以VT_1为例，从图2-23中可以看出，在VT_1的触发脉冲还没有到来时，VT_1处于断态，因此$u_o=0$，在其波形中出现了断续情况。当α>90°时，在Ⅰ阶段，VT_1触发开通，此时u_U最大，u_W最小，共阳极组中VT_2触发开通，$u_o=u_{UW}=u_U-u_W$，同时，电路输出电压向后推迟60°。同理，其他5个阶段也按上述方法分析。

此外，图2-23中i_U表示变压器二次侧U相电流的波形，当VT_1开通时，i_U为正，其波形与同时段u_o的波形相同；而当VT_1关断时，i_U为负，其波形与同时段电u_o的波形相反。

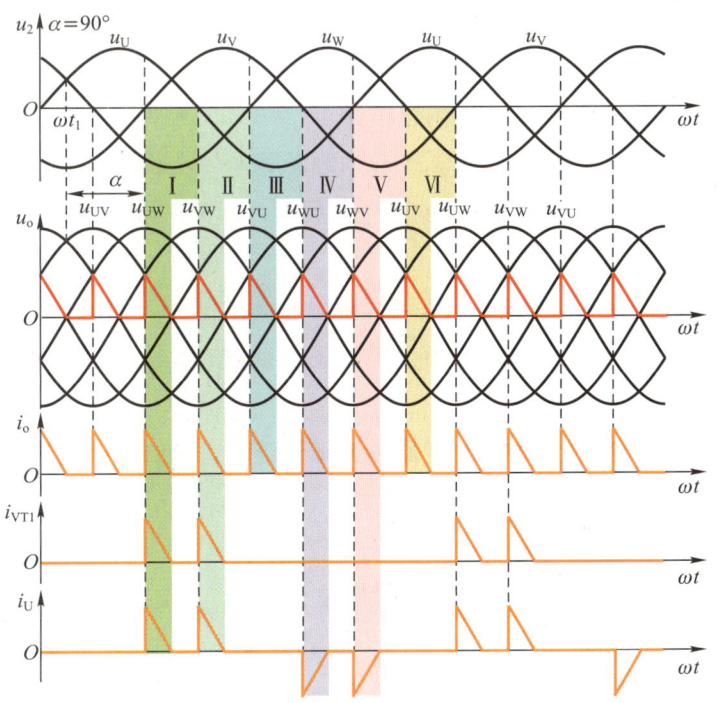

图2-23 α=90°时带电阻性负载的三相桥式全控整流电路的工作波形

知识链接

宽脉冲触发与双窄脉冲触发的优缺点

在整流电路合闸启动过程中或当电流断续时，为确保电路的正常工作，需保证同时导通的2个晶闸管均有脉冲。可采用的方法有宽脉冲触发与双窄脉冲触发两种。其中，宽脉冲触发是使脉冲宽度大于60°（一般取80°~100°），而双窄脉冲触发则是用两个窄脉冲代替宽脉冲，两个窄脉冲的前沿相差60°，脉宽一般为20°~30°。

相比较而言，宽脉冲触发的电路虽然结构简单，减少了脉冲输出，但触发电路的输出功率较大，为了避免脉冲饱和，需要增大变压器铁芯体积和绕组匝数，这会导致变压器的漏磁通增大，脉冲前沿不够陡，这对于晶闸管的串联十分不利。而双窄脉冲触发需要在触发某个晶闸管的同时给前一个晶闸管补发脉冲，其电路较为复杂，但可以减小触发电路的输出功率，因此双窄脉冲触发较为常用。

通过对带电阻性负载的三相桥式全控整流电路工作波形的分析，可得到以下结论。

（1）无论在任何时刻，在共阴极组和共阳极组中各有一个晶闸管处于通态，且不在同一个桥臂上，这样才能形成完整的供电回路。

（2）当 $\alpha \leqslant 60°$ 时，u_o 与 i_o 的波形均连续，且当 $\alpha = 60°$ 时，u_o 存在为零的情况。

（3）当 $\alpha > 60°$ 时，u_o 与 i_o 的波形均断续。

（4）当 α 增大至120°时，电路输出电压为零。因此，带电阻性负载的三相桥式全控整流电路的移相范围为0°~120°。

（5）三相桥式全控整流电路中的晶闸管电压波形与三相半波可控整流电路中的基本相同，且晶闸管承受的最大正、反向电压的关系也相同。

（6）电路中6个晶闸管按照 $VT_1 \rightarrow VT_2 \rightarrow VT_3 \rightarrow VT_4 \rightarrow VT_5 \rightarrow VT_6$ 的顺序开通，相位依次相差60°；共阴极组中 VT_1、VT_3、VT_5 的触发脉冲依次相差120°，共阳极组中 VT_4、VT_6、VT_2 的触发脉冲依次相差120°；同一相线上的两个晶闸管，即 VT_1 与 VT_4、VT_3 与 VT_6、VT_5 与 VT_2，脉冲相差180°。

3）电路的输出

由于电路输出波形有连续部分和断续部分，因此需要分开计算这两部分的电路参数。以下为带电阻性负载的三相桥式全控整流电路基本参数的计算公式。

（1）电路输出电压。

① 当 $\alpha \leqslant 60°$ 时，电路输出波形连续，通过分析可得

$$U_o = \frac{3}{\pi}\int_{\frac{\pi}{3}+\alpha}^{\frac{2\pi}{3}+\alpha} \sqrt{6}U_2 \sin\omega t \, d\omega t = 2.34U_2 \cos\alpha$$

② 当 $\alpha > 60°$ 时，电路输出波形断续，通过分析可得

$$U_o = \frac{3}{\pi}\int_{\frac{\pi}{3}}^{\pi} \sqrt{6}U_2 \sin\omega t \, d\omega t = 2.34U_2 \left[1 + \cos\left(\frac{\pi}{3} + \alpha\right)\right]$$

(2)电路输出电流为

$$I_\mathrm{o} = \frac{U_\mathrm{o}}{R}$$

(3)通过晶闸管电流的平均值和有效值分别为

$$I_\mathrm{VT} = \frac{1}{3}I_\mathrm{o}$$

$$I_\mathrm{T} = \frac{\sqrt{3}}{3}I_\mathrm{o}$$

(4)晶闸管承受的最大反向电压为

$$U_\mathrm{TM} = \sqrt{6}U_2 = 2.45U_2$$

2．带阻感性负载

三相桥式全控整流电路大多用于向阻感性负载和反电动势负载供电。其中，带反电动势负载的三相桥式全控整流电路在应用时，为了改善电路输出电流的波形，一般会在电路中串联电感足够大的平波电抗器，在分析时可将其等同于阻感性负载。下面对带阻感性负载的三相桥式全控整流电路进行分析。

1）电路的组成

如图2-24所示为带阻感性负载的三相桥式全控整流电路与其在 $\alpha = 0°$ 时的工作波形。由图2-24可知，电路晶闸管的工作情况、输出波形等方面与带电阻性负载时基本相同，主要区别在于 i_o 与 u_o 的波形不再一致，而是近似于一条直线。

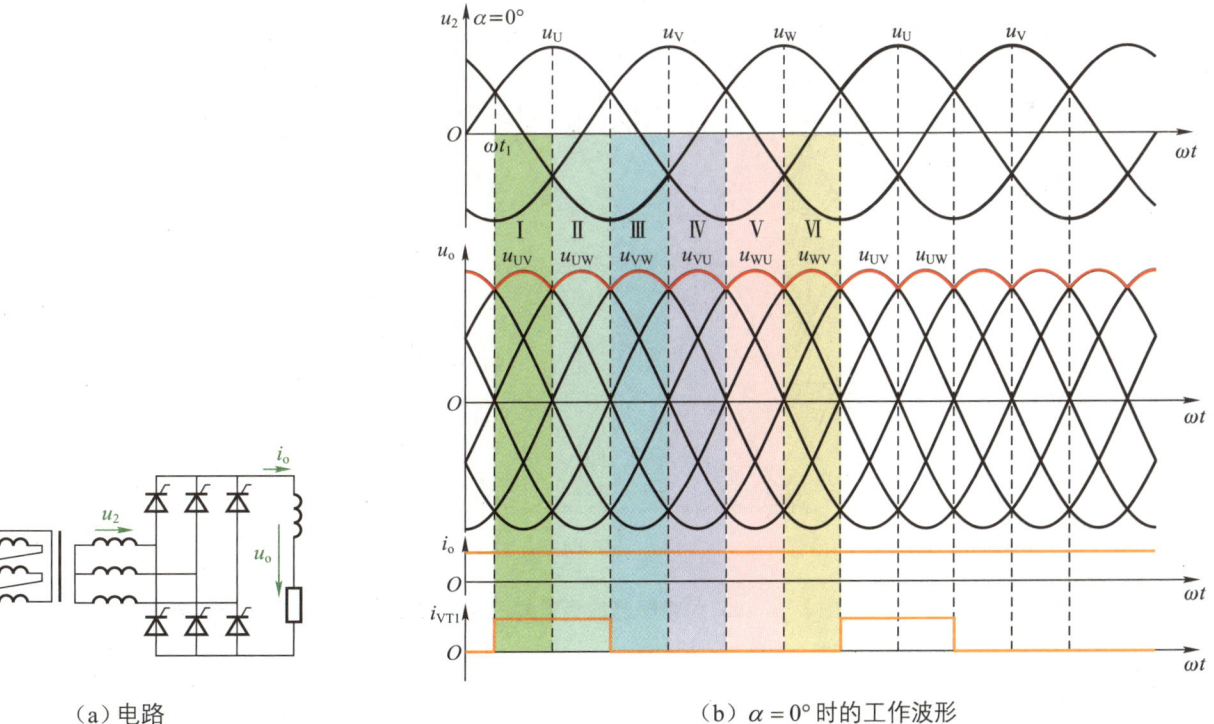

图2-24　$\alpha = 0°$ 时带阻感性负载的三相桥式全控整流电路与其工作波形

2）电路的工作波形

如图2-25所示为 $\alpha=30°$、$\alpha=90°$ 时带阻感性负载的三相桥式全控整流电路的工作波形。

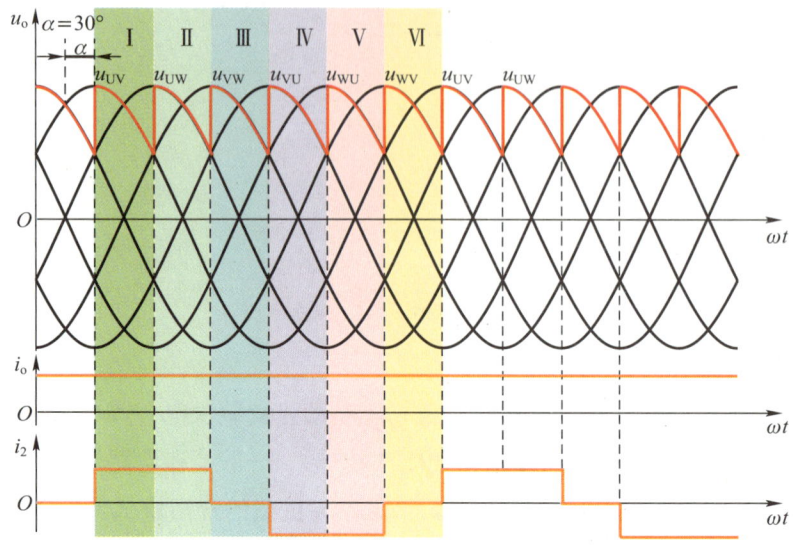

（a）$\alpha=30°$ 时的工作波形

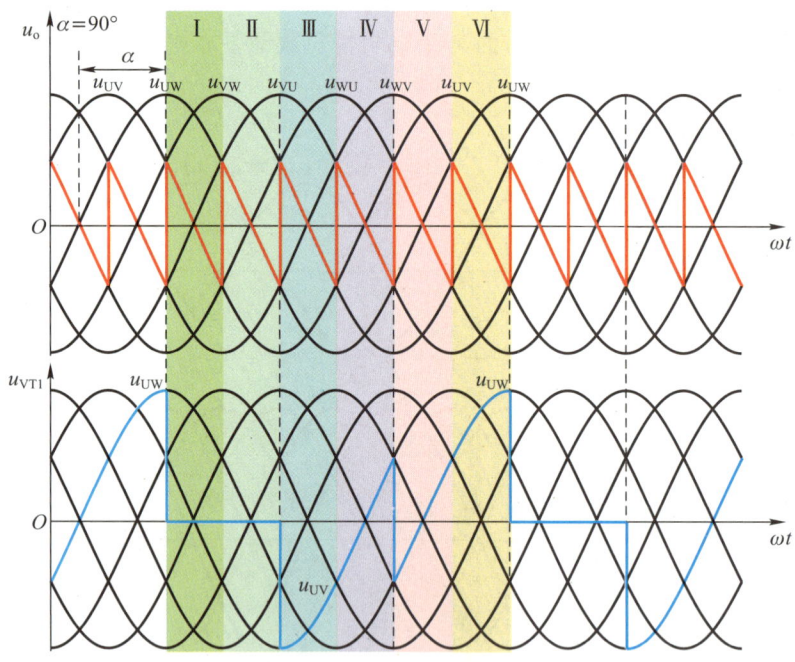

（b）$\alpha=90°$ 时的工作波形

图2-25 $\alpha=30°$、$\alpha=90°$ 时带阻感性负载的三相桥式全控整流电路的工作波形

通过观察可以发现，当 $\alpha=30°$ 时，u_o 的波形连续，i_o 的波形近似于一条直线；而当 $\alpha=90°$ 时，由于阻感性负载的存在，线电压过零后转为负值，晶闸管在负载电感产生的自感电压的作用下继续保持导通，因此在 u_o 的波形中就出现了负值部分，并且其正负面积基本相等，电路输出电压近似为零。

通过对带阻感性负载的三相桥式全控整流电路工作波形的分析，可得到以下结论。

（1）当 $\alpha \leqslant 60°$ 时，u_o 的波形连续，其工作情况与带电阻性负载时十分相似。

（2）当 $\alpha > 60°$ 时，u_o 的波形虽然也连续，但其波形中开始出现负值部分。

（3）带阻感性负载的三相桥式全控整流电路的移相范围为 $0° \sim 90°$。

3）电路的输出

带阻感性负载的三相桥式全控整流电路中晶闸管电流的平均值、有效值，以及晶闸管承受的最大电压等基本参数的计算公式与带电阻性负载时相同，故此处不再赘述。以下为带阻感性负载的三相桥式全控整流电路基本参数的计算公式。

（1）电路输出电压。

① 当 $\alpha \leqslant 60°$ 时，电路输出波形连续，通过分析可得

$$U_o = \frac{3}{\pi} \int_{\frac{\pi}{3}+\alpha}^{\frac{2\pi}{3}+\alpha} \sqrt{6} U_2 \sin \omega t \, d\omega t = 2.34 U_2 \cos \alpha$$

② 当 $\alpha > 60°$ 时，电路输出波形断续，通过分析可得

$$U_o = \frac{3}{\pi} \int_{\frac{\pi}{3}}^{\pi} \sqrt{6} U_2 \sin \omega t \, d\omega t = 2.34 U_2 \left[1 + \cos\left(\frac{\pi}{3} + \alpha\right) \right]$$

（2）电路输出电流为

$$I_o = \frac{U_o}{R}$$

新能源汽车"充电焦虑"有望成为历史

工业和信息化部等部门曾明确，将大功率充电列为新技术模式推进试点应用。另外，在2023年第二十届上海国际车展上，有国内外车企多款800 V高压充电新能源车型亮相。伴随着SiC等新技术的进步，以800 V充电为代表的高压大功率充电技术有望带动产业链升级，推动新能源汽车驶入新阶段。

如同加油站对于燃油车的重要性，充电桩是保障新能源汽车用户出行的基础设施，也是推动汽车电动化的基础。然而，我国充电桩不仅在数量上无法与高速增长的国内新能源汽车销量和保有量相匹配，而且在充电效率上也无法满足新能源汽车用户的需求，"漫长"的充电等待时间给新能源汽车用户带来了"充电焦虑"。因此，除了增加充电基础设施的数量外，如何缩短充电时间、提高充电效率就成为新能源汽车行业关注的问题。

据有关专家介绍，提高充电速度的方式主要包括提高充电电流和提高充电电压两种。其中，大电流充电模式容易产生高热量损失，能够实现的充电功率上限并不高，而且大电流下线束加粗也会增加整车成本、降低使用便捷性，所以，采用高电压平台架构提高充电功率成为更具可行性的选择。

2019年，德国保时捷率先推出搭载800 V高压平台纯电车型保时捷Taycan，该车成为全球第一款采用800 V平台的量产电动汽车，其峰值充电功率可达270 kW，可实现在23 min内把动力蓄电池SOC从5%充至80%。随后，新能源汽车行业的代表企业特斯拉汽车公司以480 V直流快充为依托，研发出可以实现"充电15 min，增加续驶里程250 km"的特斯拉V3超快充技术。

我国也正在加大对800 V高压快充技术的应用步伐，如比亚迪、长城汽车、广汽集团、小鹏汽车、蔚来、理想汽车等车企都纷纷投入相关的研究之中。2020年9月，小鹏汽车发布了一款超快充全智能纯电SUV——小鹏G9，如图2-26所示。该车采用800 V SiC高压电驱平台，综合续驶里程可提升5%，充电5 min可增加续驶里程200 km。

图2-26　小鹏G9

　　由于直流充电桩充电功率普遍在50 kW以上，充电速度更快，并且还能够提升充电桩的使用效率，因此直流快充技术逐步替代目前的交流慢充技术是大势所趋，高压大功率快充技术发展将不断加速。而随着整车企业的800 V高压快充车型加速投放市场，应用高压快充技术的汽车产品将成为未来行业主流。

（资料来源：新浪网，有改动）

综合测试

1．填空题

（1）整流电路是将_____变换为_____的电路。

（2）电源变压器的作用是将_____变换为整流电路所需要的_____。

（3）带电阻性负载的单相半波可控整流电路主要由_____、_____和_____组成。

2．判断题

（1）在单相桥式全控整流电路中，晶闸管的额定电压为U_2。　　　　　　　　　　（　　）

（2）三相半波可控整流电路必须采用双窄脉冲触发。　　　　　　　　　　　　　　（　　）

（3）带阻感性负载的三相桥式全控整流电路中的晶闸管在电源电压过零时继续保持导通。（　　）

3．选择题

（1）半波整流电路的电源利用率（　　），且输出电压脉动（　　）。

A．高，大　　　　B．高，小　　　　C．低，大　　　　D．低，小

（2）对于带电阻性负载和阻感性负载的三相半波全控整流电路，其移相范围分别为（　　）。

A．0°～120°，0°～90°　　　　　　B．0°～90°，0°～150°

C．0°～150°，0°～90°　　　　　　D．0°～120°，0°～150°

（3）在下列电路中，存在变压器铁芯直流磁化现象的电路是（　　）。

A．单相半波可控整流电路　　　　　B．单相桥式全控整流电路

C．单相桥式半控整流电路　　　　　D．单相全波可控整流电路

4．简答题

（1）单相半波可控整流电路在使用大电感负载时应该采取什么措施？

（2）三相桥式全控整流电路对触发脉冲有什么要求？

（3）简述自然换相点与控制角的关系。

5．计算题

假设有一三相桥式整流电路，$U_2 = 100$ V，带阻感性负载，$R = 5$ Ω，L 的值极大，$\alpha = 60°$。请计算 U_o、I_o、I_{VT} 和 I_T。

学习成果评价

指导教师根据学生对本项目的实际学习成果对其进行评价，学生配合指导教师共同完成如表2-10所示的学习成果评价表。

表2-10　学习成果评价表

班级		组号		日期	
姓名		学号		指导教师	
学习成果/项目名称	AC/DC变换电路				
评价项目	评价内容		评价方式	满分/分	评分/分
知识 40%	整流电路的组成和基本参数		理论测试	4	
	整流电路的分类			4	
	整流电路的分析方法			2	
	单相半波可控整流电路的组成			4	
	单相半波可控整流电路的工作波形			6	
	三相半波可控整流电路的组成			4	
	三相半波可控整流电路的工作波形			6	
	三相桥式可控整流电路的组成			4	
	三相桥式可控整流电路的工作波形			6	

表2-10（续）

评价项目	评价内容	评价方式	满分/分	评分/分
技能 40%	测试单相半波可控整流电路	实践操作	20	
	测试三相桥式全控整流电路		20	
素养 20%	积极参加教学活动，主动学习、思考、讨论	综合评判	6	
	认真负责，按时完成学习、实践任务		4	
	团结协作，与组员之间密切配合		4	
	服从指挥，遵守课堂和实训室纪律		4	
	守正创新，自信自强		2	
合计			100	
自我评价				
指导教师评价				

项目 3

DC/AC 变换电路

项目导读

DC/AC 变换又称逆变。DC/AC 变换电路可分为无源逆变电路和有源逆变电路。在新能源汽车中,动力蓄电池提供直流电,而驱动电机普遍为永磁同步电机,是一种三相交流电机。因此,需要通过 DC/AC 变换电路,将动力蓄电池提供的直流电变换为驱动电机所需的三相交流电,其中的 DC/AC 变换电路是一种无源逆变电路。而有源逆变电路则广泛应用于高压直流输电、直流电机可逆拖动等领域。

本项目主要介绍无源逆变电路和有源逆变电路的结构和工作原理。

知识目标

- 掌握电压型无源逆变电路的结构和工作原理。
- 掌握电流型无源逆变电路的结构和工作原理。
- 掌握单相有源逆变电路的结构和工作原理。
- 掌握三相有源逆变电路的结构和工作原理。
- 了解逆变失败的原因及逆变角的限制方法。

技能目标

- 能区分无源逆变电路的换流方式。
- 能测试无源逆变电路。
- 能测试有源逆变电路。

素质目标

- 具有一定的沟通能力和团队合作能力。
- 树立民族自尊心、自豪感和文化自信。
- 增强实现中华民族伟大复兴的历史使命感。
- 能养成安全、规范、高效完成工作的思考习惯。

任务 3.1 测试无源逆变电路

任务引入

图3-1 新能源汽车上的逆变器

逆变器是利用电力电子器件将直流电变换为交流电的一种变流装置,可向交流负载供电或向交流电网并网发电。在新能源汽车中使用的逆变器多为无源逆变器,其主要功能是将动力蓄电池输出的直流电变换为交流电。如图3-1所示为新能源汽车上的逆变器。

无源逆变器体积小、质量小、稳定性好、噪声低,可自动稳频稳压,且谐波失真小、转换效率高、保护功能完善、可靠性高。它不仅应用于新能源汽车领域,还在航天、航空及通信等领域中发挥着重要作用。

本任务主要介绍无源逆变电路的相关内容,知识与技能要求如表3-1所示。

表3-1 知识与技能要求

任务内容	测试无源逆变电路	学习程度		
		识记	理解	应用
学习任务	逆变电路的工作原理		●	
	无源逆变电路的换流方式	●		
	电压型无源逆变电路		●	
	电流型无源逆变电路		●	
实训任务	测试无源逆变电路			●
自我勉励				

班级 _____ 姓名 _____ 学号 _____

任务工单——测试无源逆变电路

1. 任务准备

1）知识准备

当利用直流电源为交流负载供电时，需要逆变电路将直流电源变换为频率和电压都可调的交流电源。逆变电路的应用非常广泛，如交流电机调速用变频器、不间断电源（UPS）、机车照明与通信用辅助电源、感应加热电源等。逆变电路种类较多，大致可按以下方式分类。

（1）按照电能的去向分类。

逆变电路按照电能去向的不同，可分为有源逆变电路和无源逆变电路。有源逆变电路将输出端连接至电网，并将变换后的交流电反馈至电网。无源逆变电路将输出端连接至负载，并将变换后的交流电提供给负载。

（2）按照电流波形分类。

逆变电路按照电流波形的不同，可分为正弦逆变电路和非正弦逆变电路。前者开关器件中的电流为正弦波，开关损耗较小，工作频率较高。后者开关器件中的电流为非正弦波，开关损耗较大，工作频率较低。

（3）按照电路结构分类。

逆变电路按照电路结构的不同，可分为半桥式逆变电路和全桥式逆变电路。

（4）按照输入端电源性质分类。

逆变电路按照输入端电源性质的不同，可分为电压型逆变电路和电流型逆变电路。电压型逆变电路的输入端并接有大电容，输入端电源为恒压源，逆变电路将直流电压变换为交流电压输出。电流型逆变电路的输入端并接有大电感，输入端电源为恒流源，逆变电路将直流电流变换为交流电流输出。

2）工具和器材准备

准备任务实施所需的工具和器材，并补全表3-2。

表3-2 工具和器材清单

序号	名称	型号与规格	序号	名称	型号与规格
1	直流稳压电源		5	电阻	
2	万用表		6	二极管	
3	IGBT模块		7	示波器	
4	IGBT驱动模块		8	导线	

2. 任务实施

1）测试半桥逆变电路

（1）如图3-2所示为半桥逆变测试电路。其中，Q表示IGBT模块，D表示发光二极管，请选取相应的器材，并分别连接测试电路1和测试电路2。

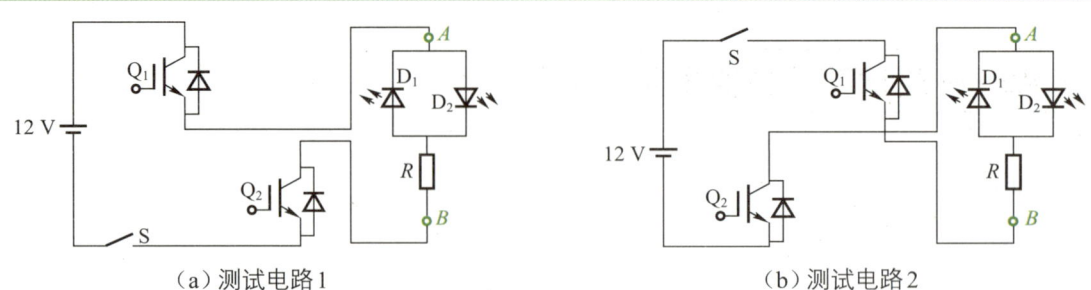

(a) 测试电路1　　　　　　　　　　　　(b) 测试电路2

图 3-2　半桥逆变测试电路

（2）检查并确认电路连接无误，然后闭合电源开关 S，观察发光二极管的状态。

（3）用万用表测量 A、B 两点间的电压值 U_{AB}，并将结果记录在表 3-3 中。

表 3-3　半桥逆变测试电路测试数据

半桥逆变测试电路	测试电路1	测试电路2
发光二极管 D_1 和 D_2 的状态		
U_{AB}/V		

（4）用示波器观察 A、B 两点间电压 u_{AB} 的波形，并将其绘制在图 3-3 中。

（5）在测试结束后，断开电源，并将器材整理归位。

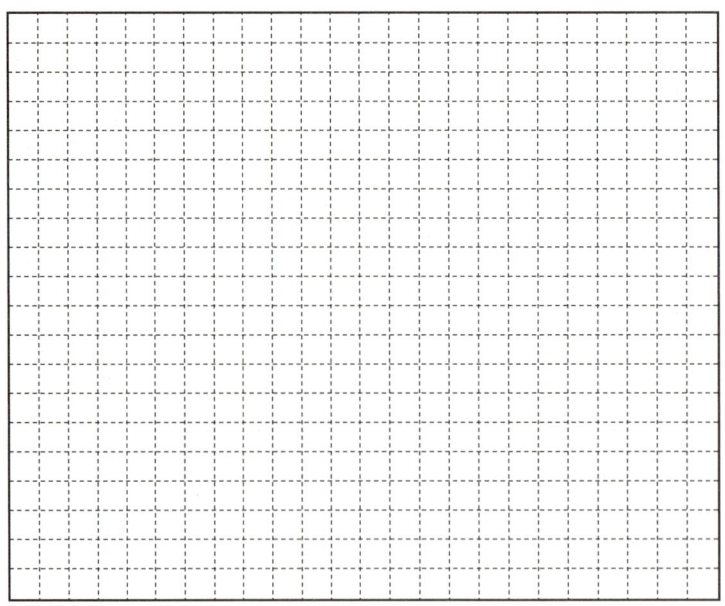

图 3-3　u_{AB} 的波形

注 意

在接通电源前，要注意电路中各器件的连接方式。当暂时不使用电路或更换器件时必须先关断电源，不能带电操作。

2）测试全桥逆变电路

（1）如图3-4所示为全桥逆变测试电路，请选取相应的器材并连接电路。

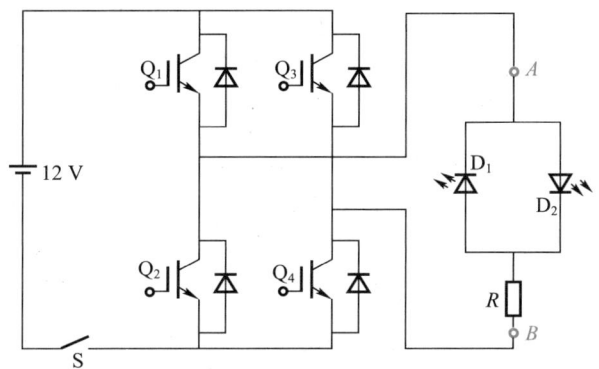

图3-4　全桥逆变测试电路

（2）检查并确认电路连接无误，然后闭合电源开关S，观察发光二极管D_1、D_2的状态。

（3）用万用表测量A、B两点间的电压值U_{AB}，并将结果记录在表3-4中。

表3-4　全桥逆变测试电路测试数据

全桥逆变测试电路	所有半桥都不工作	Q_1、Q_4半桥工作	Q_2、Q_3半桥工作
发光二极管D_1和D_2的状态			
U_{AB}/V			

（4）用示波器观察A、B两点间电压u_{AB}的波形，并将其绘制在图3-5中。

（5）在测试结束后，断开电源，并将器材整理归位。

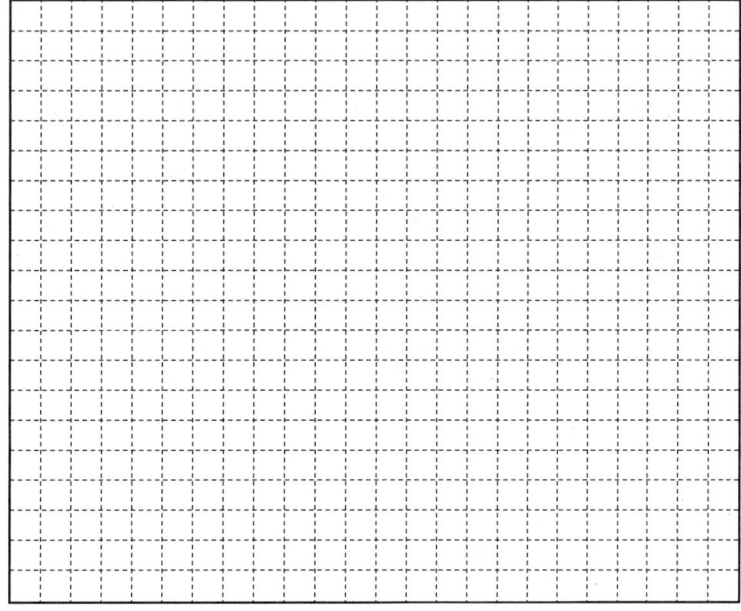

图3-5　u_{AB}的波形

班级 _____ 姓名 _____ 学号 _____

 创想天地

近年来,随着"双碳"目标的全面推进,以风力发电、光伏发电等为主的新能源产业迎来发展"风口期"。2022年,我国风电、光伏发电新增装机容量达到1.25亿千瓦,连续三年突破1亿千瓦并再创历史新高,我国可再生能源继续保持全球领先地位。而逆变器是光伏电站的核心部件之一,随着光伏产业"井喷式"发展,逆变器市场也迎来了"高光时刻",未来将会迎来新一波增长,预计到2025年,全球逆变器市场规模将达千亿级别。请设想未来逆变器还会在哪些行业发挥重要作用。

3. 考核评价

各组展示任务完成情况,并完成如表3-5所示的考核评价表。

表3-5 考核评价表

项目名称	评价标准	满分/分	评分/分		
			自评	互评	师评
职业素养考核项目 30%	任务工单整洁、规范	5			
	认真参加活动,积极思考	5			
	主动与同学、指导教师交流	5			
	团结协作、组织协调能力强	5			
	能发现问题并解决问题	10			
专业能力考核项目 70%	能正确使用万用表并准确读数	10			
	能正确连接半桥逆变测试电路	10			
	能正确连接全桥逆变测试电路	10			
	能正确绘制出全桥逆变测试电路输出电压的波形	25			
	测试完毕后正确断开电路连接,整理器材并归位	15			
合计		100			
总评	自评(20%)+互评(20%)+师评(60%)=	综合等级:	指导教师(签名):		

3.1.1 无源逆变电路概述

1. 无源逆变电路的工作原理

如图3-6所示为带电阻性负载的单相桥式无源逆变电路，下面以它为例来说明逆变电路的工作原理。其中，$S_1 \sim S_4$是桥式电路四个桥臂上的开关，由于实际逆变电路的工作过程较为复杂，因此假设$S_1 \sim S_4$均为理想开关。当S_1、S_4闭合，S_2、S_3断开时，电流从U_i正极出发，经过S_1、负载、S_4回到负极，此时u_o为正；当S_2、S_3闭合，S_1、S_4断开时，电流从U_i正极出发，经过S_3、负载、S_2回到负极，此时u_o为负。

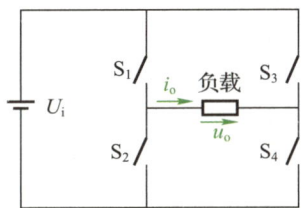

图3-6 带电阻性负载的单相桥式无源逆变电路

改变两组开关的切换频率，就可以改变输出交流电的频率。在带不同负载的情况下，i_o的波形会有所不同。当负载为电阻性负载时，u_o和i_o的波形相同，均如图3-7中红色线条所示；而当负载为阻感性负载时，u_o的波形不变，i_o的波形如图3-7中黄色线条所示。由于电感的存在，在$t_1 \sim t_2$时间段，i_o是缓慢增长的；在t_2时刻，电感释放储存的能量，i_o因无法立即改变而维持原方向，因此i_o缓慢减小，直至t_3时刻减小为零。之后的工作过程也是如此，i_o的相位均滞后于u_o的相位，且波形不同。

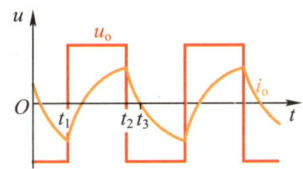

图3-7 带阻感性负载的单相桥式无源逆变电路的工作波形

 注 意

> 逆变电路输出电压的极性只取决于主电路的开关状态，而与负载的性质无关。

2. 无源逆变电路的换流方式

换流（也称换相）是指电流从一个支路向另一个支路转移的过程。换流并不是无源逆变电路中独有的现象，在整流、斩波等电路中也存在换流现象，但在无源逆变电路中，可以更全面和集中地了解换流及换流方式。

在换流过程中，有的支路是从断态转移到通态，有的支路是从通态转移到断态，因此研究换流方式就是研究如何使器件关断。对于从断态向通态转移的过程，无论支路是由全控型器件还是半控型器件组成，只要满足门极有触发脉冲的条件，就可使支路开通。而对于从通态向断态转移的过程，如果支路由全控型器件（如IGBT）组成，则通过对门极进行控制就可使其关断；如果支路由半控型器件（如晶闸管）组成，则必须利用外部条件或采取措施来使其关断。

点　拨

由于晶闸管在导通后就不再受门极控制，因此采用晶闸管的逆变电路必须进行强迫换流。而这种换流方式增加了逆变电路的复杂性，降低了逆变电路的可靠性，也限制了逆变电路的开关频率，因此，如今大多数逆变电路都选择采用全控型器件，如适用于大功率逆变电路的IGBT，适用于小功率逆变电路的MOSFET等。

逆变电路的换流方式主要有器件换流、电网换流、负载换流和强迫换流四种。

（1）器件换流：利用全控型器件的自关断能力进行换流的方式。

（2）电网换流：换流电压由电网提供的换流方式。这种换流方式只需要将反向的电网电压施加在欲关断的晶闸管上即可使其关断，不需要开关器件具有门极可关断能力，但这种换流方式不适用于没有交流电网的无源逆变电路。

（3）负载换流：换流电压由负载提供的换流方式。只要负载电流的相位超前于负载电压，都可实现负载换流。这种换流方式适用于负载为电容或同步电机的逆变电路。

 知识链接

基本负载换流逆变电路的工作原理

如图3-8所示为基本负载换流逆变电路及其工作波形。它以4个晶闸管构成4个桥臂；以电阻、电感串联后再和电容并联作为负载。其中，电容的接入可改善负载的功率因数，使负载呈容性；电路输入端串联的大电感L_i使I_i在电路工作时基本没有脉动。

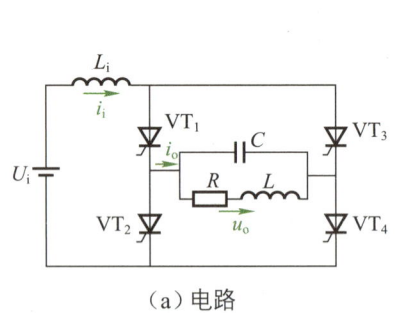

（a）电路

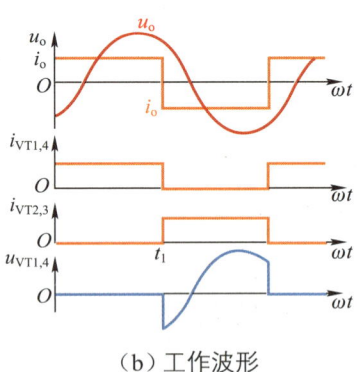

（b）工作波形

图3-8　基本负载换流逆变电路及其工作波形

由于电路输入端接有大电感，4个桥臂的通断切换仅改变i_i的路径，而不改变i_i的大小，因此i_o基本呈矩形波。又因负载是并联谐振型负载，对基波阻抗很大，对谐波阻抗很小，所以u_o的波形接近正弦波。在t_1时刻前，VT_1、VT_4开通，VT_2、VT_3关断，u_o、i_o均为正。在t_1时刻，VT_2、VT_3触发开通，VT_1、VT_4承受反向电压关断，电流路径从VT_1、VT_4切换到VT_2、VT_3。t_1必须在u_o过零点之前并留有足够裕量，才能使换流顺利完成。

（4）强迫换流：一种给需要关断的晶闸管强迫施加反向电压或反向电流的换流方式，通常利用附加电容上储存的能量来实现，因此也称电容换流。强迫换流可使逆变电路的输出频率不受电源频率限制，但需附加换流电路，同时还要增加晶闸管的额定电压、额定电流等参数值，因此对晶闸管的动态特性要求较高。

扫一扫

强迫换流的分类

综合来看，上述四种换流方式具有以下特点。

（1）器件换流只适用于全控型器件，其余三种换流方式主要是针对晶闸管而言的。随着全控型器件的广泛应用，强迫换流与负载换流方式逐渐被淘汰。

（2）器件换流和强迫换流属于自换流，电网换流和负载换流属于外部换流。如果电流不是从一个支路向另一个支路转移，而是在支路内部终止流通（大小变为零），这种现象称为熄灭。

3.1.2 电压型无源逆变电路

按照输入电源相数的不同，电压型无源逆变电路一般可分为单相电压型无源逆变电路和三相电压型无源逆变电路。电压型无源逆变电路主要有以下特点。

（1）电路输入端为直流电压源（或并联大电容），并且电路输入端电压基本无脉动，直流回路呈低阻抗特性。

（2）由于电路中直流电压源的钳位作用，因此电路输出电压的波形为矩形波，并且与负载阻抗角无关，而电路输出电流的波形和相位则因负载阻抗的不同而不同。

 点 拨

> 阻抗角是指交流电路中相电压和相电流之间的相位差，又称功率因数角，也可表述为复（数）阻抗的辐角。其数值等于正弦电压的相位减去正弦电流的相位。

（3）当电路输出端带阻感性负载时，需要为负载提供无功能量，输入端的电容起到缓冲无功能量的作用。而为了给输出端向输入端反馈的无功能量提供通道，电路逆变桥各桥臂并联有反馈二极管。

 点 拨

> 在交流电路中，凡是具有电感性或电容性的器件，在交流电通过后便会建立起电感线圈的磁场或电容器极板间的电场。因此，在交流电每个周期的正半周，它们将会从电源吸收能量，用于建立磁场或电场；而在交流电每个周期的负半周，其建立的磁场或电场又将能量反馈至电源。因此，在整个周期内电路输出功率的平均值等于零，这部分电能称为无功能量。

1. 单相电压型无源逆变电路

常用的单相电压型无源逆变电路有半桥逆变电路、全桥逆变电路和带中心抽头的变压器逆变电路。以上电路中采用的开关器件均为全控型器件，在使用时一般会让两个器件的驱动信号错开一定的死区时间，以避免同桥臂上的两个器件同时开通。

知识链接

死区时间

死区时间是指在IGBT的控制策略中加入的所谓"互锁延时时间"。进行这种设定的原因是由于IGBT并不是理想的开关器件，其开通时间和关断时间不是严格一致的。如果其两端有电压，将导致直流电源短路，损坏桥臂上的功率器件，这种现象称为桥臂直通。桥臂直通会导致器件在开通过程中产生不必要的损耗，甚至引发热失控，结果可能导致器件和整个逆变器损坏。

因此为了保证器件的可靠运行，应当避免桥臂直通，死区时间得以产生。这意味着其中一个IGBT要先关断，然后在死区时间结束时再开通另一个IGBT，这样，就能够避免因开通时间和关断时间不对称而造成桥臂直通。

1）半桥逆变电路

（1）电路的结构。

如图3-9所示为半桥逆变电路及其工作波形。半桥逆变电路主要由2个桥臂组成，每个桥臂上接有一个IGBT和一个反向并联的二极管；在电路输入端接有两个相互串联的足够大的电容C_1、C_2，且满足$C_1 = C_2$，两个电容的连接点为U_i的中电位点，阻感性负载连接在U_i的中电位点和两个桥臂联结点之间。

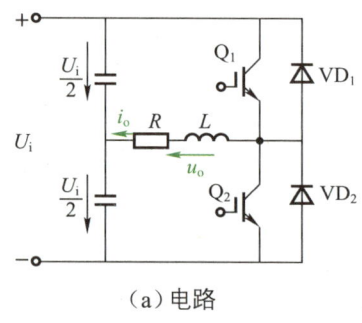
（a）电路

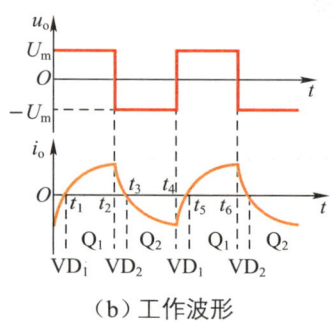
（b）工作波形

图3-9 半桥逆变电路及其工作波形

（2）电路的工作原理。

由图3-9（b）可知，半桥逆变电路的工作原理如下。

① 在t_1时刻，Q_1开通，Q_2关断，并且由于大电感的影响，i_o逐渐增大，此时$u_o = U_i/2$。

② 在t_2时刻，Q_1关断，同时给Q_2施加触发脉冲，由于i_o无法突变，因此VD_2开通续流。

③ 在t_3时刻，i_o降为零，VD_2关断，Q_2开通，i_o开始反向增大，此时$u_o = -U_i/2$。

④ 在t_4时刻，Q_2关断，同时给Q_1施加触发脉冲，由于i_o无法突变，因此VD_1开通续流。

⑤ 在t_5时刻，Q_1开通。之后电路将重复上述过程。

通过上述分析可得到以下结论。

① Q_1和Q_2的门极电压在一个周期内各有半周正偏、半周反偏，两者互补。

② u_o的波形为矩形波，幅值为$U_m = U_i/2$；当Q_1或Q_2开通时，i_o和u_o方向相同，电路输入端向负

载提供能量。

③ 当 VD_1 或 VD_2 开通时，i_o 和 u_o 方向相反，电感将其储能反馈至电路输入端。

④ 二极管在电路中提供反馈能量通道，同时为 i_o 续流。因此，半桥逆变电路中的二极管也称反馈二极管或续流二极管。

（3）电路的应用。

半桥逆变电路的优点是结构简单，使用器件少。但由于其输出端电压幅值仅为输入端电压的一半，因此半桥逆变电路输入端需要用分压电容器控制电压的平衡，并且为了使 u_o 的波形接近正弦波，需要在输出端接 LC 滤波器，利用 LC 滤波器滤除电路输出电压中的高次谐波。半桥逆变电路主要应用于 1 kW 以下的小功率逆变电源。

2）全桥逆变电路

（1）电路的结构。

如图 3-10 所示为全桥逆变电路及其工作波形。全桥逆变电路可以看作两个半桥电路的组合，共 4 个桥臂。其中，Q_1 和 Q_4 构成一对桥臂，Q_2 和 Q_3 构成一对桥臂，两对桥臂交替导通 180°，不同对桥臂上的器件驱动信号互补。例如，Q_1 有驱动信号时，Q_2 无驱动信号，反之亦然。

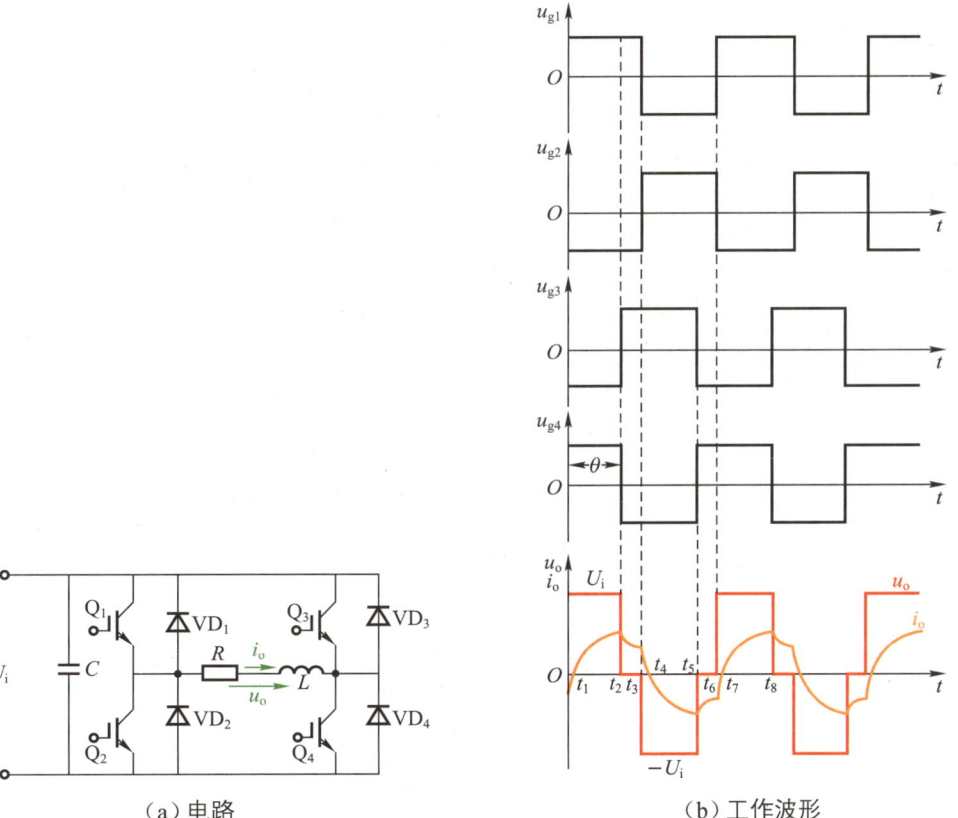

图 3-10　全桥逆变电路及其工作波形

（2）电路的工作原理。

由图 3-10（b）可知，全桥逆变电路与半桥逆变电路的工作原理相类似，具体如下。

① 在 t_1 时刻，Q_1 和 Q_4 开通，Q_2 和 Q_3 关断，i_o 逐渐增大，此时 $u_o = U_i$。

② 在 t_2 时刻，Q_4 因承受反向电压而关断，Q_1 在电感的作用下继续保持导通，VD_3 开通，Q_3 承受正向电压但还未开通，此时 $u_o = 0$。

③ 在 t_3 时刻，Q_1 因承受反向电压而关断，VD_2 开通，i_o 逐渐减小，直至为零，Q_2 和 Q_3 开通，此时 $u_o = 0$。

④ 在 t_4 时刻，i_o 开始反向增大，此时 $u_o = -U_i$。

⑤ 在 t_5 时刻，Q_3 因承受反向电压而关断，Q_2 在电感的作用下继续保持导通，VD_4 开通，Q_4 承受正向电压但还未开通，此时 $u_o = 0$。

⑥ 在 t_6 时刻，Q_2 因承受反向电压而关断，VD_1 开通，i_o 逐渐增大，直至为零，Q_1 和 Q_4 开通，此时 $u_o = U_i$。

⑦ 在 t_7 时刻，i_o 开始正向增大。之后电路将重复上述过程。

通过上述分析可得到以下结论。

① 全桥逆变电路 u_o 和 i_o 的波形与半桥逆变电路的形状基本相同，但幅值高出一倍。

② 为了改变逆变电路的输出电压，一般采用移相调压方法。如图3-10（b）所示，Q_3 和 Q_4 的触发脉冲比 Q_1 和 Q_2 的触发脉冲滞后了 θ（$0 < \theta < 180°$），这样就会出现 Q_1 和 Q_4 或者 Q_2 和 Q_3 不同时开通的时刻，改变 θ 的值就可以调节输出电压的大小。例如，在 Q_1 开通、Q_4 关断时，电流通过 VD_3 和 Q_1 续流，此时输出电压为零，这样就可以减小输出电压，从而实现调压的目的。

课堂讨论

如果电路中的负载为电阻性负载，则电路输出电压和电流会发生什么变化？

（3）电路的应用。

相较于半桥逆变电路，全桥逆变电路的优点是输出电压高，输出功率大，但电路使用的开关器件多，且要求它们的参数一致性要好，这就造成其驱动电路复杂，实现同步比较困难。全桥逆变电路通常应用于 1 kW 以上超大功率开关电源电路。

3）带中心抽头的变压器逆变电路

如图3-11所示为带中心抽头的变压器逆变电路。与全桥逆变电路相比，带中心抽头的变压器逆变电路所用开关器件数量减少了一半，但开关器件承受的电压要比在全桥逆变电路中高一倍，因此该逆变电路中必须有一台变压器。

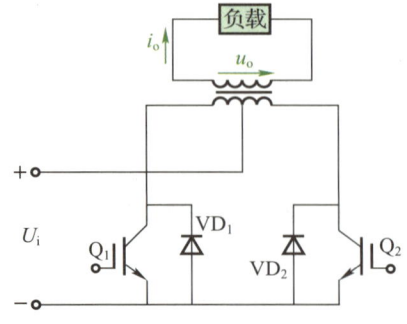

图3-11 带中心抽头的变压器逆变电路

在电路中，Q_1 和 Q_2 交替开通，输出电压经变压器耦合后以矩形波的形式加在负载上；VD_1 和 VD_2 的作用是提供无功能量的反馈通道；电路输入端电压与负载参数相同，当变压器变比为 1∶1 时，u_o 和 i_o 的波形和幅值与全桥逆变电路的完全相同。

2. 三相电压型无源逆变电路

1）电路的结构

三个单相电压型无源逆变电路可组合成一个三相电压型无源逆变电路，其中应用最广的是三相桥式无源逆变电路（见图3-12），可将它看作由三个半桥逆变电路组合而成。在一个周期内，三相桥式无源逆变电路的每个桥臂导电180°，同一相上下两桥臂交替导电，各相相位相差120°。

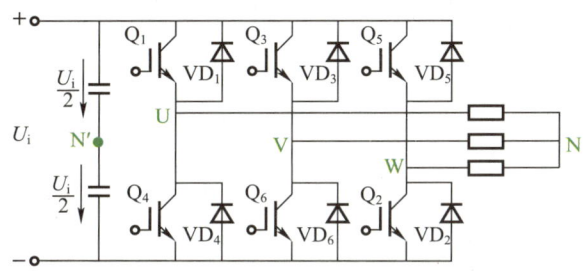

图3-12 三相桥式无源逆变电路

> **点拨**
>
> 在三相桥式无源逆变电路中，由于每次换流都是在同一相上下两桥臂之间进行，因此这种换流方式也称纵向换流。

2）电路的工作原理

在图3-12中，N为负载中性点，N′为假想中性点。在一个周期内，电路中6个开关器件按照 $Q_1 \to Q_2 \to Q_3 \to Q_4 \to Q_5 \to Q_6$ 的顺序依次触发开通，相邻两个开关器件的开通间隔为60°，任一瞬间都有三个桥臂同时开通。如图3-13所示为三相桥式无源逆变电路的工作波形。

以U相为例，当 Q_1 开通时，$u_{UN'} = U_i/2$；当 Q_4 开通时，$u_{UN'} = -U_i/2$，其波形如图3-13（a）所示，其他两相情况与U相类似，$u_{VN'}$ 和 $u_{WN'}$ 的波形分别如图3-13（b）和3-13（c）所示。

可根据以下公式绘制出线电压 u_{UV}、u_{VW}、u_{WU} 的波形。其中，线电压 u_{UV} 的波形如图3-13（d）所示，其幅值为 U_i。

$$u_{UV} = u_{UN'} - u_{VN'}$$
$$u_{VW} = u_{VN'} - u_{WN'}$$
$$u_{WU} = u_{WN'} - u_{UN'}$$

可以根据以下公式绘制出相电压 u_{UN}、u_{VN}、u_{WN} 的波形，其中，相电压 u_{UN} 的波形如图3-13（f）所示。

$$u_{UN} = u_{UN'} - u_{NN'}$$
$$u_{VN} = u_{VN'} - u_{NN'}$$
$$u_{WN} = u_{WN'} - u_{NN'}$$

负载中性点 N 和假想中性点 N' 间的电压 $u_{NN'}$ 为

$$u_{NN'} = \frac{1}{3}(u_{UN'} + u_{VN'} + u_{WN'}) - \frac{1}{3}(u_{UN} + u_{VN} + u_{WN})$$

假设电路中的负载为三相对称负载，则 $u_{UN} + u_{VN} + u_{WN} = 0$，故 $u_{NN'} = (u_{UN'} + u_{VN'} + u_{WN'})/3$，其波形如图3-13（e）所示。其频率是 $u_{UN'}$ 的三倍，幅值为 $u_{NN'} = U_i/6$，是 $u_{UN'}$ 的1/3。

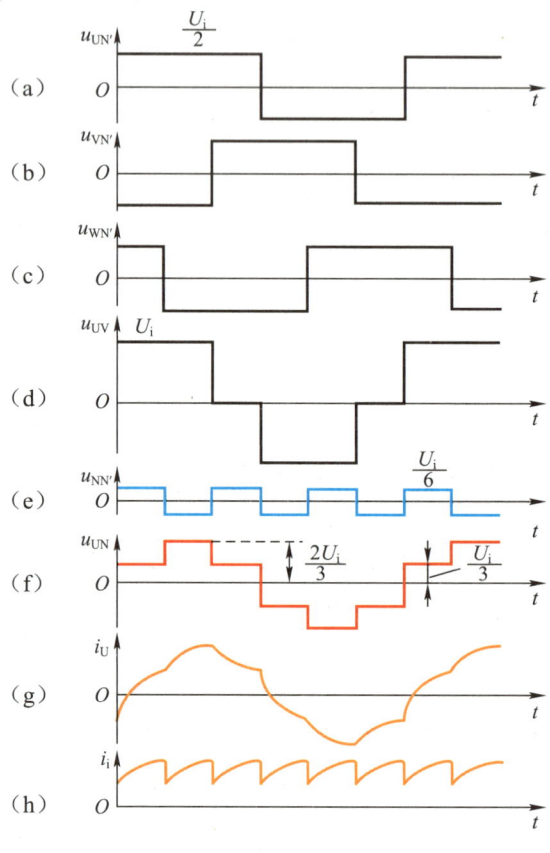

图3-13 三相桥式无源逆变电路的工作波形

当负载参数已知时，可以由 u_{UN} 的波形求出 U 相电流 i_U 的波形，如图3-13（g）所示。同一相上下两个桥臂的换流过程和半桥逆变电路相似。将桥臂 Q_1、Q_3、Q_5 上的电流相加后就可得到电路输入电流的波形，如图3-13（h）所示。

 点 拨

在三相桥式无源逆变电路中，输入端电流每隔60°脉动一次，因此该电路从输入端向输出端传送的功率是脉动的，这是电压型无源逆变电路的一个特点。

3）电路的应用

三相桥式无源逆变电路的优点是具有较强的自平衡能力，即具有较强的带不平衡负载的能力；电路中的全控型器件开关速度高，开关损耗小，具有耐脉冲电流冲击的能力，多应用于小功率逆变场合。

3.1.3 电流型无源逆变电路

按照电源输入相数的不同,电流型无源逆变电路一般可分为单相电流型无源逆变电路和三相电流型无源逆变电路。电流型无源逆变电路主要有以下特点。

(1)电路输入端并联大电容,相当于电流源,并且电路输入端电流基本无脉动,直流回路呈高阻抗特性。

(2)由于电路中开关器件的作用仅仅是改变电路输入端电流的路径,而不改变其大小,因此,电路输出电流的波形为矩形波,并且与负载的阻抗角无关,而电路输出电压的波形和相位则因负载阻抗的不同而不同。

(3)当电路输出端带阻感性负载时,需要为负载提供无功能量,输入端的电容起到缓冲无功能量的作用。由于电流型无源逆变电路反馈无功能量时,电流并不反向,因此不需要像电压型无源逆变电路那样给开关器件并联反馈二极管。

> **注意**
>
> 与多采用全控型器件的电压型无源逆变电路不同,在电流型无源逆变电路中,仍是以半控型器件(晶闸管)的应用居多,换流方式也多采用负载换流和强迫换流。

1. 单相电流型无源逆变电路

1)电路的结构

如果逆变电路中的负载与电容和电感构成并联谐振电路且满足谐振条件,则称这类逆变电路为并联谐振式逆变电路。如图3-14所示为单相电流型并联谐振式逆变电路。该电路主要由4个桥臂构成,每个桥臂上的晶闸管各自串联一个电抗器,用来限制晶闸管开通时的di/dt。

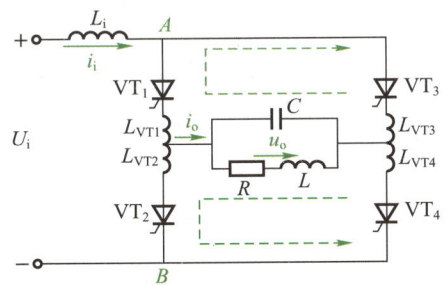

图3-14 单相电流型并联谐振式逆变电路

2)电路的工作原理

电路采用负载换流的方式工作,整个负载因构成并联谐振电路而略呈容性,即负载电流的相位略超前于负载电压的相位。如图3-15所示为单相电流型并联谐振式逆变电路的工作波形。在电路的一个工作周期内有两个稳定开通阶段和两个换流阶段,i_o的波形接近矩形波,其中含有基波和各奇次谐波,且奇次谐波幅值远小于基波的幅值。

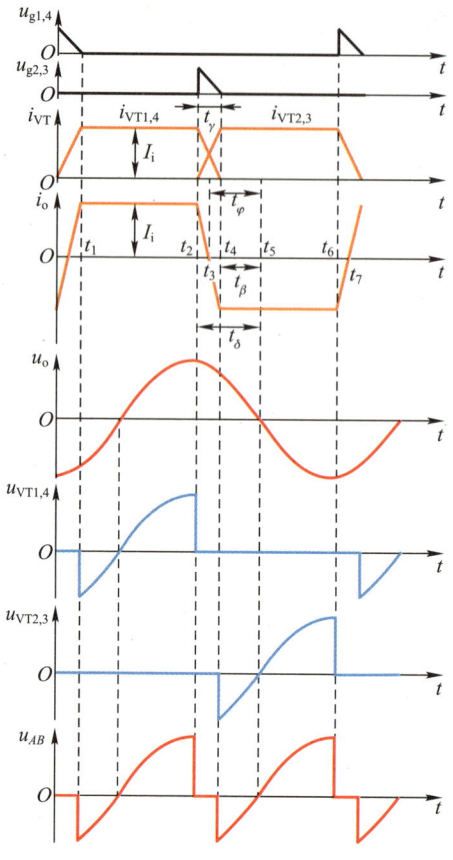

图3-15 单相电流型并联谐振式逆变电路的工作波形

（1）在 $t_1 \sim t_2$ 时间段内，VT_1 和 VT_4 处于通态，$i_o = I_i$，为 C 充电，电容极性为左正右负。

（2）在 t_2 时刻，VT_2 和 VT_3 触发开通，进入换流阶段。由于换流电抗器 L_{VT} 的作用，VT_1 和 VT_4 不能立即关断，电流有一个减小的过程，而开通的 VT_2 和 VT_3 中的电流有一个增大的过程，此时4个晶闸管均处于通态，形成两个放电回路，如图3-14中虚线所示。在 t_3 时刻，$i_o = 0$。

（3）在 t_4 时刻，VT_1 和 VT_4 在通过的电流减至零后关断，电流转移至 VT_2 和 VT_3 上，换流阶段结束。因此，$t_2 \sim t_4$ 时间段是电路的换流时间，用 $t_\gamma = t_4 - t_2$ 表示。

（4）在 $t_4 \sim t_6$ 时间段内，VT_2 和 VT_3 处于通态。t_6 时刻以后又进入下一个换流阶段，其过程与 $t_2 \sim t_4$ 时间段类似。

通过上述分析可得到以下结论。

（1）由于晶闸管需要一段时间才能恢复正向阻断能力，因此在换流结束后，VT_1 和 VT_4 要承受一定时间的反向电压才能保证晶闸管的可靠换流，即 $t_\beta = t_5 - t_4$，且 t_β 应大于晶闸管的关断时间。

（2）电路应在 u_o 过零前的 $t_\delta = t_5 - t_2$ 时间段内触发开通 VT_2 和 VT_3，t_δ 称为触发引前时间，$t_\delta = t_\gamma + t_\beta$。

（3）t_φ 表示 i_o 超前于 u_o 的时间，$t_\varphi = \dfrac{t_\gamma}{2} + t_\beta$，用电角度表示则为 $\varphi = \omega\left(\dfrac{t_\gamma}{2} + t_\beta\right) = \dfrac{\gamma}{2} + \beta$。其中，$\omega$ 表示电路的工作角频率，γ 和 β 分别是 t_γ 和 t_β 对应的电角度。

2. 三相电流型无源逆变电路

如图3-16所示为三相电流型无源逆变电路及其工作波形。在电路工作过程中，每个桥臂在一个周期内导电120°，同一时刻上下桥臂中各有一个晶闸管开通，这种换流方式称为横向换流。

由图3-16（b）可得到以下结论。

（1）电路输出电流的波形与负载性质无关，波形为正负脉冲各120°的矩形波。

（2）电路输出电流的波形与带阻感性负载的三相整流电路的相同。

（3）电路输出线电压与负载性质有关，近似为正弦波。

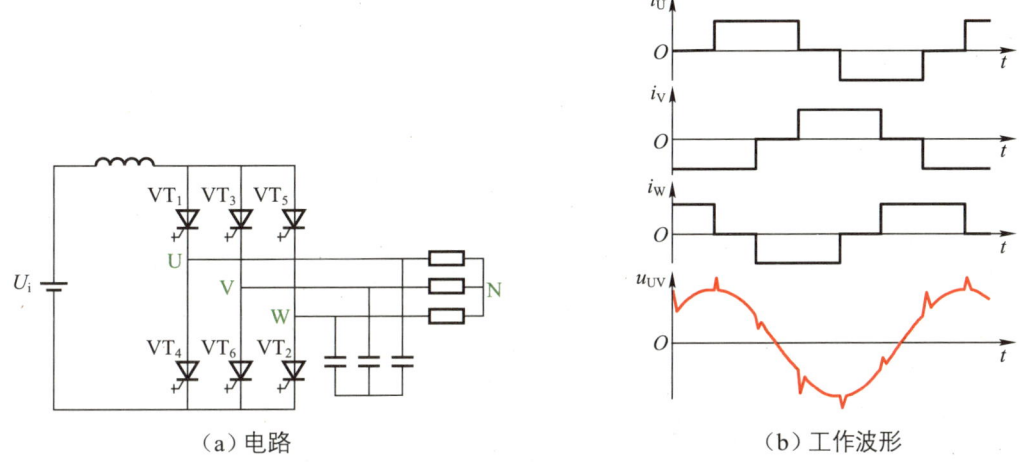

图3-16　三相电流型无源逆变电路及其工作波形

任务3.2 测试有源逆变电路

任务引入

有源逆变是整流的逆变过程,在不同的条件下,两种过程可以用同一套变流装置来实现,只不过能量的传递方向相反。有源逆变电路主要应用于直流电机的可逆调速、绕线型三相异步电机的串级调速、高压直流输电等方面。

我国地域辽阔,动力资源极为丰富。其中,水电资源主要分布在西南、西北地区;煤炭资源集中在我国北部地区。我国的负荷中心集中在东部沿海地区,西电东送的格局已成为必然的发展趋势。

在电路输送过程中,由于采用高压直流输电能够减少电能损耗、增加电网的稳定性、提高输电效率,因此高压直流输电在跨越江河海峡的输电、大容量远距离输电、联系两个不同频率的交流电网、同频率两个相邻交流电网的非同步并联等方面发挥着重要作用。高压直流输电所用的逆变装置,目前大部分为有源逆变装置。

本任务主要介绍有源逆变电路的相关内容,知识与技能要求如表3-6所示。

表3-6 知识与技能要求

任务内容	测试有源逆变电路	学习程度		
		识记	理解	应用
学习任务	单相有源逆变电路		●	
	三相有源逆变电路		●	
	逆变失败的原因	●		
	逆变角的限制	●		
实训任务	测试有源逆变电路			●
自我勉励				

班级 _____ 姓名 _____ 学号 _____

任务工单——测试有源逆变电路

1. 任务准备

1）知识准备

对于可控整流电路来说，满足一定条件就可使电路工作于有源逆变状态，其电路的结构形式未变，只是电路的工作条件发生了改变。而整流与有源逆变的根本区别是两者的能量传送方向不同。下面以图3-17所示电路为例，通过分析两个直流电源间的功率传输情况，来说明有源逆变电路的工作原理。

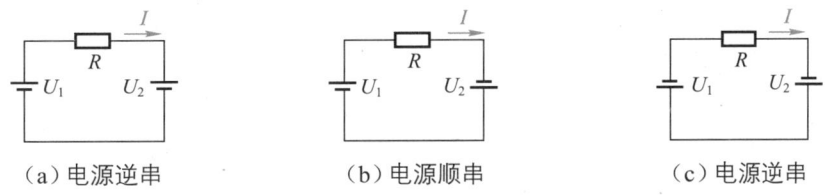

（a）电源逆串　　　　　　（b）电源顺串　　　　　　（c）电源逆串

图3-17　两个直流电源间的功率传输

在图3-17（a）中，两个直流电源同极性相连，这种连接方式称为电源逆串。当 $U_1 > U_2$ 时，电流从 U_1 的正极流出，经过 R，流入 U_2 的正极，回路电流 $I = \dfrac{U_1 - U_2}{R}$，负载功率 $P = U_1 I - U_2 I$。

在图3-17（b）中，两个直流电源反极性相连，这种连接方式称为电源顺串。电流从 U_1 的正极流出，经过 R，流入 U_2 的负极，回路电流 $I = \dfrac{U_1 + U_2}{R}$，负载功率 $P = U_1 I + U_2 I$。

在图3-17（c）中，两个直流电源同极性相连，但极性与图3-17（a）中相反。当 $|U_2| > |U_1|$ 时，电流从 U_2 的正极流出，流入 U_1 的正极，回路电流 $I = \dfrac{U_2 - U_1}{R}$，负载功率 $P = U_2 I - U_1 I$。

通过上述分析可得到以下结论。

（1）电流从电源的正极流出，该电源就输出功率；电流从电源的负极流出，该电源就吸收功率。而电源输出或吸收功率的大小由电源电压与电流的乘积来决定，若电源电压或电流方向改变，则电能的传输方向也随之改变。

（2）当两电源同极性相连时，电流总是从高电压电源流向低电压电源，回路电流的大小取决于两个电源电压之差与回路总电阻的比值。如果回路总电阻很小，即使两个电源电压之差不大，也可以产生足够大的回路电流，使两个电源间发生较大的能量交换。

（3）当两个电源反极性相连时，相当于将两个电源电压相加后通过电阻短路。如果电阻很小，则回路电流会非常大，在实际应用中应避免出现这种情况。

2）工具和器材准备

准备任务实施所需的工具和器材，并补全表3-7。

表3-7 工具和器材清单

序号	名称	型号与规格	序号	名称	型号与规格
1	三相交流电源		6	触发电路	
2	万用表		7	示波器	
3	晶闸管		8	三相变压器	
4	电感		9	三相不可控整流器	
5	电位器		10	导线	

2．任务实施

1）测试单相全桥有源逆变电路

（1）连接电路。

如图3-18所示为单相全桥有源逆变电路，请选取相应器材按照图3-18连接电路，并确认连接无误。

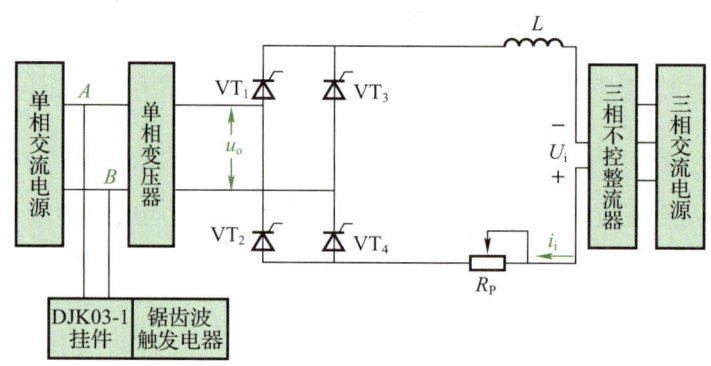

图3-18 单相全桥有源逆变电路

（2）检测电路技术参数。

① 将电位器调至最大阻值处，随后启动电源。

② 保持偏移电压不变，逐渐增加移相电压，在逆变角 β 分别为30°、60°、90°时，检测并记录记录 I_i、$U_{VT1,4}$、U_o 的数值，并将其填入表3-8中。

表3-8 单相全桥有源逆变电路技术参数测试数据

β	30°	60°	90°
I_i			
$U_{VT1,4}$			
U_o			

2）测试三相桥式有源逆变电路

（1）连接测试电路。

如图3-19所示为三相桥式有源逆变电路，请选择相应器材按照3-23连接电路，并确认连接无误。

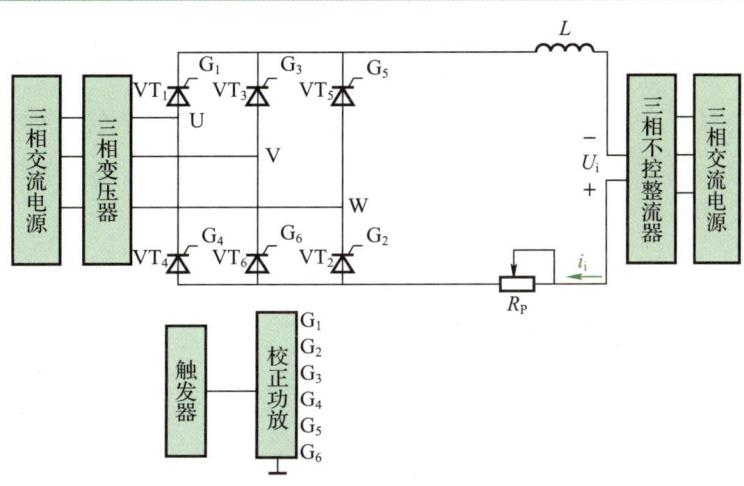

图3-19 三相桥式有源逆变电路

（2）检测电路技术参数。

① 将电阻器放在最大阻值处，随后启动电源。

② 保持偏移电压不变，逐渐增加移相电压，在逆变角 β 分别为 30°、60°、90° 时，检测并记录 I_i、$U_{VT1,6}$、U_{UV} 的数值，并将其填入表3-9中。

表3-9 三相桥式有源逆变电路技术参数测试数据

β	30°	60°	90°
I_i			
$U_{VT1,6}$			
U_{UV}			

③ 当 β 为 60° 时，将触发电路旋钮拨至断开位置，模拟晶闸管失去脉冲时的故障，观察并记录此时的 u_{UV} 和 $u_{VT1,6}$ 的变化情况。

班级 _____   姓名 _____   学号 _____

 思维延伸

　　采用了有源逆变技术的充电产品相较于传统充电产品具有明显的技术优势,其智能充电过程可以延长动力蓄电池的使用寿命、缩短充电时间,使新能源汽车充电更加高效、便捷。那么请问你知道有源逆变技术还应用于哪些领域吗?

3. 考核评价

各组展示任务完成情况,并完成如表3-10所示的考核评价表。

表3-10　考核评价表

项目名称	评价标准	满分/分	评分/分		
			自评	互评	师评
职业素养考核项目 30%	任务工单整洁、规范	5			
	认真参加活动,积极思考	5			
	主动与同学、指导教师交流	5			
	团结协作,组织协调能力强	5			
	能发现问题并解决问题	10			
专业能力考核项目 70%	能正确使用万用表并准确读数	10			
	能用示波器观察逆变电路输出电压的波形	10			
	能正确测试单相全桥有源逆变电路	10			
	能正确测试三相桥式有源逆变电路	25			
	测试完毕后正确断开电路连接,整理器材并归位	15			
合计		100			
总评	自评(20%)+互评(20%)+师评(60%)=	综合等级:	指导教师(签名):		

3.2.1 单相有源逆变电路

1. 单相半桥有源逆变电路

如果用晶闸管变流装置的输出电压 U_S 替代图 3-17 中的 U_1，用直流电机 M 的反电动势 E_M 替代图 3-17 中的 U_2，就构成了晶闸管变流装置与直流电机之间的单相有源逆变电路。下面以单相半桥有源逆变电路为例进行介绍。

1）整流状态

如图 3-20 所示为整流状态下的单相半桥有源逆变电路及其工作波形。VT_1 在 t_1 时刻开通，并在电感的影响下一直持续至 t_2 时刻。当 $\alpha < 90°$ 时，$U_S > E_M$，直流电机工作在电动状态，电流自 1 点出发，流过 VT_1、L、R 和 M 之后回到 0 点，$u_o = u_{10}$，$i_o = i_{VT1}$。同理，VT_2 的工作过程也是如此，两个晶闸管交替开通。

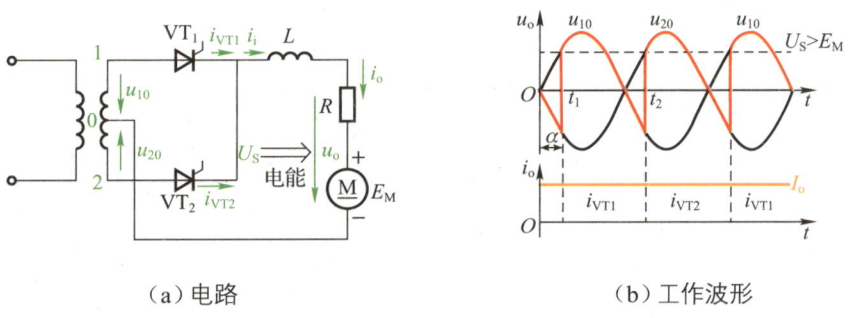

（a）电路　　　　　　（b）工作波形

图 3-20　整流状态下的单相半桥有源逆变电路及其工作波形

2）逆变状态

如图 3-21 所示为逆变状态下的单相半桥有源逆变电路及其工作波形。VT_1 在 t_1 时刻开通，并在电感的影响下一直持续至 t_2 时刻。当 $\alpha > 90°$ 时，$U_S < E_M$，直流电机工作在发电状态，电流自 M 的正极出发，将能量传送回电网中，$u_o = u_{10}$，$i_o = i_{VT1}$。同理，VT_2 的工作过程也是如此，两个晶闸管交替开通。

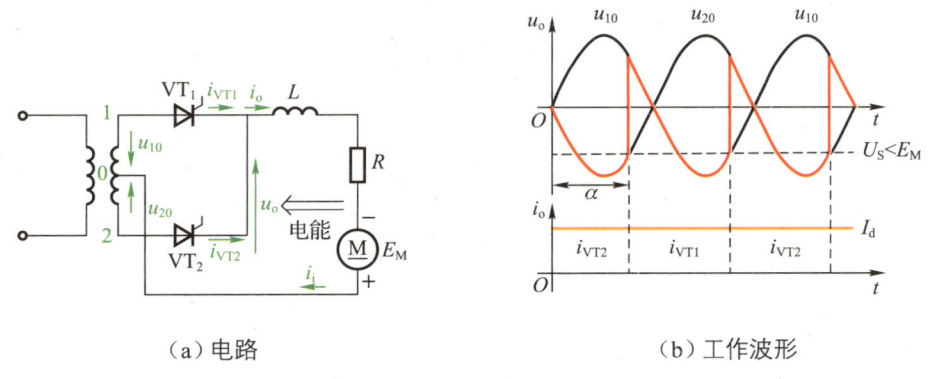

（a）电路　　　　　　（b）工作波形

图 3-21　逆变状态下的单相半桥有源逆变电路及其工作波形

点拨

根据逆变电路的工作原理可知,电路中直流电机的极性必须改变,即必须处于发电状态才能改变能量的传送方向,从而输出功率,实现有源逆变。

3)实现有源逆变的条件

通过对比整流、逆变状态下的单相半桥有源逆变电路,可得到以下结论。

(1)电路中 E_M 的极性必须与晶闸管开通的方向一致,即与电路输入电流 i_i 的方向一致,并且要求 $E_M > U_S$,这是实现有源逆变的外部条件。

(2)晶闸管必须工作在 $\alpha > 90°$ 的情况下,使 $U_o < 0$,这是实现有源逆变的内部条件。

(3)为了保证电路中的电流连续,在逆变电路中一定要串接大电感。

 **注意**

在各种整流电路中,对于带有半控整流桥或续流二极管的电路来说,因为其整流电路输出电压不存在负值,也不允许输入端接上反极性的直流电源,所以不能实现有源逆变。因此,想要实现有源逆变,必须采用全控电路。

2. 单相全桥有源逆变电路

直流卷扬系统是单相全桥有源逆变电路的典型应用,常用于重物的上提和下放,其电路结构如图3-22所示。与单相半桥有源逆变电路的工作过程类似,当 $\alpha < 90°$ 时,$U_o > 0$,直流电机开始转动,实现重物的上提,此时 $E_M < U_S$,电路工作在整流状态。而当下放重物时,由于重力对重物的作用,使电机跟随重力方向转动,因此 E_M 的极性反向。如果此时单相全桥有源逆变电路的控制角继续保持在 $\alpha < 90°$ 范围内,则会造成短路现象。因此,必须将单相全桥有源逆变电路的控制角调至 $\alpha > 90°$ 范围,这样才能使 $U_o < 0$,而 $|E_M| > |U_o|$。由于电流从M的正极流出,从 U_o 的正极传送回交流电网中,i_i 的方向未发生改变,因此电路工作在有源逆变状态。

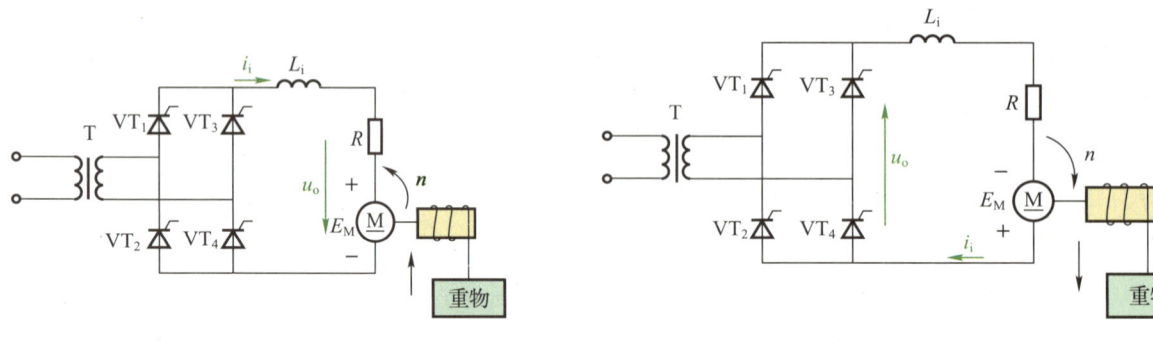

(a)提升重物　　　　　　　　　　　(b)下放重物

图3-22　直流卷扬系统的电路结构

点拨

在直流卷扬系统中,当重物下降时,直流电机反转并进入发电状态运行,此时反电动势实际上成了使晶闸管正向导通的电源。

由于单相全桥有源逆变电路不管是处于整流状态还是处于逆变状态,其工作波形与单相半桥有源逆变电路的基本相同,因此不再赘述,下面仅针对 $\alpha = 90°$ 这种特殊情况进行说明。当重物提升至某一高度时,要求重物保持固定状态,此时就可以将控制角调至 $\alpha = 90°$,u_o 波形的正负面积相等,$U_o = 0$,因此 $E_M = 0$。由于电路中电感的存在,电路中仍然有微小的直流电流存在,此时直流卷扬系统处于动态平衡状态,与电路切断、直流电机停转的状态具有本质的不同。如图 3-23 所示为直流卷扬系统在 $\alpha = 90°$ 时工作电压与工作电流的波形。

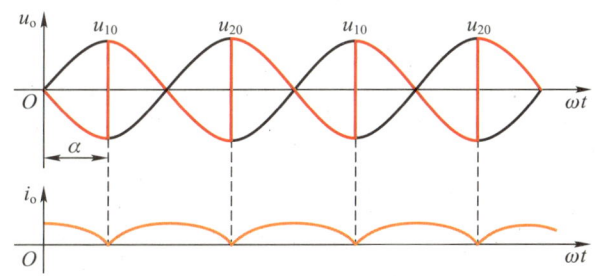

图 3-23 直流卷扬系统在 $\alpha = 90°$ 时工作电压与工作电流的波形

注意

有源逆变状态描述的是电路的整个工作过程,而并不是特别针对某一时刻。例如,在还未经过电源电压的过零点时,U_o 的极性为上负下正,与 E_M 反极性相连,两个电源均向外输出能量,但这段时间较短,且 L_1 会对电流进行限制,避免电流过大而损坏电路。

3.2.2 三相有源逆变电路

1. 三相半波有源逆变电路

1)整流状态

如图 3-24 所示为三相半波有源逆变电路及其在 $\alpha = 30°$ 时的工作波形,在大电感的作用下,电路中的电流连续。当 $\alpha = 30°$ 时,VT_1 在 ωt_1 时刻开通,u_o 为正。当 $30° < \alpha < 90°$ 时,尽管 u_o 有正有负,但 $U_o > 0$,极性为上正下负,E_M 的极性也为上正下负,且 $U_S > E_M$,故直流电机吸收交流电网传出的能量,以电动状态运行。同理,VT_2、VT_3 也依次开通,i_o 由各阶段的 i_{VT} 共同组成。

由于 VT_2 在 ωt_2 时刻开通,$u_V > u_U$,VT_1 因承受反向电压而关断,VT_1 与 VT_2 之间完成换流。同理,VT_3 在 ωt_3 时刻开通,$u_W > u_V$,VT_2 因承受反向电压而关断,VT_2 与 VT_3 之间完成换流。

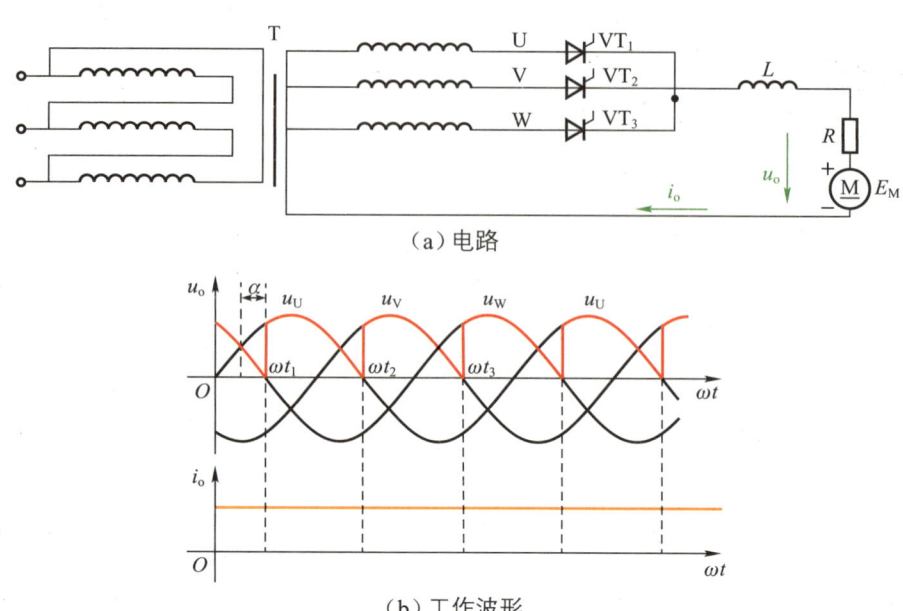

(a) 电路

(b) 工作波形

图 3-24　三相半波有源逆变电路及其在 $\alpha = 30°$ 时的工作波形

2) 逆变状态

如图 3-25 所示为三相半波电路及其在 $\alpha = 150°$ 时的工作波形，假设电路中 E_M 的极性为上负下正。当 $\alpha = 150°$ 时，VT_1 在 ωt_1 时刻导通，u_o 为正。当 $90° < \alpha < 180°$ 时，尽管 u_o 有正有负，但 $U_o < 0$，极性为上负下正，$|E_M| > |U_S|$，因此直流电机向外输出能量，以发电状态运行。

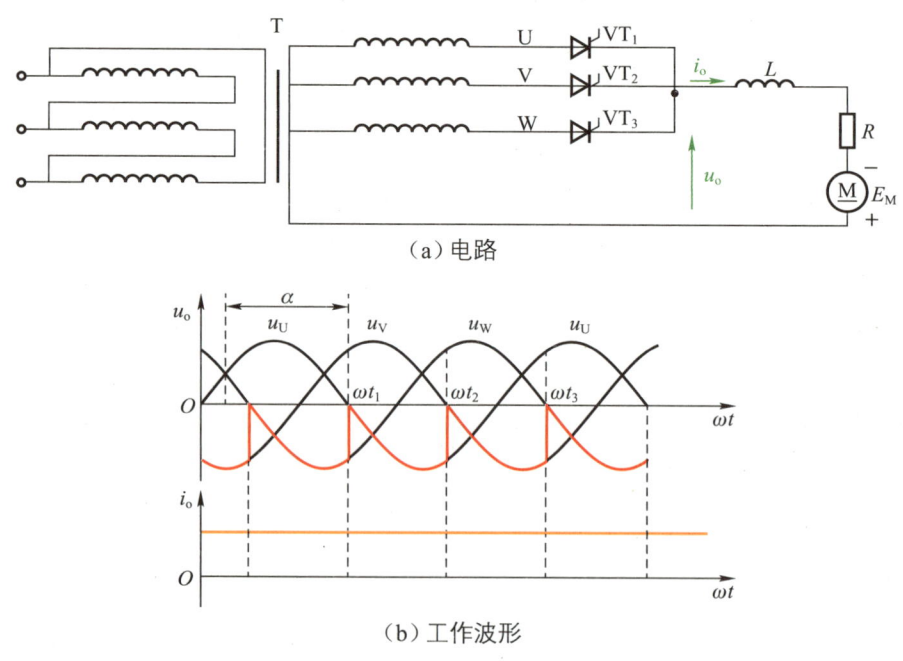

(a) 电路

(b) 工作波形

图 3-25　三相半波有源逆变电路及其在 $\alpha = 150°$ 时的工作波形

请结合图 3-25（b）分析晶闸管之间的换流过程。

知识链接

整流状态与逆变状态对触发脉冲的要求

如图3-26（a）所示为工作在整流状态的三相半波有源逆变电路的工作波形，此时 $\alpha=60°$。在 ωt_1 时刻，u_o 应该从U相换到V相，此时V相电压最高，可保证顺利换流。由于U相与W相电压均低于V相，因此即使同时给电路中相应的晶闸管提供触发脉冲，它们也不会导通，不存在相位关系的混乱。

如图3-26（b）所示为工作在逆变状态的三相半波有源逆变电路的工作波形，此时 $\alpha=120°$。在 ωt_2 时刻，u_o 应该从U相换到V相。由于 $u_U = u_V$，因此不能同时给电路中相应的晶闸管提供触发脉冲，否则会造成 u_o 从U相换到W相，相当于电路中的两个同极性电源串接，会产生非常大的电流。

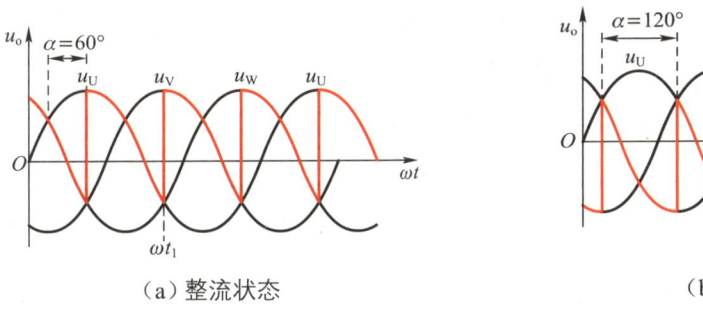

（a）整流状态　　　　　　　　　　（b）逆变状态

图3-26　三相半波有源逆变电路的工作波形

2. 三相桥式有源逆变电路

1）逆变角

由于逆变电路中的 $\alpha > 90°$，不便于进行电路的分析和计算，因此在逆变电路中引入了逆变角的概念，并用 β 表示，令 $\beta = \pi - \alpha$。逆变角的方向是由右向左，规定以 $\alpha = \pi$ 作为计算 β 的起点，当电路工作在整流状态时，$\beta > 90°$，当电路工作在逆变状态时，$\beta < 90°$，与控制角相反。

2）电路的工作原理

当三相桥式整流电路满足实现有源逆变的两个条件时，就可称其为三相桥式有源逆变电路。如图3-27所示为三相桥式有源逆变电路及其在不同逆变角下的工作波形，在图3-27（a）中，E_M 的极性为上负下正，且 $|E_M| > |U_o|$。

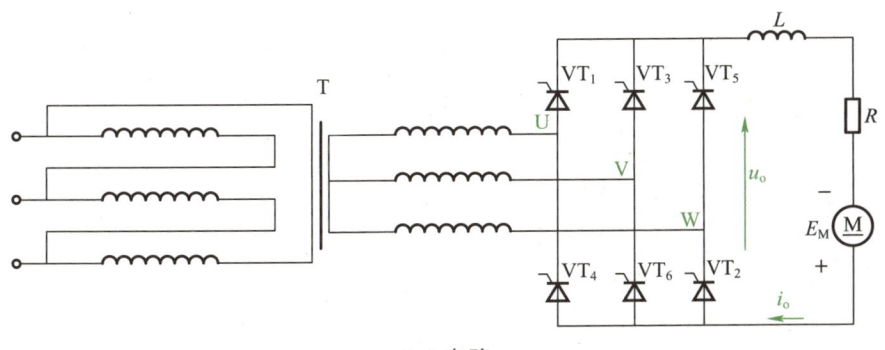

（a）电路

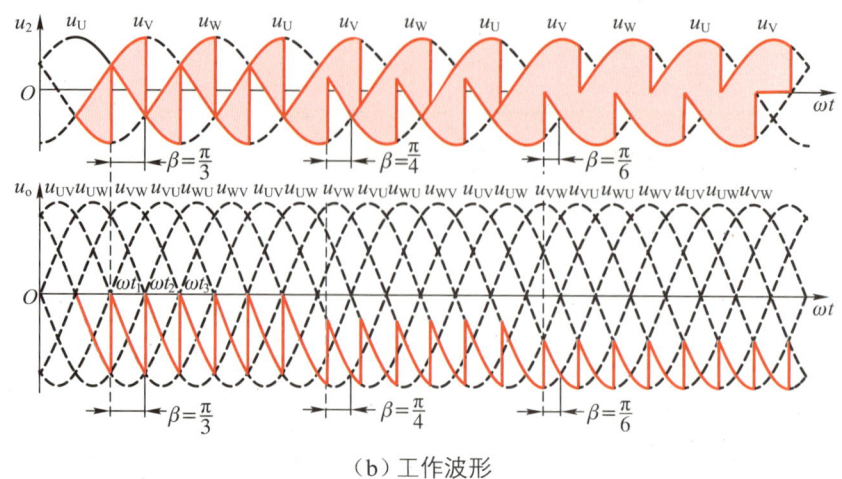

(b）工作波形

图3-27 三相桥式有源逆变电路及其在不同逆变角下的工作波形

通过图3-27（b）可得到以下结论。

（1）当 β 从 90° 逐渐减小时，u_o 为负，但 U_o 的值逐渐增大。

（2）在逆变电路中，晶闸管之间的换流完全由触发脉冲控制，其换流总是从低电压到高电压。这样，对触发脉冲就提出了格外严格的要求，其脉冲必须严格按照规定的顺序发出，而且要保证触发可靠，否则极容易产生因晶闸管之间换流失败而导致的逆变失败。

（3）在整流状态下，晶闸管在阻断时主要承受反向电压，而在逆变状态工作中，晶闸管在阻断时主要承受正向电压。无论在整流状态还是逆变状态，晶闸管在阻断时承受正向或反向电压的峰值均应为线电压的峰值，在选择晶闸管的额定参数时应以此为依据。

3）电路的输出

逆变电路参数的计算与整流电路相似，由于电路中存在大电感，因此电路中的电流连续。

（1）电路输出电压为

$$U_o = -2.34 U_2 \cos\beta = -1.35 U_{2L} \cos\beta$$

其中，U_{2L} 表示线电压。

（2）电路输出电流为

$$I_o = \frac{U_o - E_M}{R_\Sigma}$$

其中，$R_\Sigma = R_B + R_D$，R_B 表示变压器次级绕组的电阻，R_D 表示电路输入端包括直流电机电枢电阻在内的总电阻。

（3）晶闸管电流的有效值为

$$I_T = \frac{I_o}{\sqrt{3}}$$

3.2.3 逆变失败与逆变角的限制

1. 逆变失败的原因

以图3-17为例进行说明，当电路工作在逆变状态时，如果出现晶闸管换流

扫一扫

如何防止逆变失败

失败,则 U_1 与 U_2 将顺向串联并相互加强。由于逆变电路总电阻很小,因此必将产生很大的短路电流,以至可能将晶闸管和变压器烧毁,上述情况称为逆变失败(或逆变颠覆)。造成逆变失败的原因,可归纳为以下四个方面。

1) 触发电路工作不可靠

触发电路不能适时、准确地供给各晶闸管触发脉冲,造成脉冲丢失、延迟或触发功率不够,均可导致晶闸管换流失败。一旦换流失败,势必造成晶闸管从承受反向电压到承受正向电压持续导通,U_1 反向后将与 U_2 顺向串联,出现逆变失败。

2) 晶闸管出现故障

如果晶闸管选择不当,如额定电压选择裕量不足、晶闸管存在质量问题等,会使晶闸管在应该阻断的时候丧失了阻断能力,而在应该开通的时候却无法开通。通过对以上有源逆变电路工作波形的分析可以发现,如果电路中的晶闸管出现故障,那么也必将导致电路逆变失败。

3) 交流电源出现异常

通过有源逆变公式 $I = \dfrac{U_2 - U_1}{R}$ 可以看出,当电路工作在有源逆变状态下时,如果交流电源突然断电或者电源电压过低,都会导致 U_1 减小或为零,从而使电流 I 增大,以致电路逆变失败。

4) 电路换流时间不足

在进行有源逆变电路控制电路的设计时,应充分考虑变压器漏感抗对晶闸管换流的影响以及晶闸管关断时间的影响。假如 β 太小,会造成换流失败,从而导致电路逆变失败。

2. 逆变角的限制

1) 重叠角

在三相整流电路中,晶闸管的换流并不是瞬时完成的,而是持续一段时间,这段换流持续的时间就称为重叠角,用 γ 表示。重叠角的存在是由于变压器漏感抗对电路的影响,从而造成换流过程中电路的电流不能发生突变。

2) 最小逆变角

逆变角太小就会造成换流失败,从而导致逆变失败。下面以三相半波有源逆变电路为例进行说明。如图3-28所示为三相半波有源逆变电路及其工作波形。

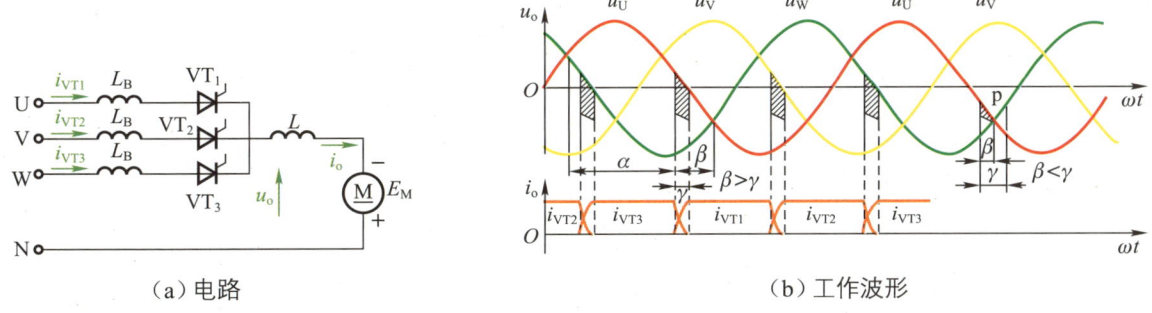

(a) 电路　　　　　　　　　　　　　　(b) 工作波形

图3-28　三相半波有源逆变电路及其工作波形

当 u_o 第一次从 W 相换到 U 相时,重叠角为 γ,逆变角为 β,V 相对应的晶闸管 VT_1 导通,此时 $\beta > \gamma$,上一个导通的晶闸管 VT_3 因承受反向电压而关断。而当 u_o 第二次从 W 相换到 U 相(即自然换流点P）时，$\beta < \gamma$，$u_W > u_U$，使VT_1因承受反向电压而重新关断，而应该关断的VT_3却继续开通。之后u_W会随着时间不断增大，使电路从逆变状态过渡到整流状态，E_M与U_0顺向串联，造成逆变失败。

因此，在设计逆变电路时，必须考虑到电路的最小逆变角β_{min}，一般β_{min}受到以下因素的影响。

（1）电路中重叠角γ的取值为15°～25°。

（2）晶闸管的关断时间对应的电角度δ的取值为4°～5°。

（3）电路中的安全裕量角θ'的取值为10°左右。

综上所述，最小逆变角β_{min}为

$$\beta_{min} = \gamma + \delta + \theta' \approx 30° \sim 35°$$

时代楷模

我国电力电子专业奠基人——汪槱（yǒu）生

汪槱生（见图3-29）是中国工程院院士，电力电子及控制设备专家，长期从事电机工程的教学和科研工作。1928年8月27日，汪槱生出生于浙江省杭州市。1950年，汪槱生毕业于浙江大学电机系。毕业后，汪槱生在前往东北工作单位报到的途中接到系主任王国松先生的电话，通知他返校任教，从此他便与浙江大学和电力电子技术结缘。

作为一名科研人员，汪槱生自力更生、刻苦钻研。1958年，汪槱生作为主要成员之一参与了双水内冷电机的研究；1970年，他带领课题组成功研制了中国第一台100 kW/1 000 Hz晶闸管并联逆变式中频感应加热电源，为中国中频感应加热电源及其应用做出了重要贡献。此外，他还曾获得国家发明一等奖、国家科技进步一等奖、全国科学大会奖、国家教委优秀科技成果等多项奖项。

图3-29 汪槱生

作为一名人民教师，汪槱生甘为孺子育英才。1972年，在汪槱生的推动下，浙江大学创建了中国第一个电力电子专业，该专业主要研究电力电子器件对电能的变换和控制，横跨电子、电力和控制三大领域，涉猎面极其广泛。1981年，应经济形势需要，浙江大学成为全国第一批有电力电子博士点的学校，汪槱生本人也成为我国第一位电力电子技术专业博士生导师。之后，浙江大学建立了电力电子技术国家专业实验室和电力电子应用技术国家工程研究中心，为国家培养了大批电力电子行业的技术骨干。

汪槱生院士毕生致力于推动我国电力电子行业的发展，他孜孜不倦、精益求精、勇于开拓的精神和无私奉献的高尚品德，为中国工程技术界树立了榜样，是人们学习的楷模。

（资料来源：中国科学家博物馆，有改动）

综合测试

1. 填空题

（1）逆变电路是将_____变换为频率和电压都可调节的_____。

（2）按照电能去向的不同，逆变电路可以分为_____电路和_____电路。

（3）器件换相只适用于_____，电网换相、负载换相和强迫换相主要是针对_____而言的。

（4）半桥逆变电路输出电压的幅值 U_m 为_____；全桥逆变电路输出电压的幅值 U_m 为_____。

（5）三相桥式逆变电路的每个桥臂导电_____，同一相上下两桥臂交替导电，各相相位相差_____。

（6）逆变角与控制角之间的关系为_____。

2. 判断题

（1）强迫换相适用于全控型器件。（　　）

（2）单相全桥逆变电路可看作由两个半桥逆变电路组成。（　　）

（3）无源逆变指的是不需要逆变电源的逆变电路。（　　）

（4）输入端接大电容的逆变电路称为电流型逆变电路。（　　）

（5）有源逆变是将直流电变换为与交流电网同频率的交流电，并回馈给电网。（　　）

（6）当 $\beta < \gamma$ 时，就会造成换流失败，从而导致逆变失败。（　　）

3. 选择题

（1）在一般可逆电路中，最小逆变角取值为（　　）。

　　A．30°～35°　　　　　　　　　　B．10°～15°

　　C．0°～10°　　　　　　　　　　D．4°～5°

（2）在下列电路中，可以实现有源逆变的电路为（　　）。

　　A．三相半波可控整流电路

　　B．三相桥式半控整流电路

　　C．带续流二极管的单相桥式半控整流电路

　　D．单相桥式半控整流电路

4. 简答题

（1）什么是电压型逆变和电流型逆变？它们各有什么特点？

（2）什么是有源逆变？有源逆变的条件是什么？

（3）什么是逆变失败？逆变失败的原因有哪些？

学习成果评价

指导教师根据学生对本项目的实际学习成果对其进行评价,学生配合指导教师共同完成如表3-11所示的学习成果评价表。

表3-11 学习成果评价表

班级		组号		日期	
姓名		学号		指导教师	
学习成果/项目名称			DC/AC变换电路		
评价项目	评价内容		评价方式	满分/分	评分/分
知识 40%	逆变电路的分类		理论测试	2	
	无源逆变电路概述			4	
	单相电压型无源逆变电路			6	
	三相电压型无源逆变电路			6	
	单相电流型无源逆变电路			4	
	单相有源逆变电路			6	
	三相有源逆变电路			6	
	逆变失败的原因			4	
	逆变角的限制			2	
技能 40%	测试半桥逆变电路		实践操作	10	
	测试全桥逆变电路			10	
	测试单相全桥有源逆变电路			10	
	测试三相桥式有源逆变电路			10	
素养 20%	积极参加教学活动,主动学习、思考、讨论		综合评判	6	
	认真负责,按时完成学习、实践任务			4	
	团结协作,与组员之间密切配合			4	
	服从指挥,遵守课堂和实训室纪律			4	
	守正创新,自信自强			2	
	合计			100	
自我评价					
指导教师评价					

项目 4

DC/DC 变换电路

项目导读

传统燃油汽车主要依靠发动机驱动交流发电机发电,从而为汽车上的用电设备(如照明及指示灯、汽车空调、电气控制设备等)提供电源,而新能源汽车则主要依靠DC/DC变换器为用电设备供电。DC/DC变换器可通过直流变换电路将动力蓄电池的高压直流电变换为稳定的低压直流电,以满足不同性能、不同种类用电设备对直流电源的电压等级、稳定性等方面的需求。

本项目主要介绍直流斩波电路和间接直流变换电路的结构及工作原理。

知识目标

- 掌握直流斩波电路的工作原理。
- 掌握基本直流斩波电路的结构及工作原理。
- 掌握典型间接直流变换电路的结构及工作原理。

技能目标

- 能正确测试降压斩波电路。
- 能正确测试升压斩波电路。
- 能正确测试间接直流变换电路。

素质目标

- 具有一定的沟通能力和团队意识。
- 树立民族自尊心、自豪感和文化自信。
- 增强实现中华民族伟大复兴的历史使命感。

任务 4.1　测试直流斩波电路

任务引入

DC/DC变换器（见图4-1）也称直流斩波器，早期主要应用于城市轨道列车、电动汽车等的直流牵引调速控制系统中。随着自关断电力电子开关器件的广泛应用和PWM控制技术的发展成熟，DC/DC变换器因具有效率高、体积小、质量小、成本低等显著优点，而被广泛应用于有源功率因数校正、超导储能等新技术领域。

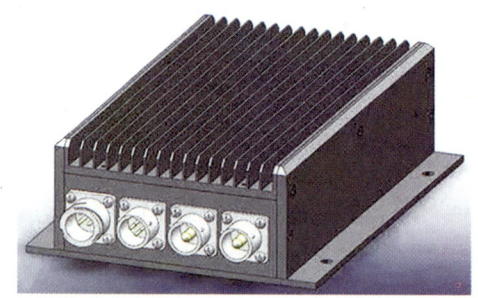

图4-1　DC/DC变换器

本任务主要介绍直流斩波电路的相关内容，知识与技能要求如表4-1所示。

表4-1　知识与技能要求

任务内容	测试直流斩波电路	学习程度		
		识记	理解	应用
学习任务	DC/DC变换器的功能	●		
	降压斩波电路的结构及工作原理		●	
	升压斩波电路的结构及工作原理		●	
	升降压斩波电路的结构及工作原理		●	
	库克斩波电路的结构及工作原理		●	
实训任务	测试降压斩波电路			●
	测试升压斩波电路			●
自我勉励				

班级 _____　　　姓名 _____　　　学号 _____

任务工单——测试直流斩波电路

1. 任务准备

1) 知识准备

直流变换电路的功能是将一定电压的直流电变换为电压固定或可调的直流电，直流变换电路可分为直接直流变换电路和间接直流变换电路两类。其中，直接直流变换电路即直流斩波电路，它可直接对直流电进行变换，输入与输出之间不存在电气隔离；而间接直流变换电路是在直流斩波电路中增加了交流环节，通过变压器实现输入与输出之间的电气隔离。因此，根据是否进行电气隔离，直流变换电路可分为非隔离型直流变换电路和隔离型直流变换电路。

直流斩波电路根据其电路结构及功能的不同，主要分为以下4种基本类型：降压斩波电路、升压斩波电路、升降压斩波电路、库克斩波电路。其中，前两种电路是最基本的直流斩波电路，后两种电路是前两种电路的组合形式。

2) 工具和器材准备

准备任务实施所需的工具和器材，并补全表4-2。

表4-2　工具和器材清单

序号	名称	型号与规格	序号	名称	型号与规格
1	直流电源		6	电感	
2	PWM发生器		7	电容	
3	万用表		8	电阻	
4	IGBT模块		9	二极管	
5	示波器		10	导线	

2. 任务实施

（1）如图4-2（a）所示为降压斩波测试电路，如图4-2（b）所示为升压斩波测试电路。请选取相应的器材分别连接这两个测试电路，并确认连接无误。

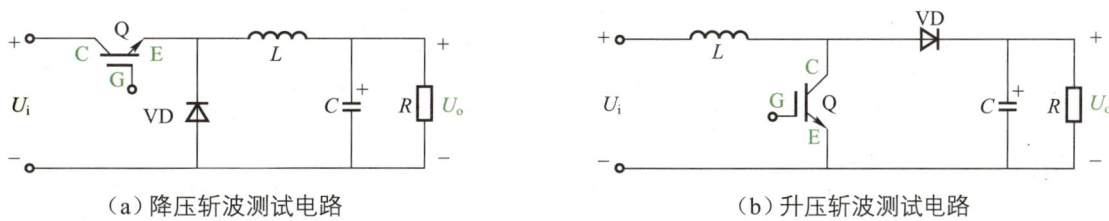

(a) 降压斩波测试电路　　　　　　　　　　(b) 升压斩波测试电路

图4-2　直流斩波测试电路

（2）检查电路，确认连接无误后，将PWM发生器产生的触发信号接入Q的G端，并将PWM发生器的接地端与Q的E端相连。

班级 _____   姓名 _____   学号 _____

（3）改变PWM信号占空比D的大小，用万用表测量U_i和U_o，将结果分别记录在表4-3和表4-4中。同时用示波器观察并记录u_o和i_o的波形。

表4-3 降压斩波测试电路测试数据

D	0.2	0.5	0.7	0.9
U_i				
U_o				

表4-4 升压斩波测试电路测试数据

D	0.2	0.5	0.7	0.9
U_i				
U_o				

（4）测试结束后，断开电源，并将器材整理归位。

 注　意

接线时一定要注意二极管与IGBT的正负极性，在使用示波器测量波形时应注意探头的正负极性。

3．考核评价

各组展示任务完成情况，并完成如表4-5所示的考核评价表。

表4-5 考核评价表

项目名称	评价标准	满分/分	评分/分		
			自评	互评	师评
职业素养考核项目30%	任务工单整洁、规范	5			
	认真参加活动，积极思考	5			
	主动与同学、指导教师交流	5			
	团结协作，组织协调能力强	5			
	能发现问题并解决问题	10			
专业能力考核项目70%	能正确使用万用表并准确读数	10			
	能正确连接降压斩波测试电路	10			
	能正确连接升压斩波测试电路	10			
	能用示波器检测电路输出电压和输出电流的波形	25			
	测试完毕后正确断开电路连接，整理器材并归位	15			
合计		100			
总评	自评（20%）+互评（20%）+师评（60%）=	综合等级：	指导教师（签名）：		

4.1.1 DC/DC 变换电路概述

1. DC/DC 变换器

1）DC/DC 变换器的功能

DC/DC 变换器主要由功率模块、驱动模块和控制模块三个部分组成。如图 4-3 所示为 DC/DC 变换器在新能源汽车上的主要应用。

扫一扫

DC/DC 变换器的试验

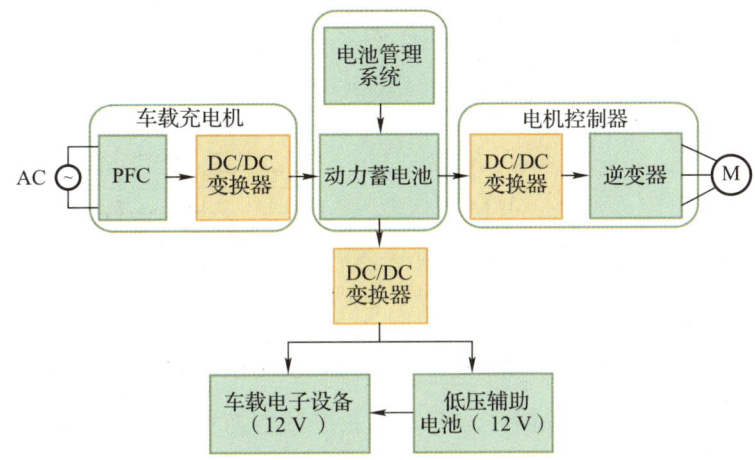

图 4-3 DC/DC 变换器在新能源汽车上的主要应用

DC/DC 变换器是新能源汽车动力系统中不可或缺的一部分，在以下方面发挥着重要作用。

（1）由于动力蓄电池输出电压不稳，因此可通过 DC/DC 变换器可以对其进行升压和稳压，经逆变器变换后供给驱动电机。

（2）在小功率（一般小于 5 kW）直流电机驱动的转向、制动等辅助系统中，DC/DC 变换器负责为直流电机供电。

（3）DC/DC 变换器将动力蓄电池中的高压直流电进行降压处理，为低压辅助电池充电，同时为车辆的空调、照明及指示灯、雨刷器、音响设备、导航系统、电动助力转向系统、安全气囊、组合仪表、故障诊断系统等电压为 12～48 V 的低压设备供电。

2）DC/DC 变换器的选用

新能源汽车的最高时速、百公里加速、质量、最大扭矩和功率等参数都是影响 DC/DC 变换器选用的重要因素，因此 DC/DC 变换器必须满足以下要求。

（1）变换效率高：由于新能源汽车在启动、爬坡、加速时必须有较大功率才能保证车辆的动力性能，因此 DC/DC 变换器需要满足变换效率高的要求，以便提高车辆的能源利用率。

（2）响应快速：由于新能源汽车在行驶过程中需要驱动系统的快速动力响应来应对随时变化的路况，因此 DC/DC 变换器需要具有良好的动态调节能力和快速响应能力，能够适应驱动电机输出功率的变化。

（3）抗电磁干扰：由于新能源汽车容易受到电磁干扰，因此为了确保车辆行驶的安全性和稳定性，DC/DC 变换器必须具有良好的抗干扰能力。

（4）具有能量回馈功能：制动能量回收是新能源汽车提高能源利用率的一个重要措施，而 DC/DC 变换器作为连接电力系统与驱动系统的重要桥梁，必须具有能量回馈功能。

（5）轻量化：当新能源汽车的体积越小、质量越小时，其动力性能相对就越好。因此，DC/DC变换器需要满足车辆轻量化的要求。

2. 直流斩波电路的工作原理

直流斩波电路进行电能变换的基本思路是通过控制电力电子开关器件快速开通或关断，将恒定的直流电压（或电流）"斩切"成一系列的脉冲电压（或电流），从而使电路输出电压（或输出电流）在一定滤波条件下可以获得小于或大于电源电压（或电流）的可调电压（或电流）；通过改变开关器件开通、关断的动作频率，或改变开关器件开通、关断的时间比例，就可以改变开关器件触发脉冲序列的脉冲宽度，从而实现对电路输出电压（或输出电流）的调节。如图4-4所示为简单的直流斩波电路及其电压波形。

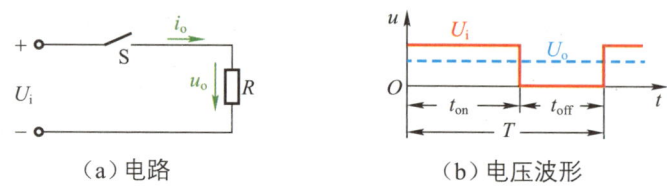

（a）电路　　　　　　　（b）电压波形

图4-4　简单的直流斩波电路及其电压波形

在图4-4（a）中，S表示可控开关器件。在本项目中，为方便理解，部分电路用S表示开关器件，后续电路不再特别说明。由图4-4（b）可知，当S开通时，$u_o = U_i$；当S关断时，$u_o = 0$。假设令S进行周期性开通和关断，开通时间为t_{on}，关断时间为t_{off}，二者之和为S的开关周期T，即$T = t_{on} + t_{off}$，则电路输出电压为

$$U_o = \frac{1}{T}\int_0^{t_{on}} u_o dt = \frac{1}{T}\int_0^{t_{on}} U_i dt = \frac{t_{on}}{T} U_i = D U_i$$

其中，$D = t_{on}/T$，表示S的开通时间与开关周期之比，定义为占空比。由于$D \leqslant 1$，因此$U_o \leqslant U_i$，改变D的大小就可以改变U_o的大小。

直流斩波电路的控制方式

通常，直流斩波电路的控制方式主要有以下三种。

（1）脉冲频率调制控制方式。这种控制方式是保持t_{on}不变，改变T的大小。在这种控制方式中，由于输出电压的周期或频率是变化的，因此输出谐波的频率也是变化的，这使得滤波器的设计比较困难，输出波形受谐波干扰较严重，一般很少采用。

（2）脉宽调制控制方式。这种控制方式是保持T不变，改变t_{on}的大小。在这种控制方式中，输出电压波形的周期或频率是不变的，因此输出谐波的频率也是不变的，这使得滤波器的设计变得较为容易，并得到普遍应用。

（3）调频调宽混合控制方式。这种控制方式既改变T的大小，又改变t_{on}的大小。这种控制方式可以增大输出电压的范围，但由于输出谐波的频率是变化的，因此也存在着设计滤波器较难的问题。

4.1.2 基本直流斩波电路

为了简化对各类直流斩波电路基本工作特性的分析，在本任务中，均假定直流斩波电路是由理想器件组成的，即满足以下条件。

（1）开关器件和二极管从开通到关断，以及从关断到开通的过渡时间均为零。

（2）开关器件的通态电阻为零，电压降为零；断态电阻为无穷大，漏电流为零。

（3）电路中的电感和电容均为无损耗的理想储能元件。

（4）电路阻抗为零且无功率损耗。

下面主要对降压斩波电路、升压斩波电路、升降压斩波电路、库克斩波电路这四种基本斩波电路进行分析。

1．降压斩波电路

1）电路的结构

降压斩波电路主要应用于直流稳压电源的降压和直流电机的调速，其特点是输出电压比输入电压低，而输出电流则大于输入电流。如图4-5所示为带直流电机负载的降压斩波电路。其中，Q表示电路的开关器件；L表示缓冲电感；M表示直流电机，E_M表示其反电动势；U_i表示电路输入直流电源；VD表示续流二极管，负责为负载中的电感电流提供续流通道。

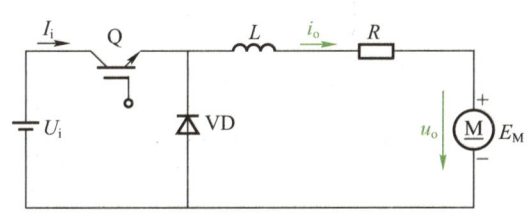

图4-5　带直流电机负载的降压斩波电路

2）电路的工作原理

根据电路中电感电流是否连续，降压斩波电路有电流连续和电流断续两种工作模式。如图4-6所示为带直流电机负载的降压斩波电路的工作波形。其中，u_g为Q的控制信号，当u_g为高电平时Q开通，当u_g为低电平时Q关断。

（1）电流连续模式。

如图4-6（a）所示为降压斩波电路处于电流连续模式时的工作波形。通过观察可以发现，当$t=0$时，Q在u_g的影响下开通，开通时间为t_{on}；VD因承受反向电压而关断；U_i向负载供电，$u_o=U_i$，i_o的波形成指数规律上升。当$t=t_1$时，Q在u_g的影响下关断，关断时间为t_{off}；VD在L的作用下开通；$u_o=0$，i_o的波形成指数规律下降。当$t=t_2$时，降压斩波电路将重复上述工作过程。

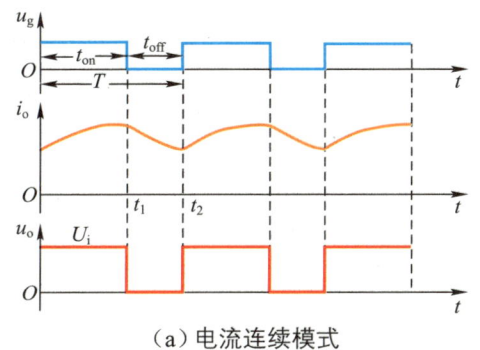　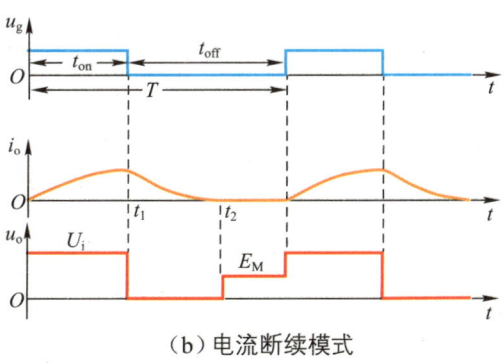

（a）电流连续模式　　　　　　　　　　（b）电流断续模式

图4-6　带直流电机负载的降压斩波电路的工作波形

根据直流斩波电路的工作原理，电路输出电压和输出电流分别为

$$U_\text{o} = \frac{t_\text{on}}{t_\text{on}+t_\text{off}}U_\text{i} = \frac{t_\text{on}}{T}U_\text{i} = DU_\text{i}$$

$$I_\text{o} = \frac{U_\text{o}-E_\text{M}}{R}$$

则电路输入电流为

$$I_\text{i} = \frac{t_\text{on}}{T}I_\text{o} = DI_\text{o}$$

由于 $0<D<1$，因此 $U_\text{o}<U_\text{i}$，即降压斩波电路的输出电压小于输入电源电压，这就是降压斩波电路的主要特点。

点 拨

在图4-6（a）中，当电路处在稳态时，由于 u_o、i_o 等变量都是按照开关器件开通和关断的周期重复变化的，且在 L 的作用下，i_o 无法突变，因此在一个周期内，i_o 的初值和上一个周期结束时的终值始终相等。

（2）电流断续模式。

为了使 i_o 的波形连续且脉动小，电路中 L 的感抗一般较大。但当 L 的感抗较小时，i_o 的波形就会发生断续。如图4-6（b）所示为降压斩波电路处于电流断续模式时的工作波形。通过观察可以发现，在 $0\sim t_1$ 时间段，i_o 的变化情况与电流连续模式时的相同，但由于电路中 L 的感抗较小，因此当 Q 关断后，在还未到达 t_2 前 i_o 便减小为零，电流断续。

在电流断续期间，$u_\text{o}=E_\text{M}$，U_o 增大，这会导致电路中直流电机的机械特性变软，对电路十分不利。因此，应尽力避免降压斩波电路工作在电流断续模式。

点 拨

若忽略电路中的损耗，则电源提供的能量与负载消耗的能量相等，即 $U_\text{i}I_\text{i}t_\text{on} = RI_\text{o}^2T + E_\text{M}I_\text{o}T$，也即 $U_\text{i}I_\text{i} = DU_\text{i}I_\text{o} = U_\text{o}I_\text{o}$。此时，降压斩波电路的输入功率等于输出功率，可将该电路看作直流变压器。

3）电路的应用

如图4-7所示为带 LC 滤波器的降压斩波电路及其工作波形。通过观察可以发现，当 Q 开通时，$u_L=U_\text{i}-U_\text{o}$，$i_\text{o}$ 的波形由原来成指数规律升降变为成线性升降。当 Q 关断而 VD 续流时，无论电路工作在电流连续模式还是电流断续模式，$u_L=-U_\text{o}$，i_o 的波形都以 $-U_\text{o}/L$ 的斜率变化。

项目4　DC/DC变换电路

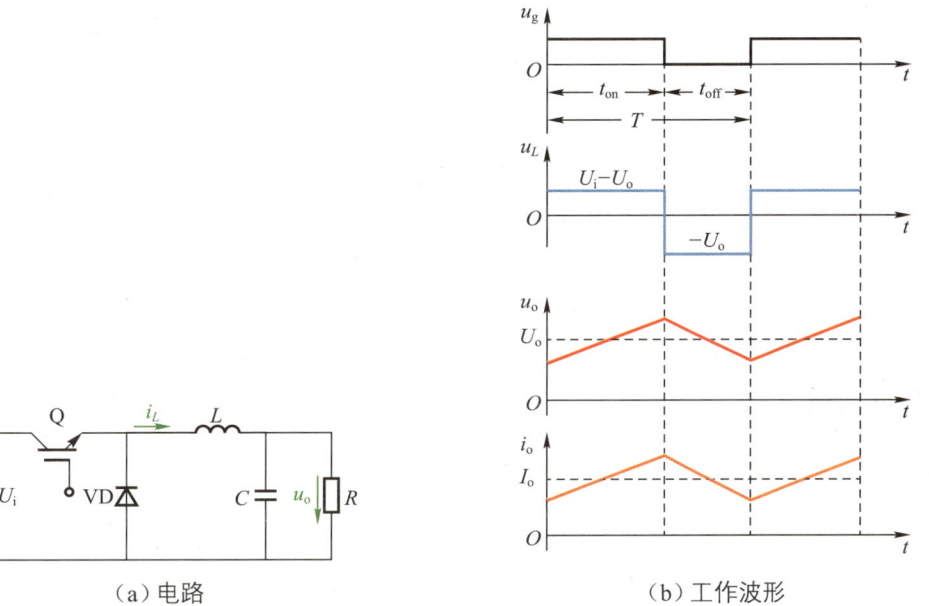

（a）电路　　　　　　　　　　（b）工作波形

图4-7　带LC滤波器的降压斩波电路及其工作波形

2．升压斩波电路

1）电路的结构

升压斩波电路可实现能量从低压侧电源向高压侧负载的传递，主要用于直流电机驱动系统、单相功率因数校正电路、电池供电设备等场合。如图4-8所示为升压斩波电路及其工作波形。不同于降压斩波电路，升压斩波电路的开关器件与负载以并联方式连接。

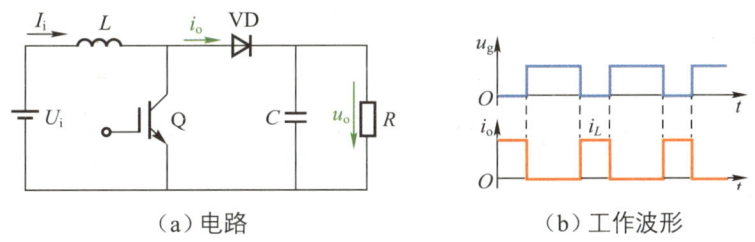

（a）电路　　　　　　（b）工作波形

图4-8　升压斩波电路及其工作波形

2）电路的工作原理

通过观察图4-8（b）可以发现，当Q开通时，U_i为L充电，电路输入电流恒为I_i，L储能增大；C为R供电，并且输出电压恒为U_o。当Q关断时，VD开通，U_i和L同时为C和R供电。

当电路工作在稳态时，在Q的一个周期T内，电感上储存和释放的能量相等，即

$$U_i I_i t_{on} = (U_o - U_i) I_i t_{off}$$

化简可得电路输出电压为

$$U_o = \frac{T}{t_{off}} U_i = \frac{1}{1-D} U_i$$

则电路输出电流为

$$I_o = \frac{U_o}{R} = \frac{1}{1-D}\frac{U_i}{R}$$

由于电路中的电阻恒定，因此电路输入电流为

$$I_i = \frac{U_o}{U_i}I_o = \frac{1}{(1-D)^2}\frac{U_i}{R}$$

由于 $0<D<1$，因此 $U_o>U_i$，即斩波电路输出电压大于输入电源电压，这就是升压斩波电路的主要特点。

 点　拨

升压斩波电路能够实现输出电压高于输入电压的主要原因：① 电感将电能储存后能够使电压泵升；② 由于电容很大，因此能够使输出电压保持稳定。但在实际使用中，电容不可能为无穷大，电路的实际输出电压会比理想输出电压略低。

3）电路的应用

如图4-9所示为应用于直流电机回馈能量的升压斩波电路。由于该电路中直流电源的电压基本是恒定的，因此电路不必并联电容，并可认为 L 的电感很大。但实际应用中的 L 的电感不会无穷大，所以电路具有电流连续和电流断续两种工作模式。

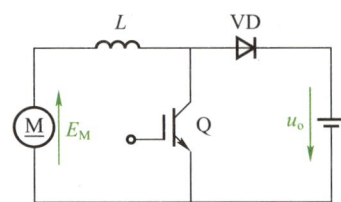

图4-9　应用于直流电机回馈能量的升压斩波电路

如图4-10所示为直流电机回馈能量的升压斩波电路的工作波形。

（1）电流连续模式。

通过观察图4-10（a）可以发现，当Q开通时，E_M 为 L 提供能量，电路输入电流为 I_1，则 L 储存的能量为 $E_M I_1 t_{on}$；当Q关断时，E_M 和 L 一起为电源充电，电路输入电流为 I_2，则电感释放的能量为 $(U_i-E_M)I_2 t_{off}$。当电路处于稳态时，一个周期中 L 储存与释放的能量大小相等，且由于 L 的电感很大，因此 $I_1 \approx I_2$，则电路输出电压为

$$U_o = \frac{t_{on}+t_{off}}{t_{off}}E_M = \frac{T}{t_{off}}E_M = \frac{1}{1-D}E_M$$

（2）电流断续模式。

通过观察图4-10（b）可以发现，在 t_1 时刻前，i_o 的变化情况与电流连续模式时的相同，但由于电路中 L 的电感较小，因此当Q关断后，i_o 在还未到达 t_2 前便减小为零，电流断续。在电流断续期间，$u_o = E_M$。

项目4 DC/DC变换电路

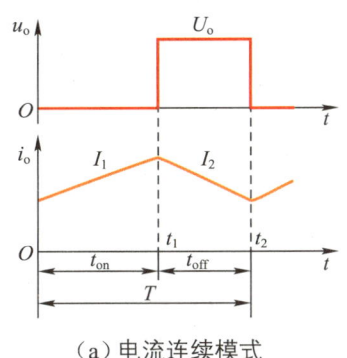
（a）电流连续模式

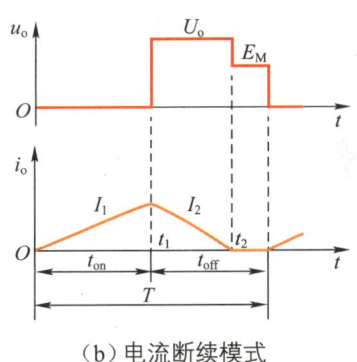
（b）电流断续模式

图4-10 直流电机回馈能量的升压斩波电路的工作波形

3．升降压斩波电路

1）电路的结构

升降压斩波电路是一种既可以升压又可以降压的变换电路，其输出电压相对于输入电压公共端为负值。升降压斩波电路不仅可应用于要求输出电压与输入电压极性相反，且电压值大于或小于输入电压的直流稳压电源中，还可用于各种开关稳压器中。如图4-11所示为升降压斩波电路及其工作波形，其中电感与负载并联，二极管反向串联在电感与负载之间。

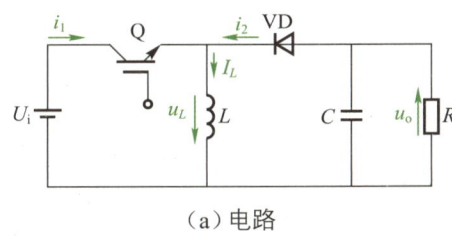
（a）电路

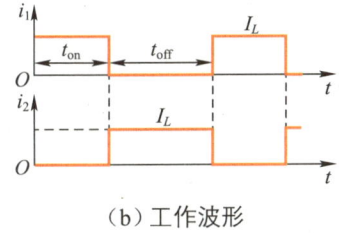
（b）工作波形

图4-11 升降压斩波电路及其工作波形

2）电路的工作原理

通过观察图4-11（b）可以发现，在电路中电感和电容都很大的情况下，i_L与u_o基本为恒定值。当Q开通时，VD关断，U_i为L提供能量，$i_L = i_1$，$u_L = U_i$；C维持u_o恒定并为R供电，C与R的极性均为上负下正，与U_i的极性相反。

当Q关断时，VD开通，L释放其储存的能量为R供电，$i_L = i_2$，$u_L = -U_o$；C充电储能，R上的电压极性为上负下正，与u_L的极性相反，因此该电路也称反极性斩波电路。

当电路处于稳态时，一个周期T内的电感电压u_L对时间的积分为零，即

$$\int_0^T u_L \mathrm{d}t = 0$$

则一个周期T内电感储存和释放的能量等式为

$$U_i t_{on} = U_o t_{off}$$

则电路输出电压为

$$U_o = \frac{t_{on}}{t_{off}} U_i = \frac{t_{on}}{T - t_{on}} U_i = \frac{D}{1-D} U_i$$

由上式可知，通过改变 D 可以改变 U_o。当 $0 < D < 0.5$ 时，$U_o < U_i$，电路处于降压模式；当 $0.5 < D < 1$ 时，$U_o > U_i$，电路处于升压模式。这就是升降压斩波电路的主要特点。

 点 拨

用 I_1 表示 i_1 的平均值，用 I_2 表示 i_2 的平均值，当电流脉动足够小时，有 $\dfrac{I_1}{I_2} = \dfrac{t_{on}}{t_{off}}$。经过化简后可得 $I_2 = \dfrac{t_{on}}{t_{off}} I_1 = \dfrac{D}{1-D} I_1$，则 $U_i I_1 = U_o I_2$。此时升降压斩波电路的输入功率等于输出功率，可将其看作直流变压器。

4．库克斩波电路

1）电路的结构

库克斩波电路（见图4-12）的结构与升降压斩波电路的结构相似，但库克斩波电路在电路的输入端与输出端都串联了电感，可看作降压斩波电路与升压斩波电路的串联。这种结构可减小输入、输出电流的脉动，以改善电路产生的电磁干扰问题。

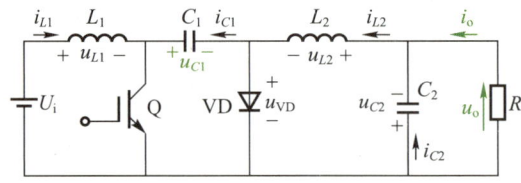

图4-12 库克斩波电路

2）电路的工作原理

通过观察图4-12可以发现，当 Q 开通时，VD 因反向电压 u_{C1} 而关断，U_i 为 L_1 提供能量；C_1 通过 Q 向 C_2 和 R 供电，u_o 的极性与 U_i 的极性相反；L_2 储存能量，u_{C1} 逐渐减小。

当 Q 关断时，L_1 释放能量，U_i 和 L_1 一起为 C_1 充电，u_{C1} 逐渐增大，VD 开通；L_2 释放能量，通过 VD 向 R 供电，u_o 的极性与 L_2 的极性相反。

 点 拨

由于库克斩波电路中只有一个开关器件，因此当开关器件关断时，电路有电流连续和电流断续两种工作模式。但不同于降压、升压或升降压斩波电路，这里的连续或断续不再指电感电流的连续或断续，而是指通过二极管的电流连续或断续。

在开关器件关断期间，若通过二极管的电流总是大于零，则称这种工作模式为电流连续；若通过二极管的电流出现一段时间为零，则称这种工作模式为电流断续；若通过二极管的电流在一个周期结束时刚好从最大值减小为零，则在下一个周期开始时，负载电流从零逐渐增大，则称这种工作模式为临界电流连续，这时的负载电流被称为临界负载电流。

由于库克斩波电路中的电容和电感都很大，u_{C1}、u_{C2} 的波动较小，L_1、L_2 的电流脉动也较小，因此可忽略这些脉动。当 VD 开通时 C_1 的电压为

$$U_{C1} = \frac{t_{on}}{T} U_i = DU_i$$

当 VD 关断时，C_1 的电压为

$$U_{C1} = \frac{t_{off}}{T} U_o = (1-D)U_o$$

则可得电路输出电压为

$$U_o = \frac{D}{1-D} U_i$$

库克斩波电路虽然与升降压斩波电路的功能一样，但是其输入、输出电流都是连续的，且脉动很小，有利于对输入、输出电流进行滤波。但库克斩波电路对电路中开关器件的耐压等级和额定电流要求较高。

任务 4.2 测试间接直流变换电路

任务引入

如图4-13所示为间接直流变换电路的工作流程。与直流斩波电路相比,间接直流变换电路增加了交流环节,因此也称直-交-直变换电路。间接直流变换电路可分为单端电路和双端电路两大类。

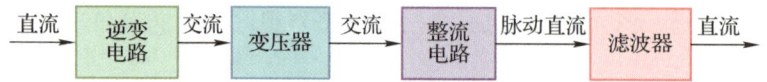

图4-13 间接直流变换电路的工作流程

与直流斩波电路相比,虽然间接直流变换电路的结构更加复杂,但采用该电路进行直流变换具有以下优势。

(1)电路的输入端与输出端之间存在电气隔离,电路的抗干扰能力更强,安全性更高。

(2)电路中变压器二次侧可以有多个绕组,因此容易实现相互隔离的多路不同电压或相同电压的输出。

(3)变压器变比远小于1或远大于1,因此更容易实现升压或降压。

(4)电路的交流环节可以采用较高的工作频率,因此可以减小变压器、滤波电感、滤波电容的体积,实现电源的小型化。

本任务主要介绍间接直流变换电路的相关内容,知识与技能要求如表4-6所示。

表4-6 知识与技能要求

任务内容	测试间接直流变换电路	学习程度		
		识记	理解	应用
学习任务	单端电路的结构、工作原理及输出		●	
	双端电路的结构、工作原理及输出		●	
实训任务	测试间接直流变换电路			●
自我勉励				

班级 _____   姓名 _____   学号 _____

任务工单——测试间接直流变换电路

1. 任务准备

1）知识准备

间接直流变换电路由于实现了输入电源与输出电源之间的电气隔离，因此常用于隔离式电源。隔离式电源通过开关器件的周期性通断来控制变压器一次绕组的能量存储，把直流电压变换成高频方波电压，再由变压器升压或降压后，经过整流滤波变为直流电压（或电流）供负载使用。

如图4-14所示为单端正激式开关电源电路，它是间接直流变换电路的一种，主要采用一个开关器件实现直流变换。当S开通时，VD_2开通，此时U_i为负载供电，L储存能量；当S关断时，L通过VD_3释放能量，继续为负载供电。在该电路中设有钳位线圈与VD_1，可将开关的最高电压限制在两倍电源电压以下。

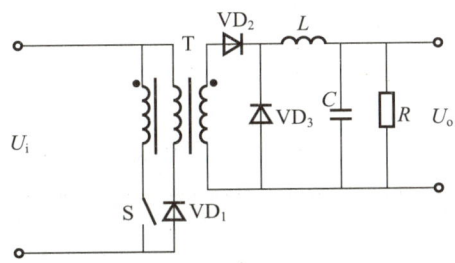

图4-14 单端正激式开关电源电路

单端正激式开关电源电路由于在S开通时会通过变压器向负载供电，因此输出功率的范围较大。但该电路的变压器结构复杂，体积较大，因此在实际中应用较少。

2）工具和器材准备

准备任务实施所需的工具和器材，并补全表4-7。

表4-7 工具和器材清单

序号	名称	型号与规格	序号	名称	型号与规格
1	直流稳压电源		6	电阻	
2	IGBT模块		7	变压器	
3	二极管		8	万用表	
4	电容		9	PWM发生器	
5	电感		10	示波器	

2. 任务实施

请按照图4-14连接试验电路，并根据以下步骤完成试验。

（1）额定工作点试验。用万用表检测电路在输入电压为100 V、负载电阻为50 Ω、固定占空比为0.5时的输出电压，并用示波器观察其波形。

（2）负载特性试验。用万用表检测电路在输入电压为100 V、负载电阻为50～200 Ω（每隔20～30 Ω测一次）、固定占空比为0.5时的输出电压，并用示波器观察其波形。

（3）输入特性试验。用万用表检测电路在输入电压为80～120 V（每隔10 V测一次）、负载电阻为50 Ω、固定占空比为0.5时的电路输出电压，并用示波器观察其波形。

（4）自行拟定试验方案，并根据试验方案设计试验步骤、试验记录表格等内容。

（5）归纳总结试验结果，并记录电路的主要工作波形。

（6）试验结束后整理器材并归位。

 头脑风暴

> 请查找相关资料，了解在设计单端正激开关电源电路时，为什么要求其高频变压器必须满足磁芯能够复位的要求。

3．考核评价

各组展示任务完成情况，并完成如表4-8所示的考核评价表。

表4-8 考核评价表

项目名称	评价标准	满分/分	评分/分		
			自评	互评	师评
职业素养考核项目30%	任务工单整洁、规范	5			
	认真参加活动，积极思考	5			
	主动与同学、指导教师交流	5			
	团结协作、协调沟通能力强	5			
	能发现问题并解决问题	10			
专业能力考核项目70%	能正确连接单端正激式开关电源电路	10			
	能正确使用万用表并准确读数	10			
	能用示波器观察单端正激式开关电源电路的工作波形	10			
	能分析单端正激式开关电源电路的工作原理	25			
	测试完毕后正确断开电路连接，整理器材并归位	15			
	合计	100			
总评	自评（20%）+互评（20%）+师评（60%）=	综合等级：	指导教师（签名）：		

4.2.1 单端电路

单端电路由于变压器中流过的是直流脉动电流,电路结构较简单,成本低,可靠性高,驱动电路简单,因此常用于小功率电源变换。按照能量传递方式的不同,单端电路可分为正激电路与反激电路。

1. 正激电路

1)电路的结构

正激电路是指当变压器一次侧的开关器件开通时,能量直接传送至负载,当开关器件关断时变压器需要通过磁芯复位电路去磁的电路。正激电路有多种不同的结构。如图4-15所示为典型的正激电路及其工作波形。其中,VD_1与VD_2为高频二极管,VD_3为续流二极管,W_1、W_2、W_3为变压器绕组,N_1、N_2、N_3为变压器绕组的匝数。

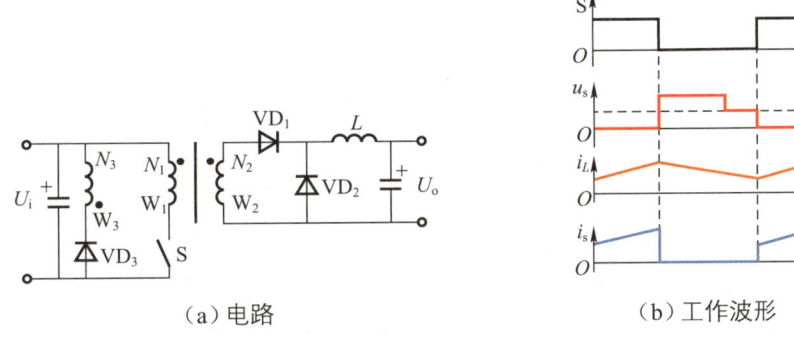

(a)电路　　　　　　(b)工作波形

图4-15　典型的正激电路及其工作波形

2)电路的工作原理

当S开通时,W_1与W_2两端的电压均为上正下负,此时VD_1开通,VD_2关断,L储存能量,i_L逐渐增大;W_3为钳位绕组,它也在S开通时储存能量。

当S关断时,L开始释放能量,i_L通过VD_2续流,VD_1关断;W_3的感应电压u_{N3}高于电源电压,VD_3开通,变压器的励磁电流i_m(由钳位绕组上储存的能量产生)经VD_3和W_3流回电源,并逐渐减小为零。

i_m在S的一个周期内是随着时间线性增大的,并且会在本周期结束时的剩余值基础上继续增大,这样会导致变压器的励磁电感逐渐饱和、i_m迅速增大,从而损坏电路中的开关器件。因此,必须设法使变压器的励磁电流i_m在自S关断到其下一次开通这段时间内减小为零,这一过程被称为变压器的磁芯复位,如图4-16所示。

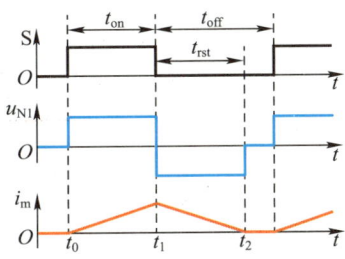

图4-16　变压器的磁芯复位过程

在正激电路中,变压器的磁芯复位主要依靠VD_3和W_3构成的复位电路完成。在图4-16中,u_{N1}为

W_1 两端的自感电压，其大小由 u_{N3} 决定，即 $U_{N1} = -\dfrac{N_1}{N_3} U_i$，则此时 S 承受的电压为 $U_S = \left(1 + \dfrac{N_1}{N_3}\right) U_i$。假设 i_m 减小为零所需的时间为 $t_{rst} = \dfrac{N_3}{N_1} t_{on}$，则 S 的关断时间必须满足 $t_{off} > t_{rst}$，才能保证变压器磁芯可靠复位。

3）电路的输出

正激电路有电流连续和电流断续两种工作模式。通常在稳态条件下，电路中的电感电压在一个周期内的平均值为零，因此，在电路输出电流连续的情况下可得

$$\left(\dfrac{N_2}{N_1} U_i - U_o\right) t_{on} = U_o t_{off}$$

化简可得电路输出电压为

$$U_o = \dfrac{N_2}{N_1} \dfrac{t_{on}}{T} U_i = \dfrac{N_2}{N_1} D U_i$$

当电路输出电流断续且负载为零时，电路输出电压为

$$U_o = \dfrac{N_2}{N_1} U_i$$

正激电路的优点是结构简单，成本较低，可靠性较高且驱动电路简单，适用于各种中、小功率电源。但正激电路的变压器只进行单向励磁，磁芯的利用率较低。

 点 拨

正激电路的输出电压只与变比 N_2/N_1、占空比和输入电压有关，而与负载无关。通常，为了确保变压器磁芯可靠复位，占空比一般不能超过 0.5。

2. 反激电路

1）电路的结构

反激电路是指当变压器一次侧的开关器件开通时，电路将电能转化为磁能储存在电感（或变压器一次绕组）中，当开关器件关断时再将磁能转化为电能传送至负载的电路。与正激电路相比，反激电路变压器二次侧电路中不含电感，储能工作由变压器完成，可将电路中两个变压器绕组 W_1 和 W_2 看作两个相互耦合的电感。如图 4-17 所示为反激电路及其工作波形。

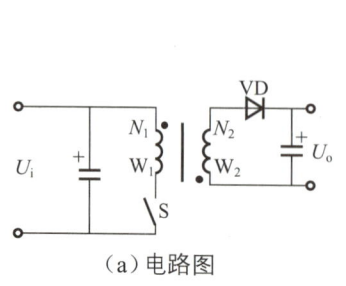
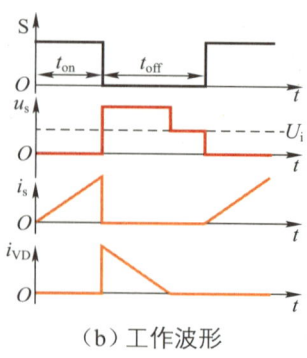

（a）电路图　　　　　　（b）工作波形

图 4-17　反激电路及其工作波形

2)电路的工作原理

通过观察图4-17(b)可发现,当S开通时,W_1承受电源电压并储存能量,W_1的电流(即i_S)成线性增大;W_2产生上负下正的感应电压,VD关断,由电容为负载供电。当S关断时,W_2产生上正下负的感应电压,VD开通,W_2为电容充电,同时为负载供电。

点 拨

由于反激电路中的变压器具有电感的储能作用,因此理论上变压器二次侧电路中不需要电感器件,但在实际使用中,电路会存在较大的开关噪声。因此,为了减小开关噪声,一般会在电容前加一个电感较小的平波电感器件。

3)电路的输出

与正激电路类似,反激电路也有电流连续和电流断续两种工作模式。当电路输出电流连续时,电路输出电压为

$$U_o = \frac{N_2}{N_1}\frac{t_{on}}{t_{off}}U_i = \frac{N_2}{N_1}\frac{D}{1-D}U_i$$

经过磁芯复位后,如果W_2的电流在S开通前减小为零,则电流断续。此时电路的输出电压高于电流连续时的输出电压,并随负载的减小而逐渐增大。由于电流不能突变,当负载开路时会出现$U_o \to \infty$的极限情况,这会损坏电路中的器件,因此反激电路不应工作在负载开路状态。

反激电路的优点是结构简单、成本较低、可靠性较高且驱动电路简单,适用于小功率电子设备、计算机设备、消费电子设备等的电源。但反激电路的变压器只进行单向励磁,磁芯利用率较低,难以达到较大的功率。

4.2.2 双端电路

双端电路的变压器中流过的是正负对称的交流电流,铁芯体积是单端变压器的一半,这使得变压器的磁芯利用率高,且不存在磁芯复位问题。双端电路常应用于大功率电源变换,可分为半桥电路、全桥电路和推挽电路等类型。

1. 半桥电路

1)电路的结构

如图4-18所示为半桥电路及其工作波形。其中,变压器一次绕组两端分别连接在两个容量相等的电容C_1、C_2的中点和两个开关器件S_1、S_2的中点,每个电容的输入电压为$U_i/2$。为了避免两个开关器件在换流过程中同时开通而引发短路,两个开关器件的驱动信号应相反,每个开关器件的占空比应不超过0.5并留有一定的裕量,如图4-18(b)中所示。

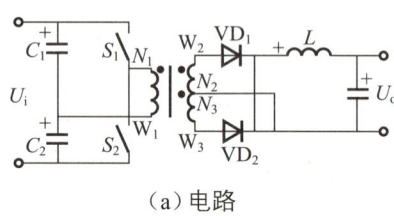
（a）电路

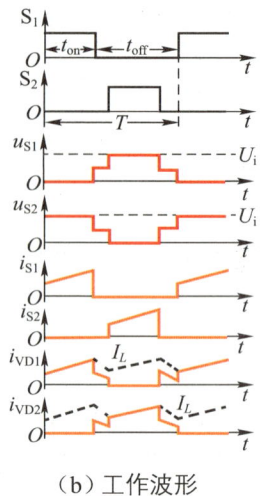
（b）工作波形

图4-18 半桥电路及其工作波形

> **点拨**
>
> 由于半桥电路中的两个开关器件开通时间不对称，因此变压器的一次电路中存在直流分量，这会导致变压器出现偏磁或直流磁饱和现象。而电容具有通交流、阻直流的特性，因此在变压器的一次侧连接电容能够自动平衡一次电路中的直流分量，起到良好的隔离作用。

2）电路的工作原理

当 S_1 开通时，VD_1 开通；当 S_2 开通时，VD_2 开通。当任一开关器件开通时，L 都会储存能量，i_L 逐渐增大。当 S_1、S_2 都关断时，W_1 中的电流为零。根据变压器的磁动势平衡方程，W_2 和 W_3 中的电流大小相等，方向相反，VD_1、VD_2 均开通，每个二极管上承担 i_L 的一半。由于 S_1、S_2 交替开通，因此在变压器一次侧形成了幅值为 $U_i/2$ 的交流电压。而每个开关器件在关断时，i_L 逐渐减小，每个开关器件所承受的峰值电压均为 U_i。

3）电路的输出

当电路输出电流连续时，电路输出电压为

$$U_o = \frac{N_2}{N_1}\frac{t_{on}}{T}U_i = \frac{N_2}{N_1}DU_i$$

当电路输出电流断续时，U_o 将略高于电流连续时的值，并随负载的减小而增大。此时，在负载为零的极限情况下，电路输出电压为

$$U_o = \frac{N_2}{N_1}\frac{U_i}{2}$$

半桥电路的优点是开关器件少，成本较低，且变压器可进行双向励磁，不存在变压器偏磁问题。半桥电路适用于各种工业电源、计算机电源。但半桥电路仍存在直通问题，且可靠性较低，需要复杂的隔离驱动电路。

2. 全桥电路

1) 电路的结构

如图4-19所示为全桥电路及其工作波形。其中，变压器一次侧电路中接有四个开关器件，S_1、S_4 为一组开关器件，S_2、S_3 为一组开关器件。两组开关器件交替开通，将 U_i 变换为交流电压并加在 W_1 上。与半桥电路类似，由于全桥电路中的两组开关器件开通时间不对称，因此电路一次侧回路中接有电容，用于阻断直流电流。此外，为了避免两组开关器件在换流过程中出现同时开通的现象，每个开关器件的占空比应不超过0.5并留有一定的裕量，如图4-19（b）中所示。在电路二次侧回路中接有四个二极管，构成全桥结构。

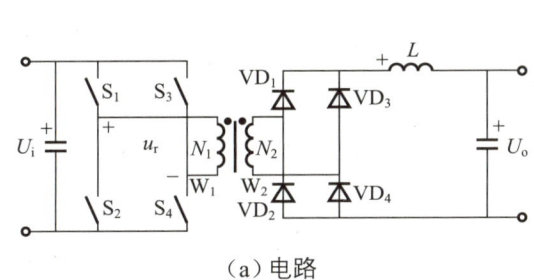
（a）电路

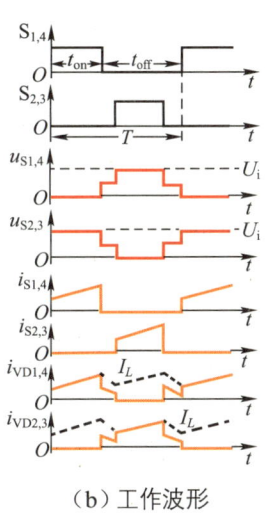
（b）工作波形

图4-19 全桥电路及其工作波形

2) 电路的工作原理

当 S_1、S_4 开通时，VD_1、VD_4 开通，i_L 逐渐增大；当 S_2、S_3 开通时，S_1、S_4 关断，VD_2、VD_3 开通，VD_1、VD_4 关断，i_L 依旧逐渐增大。当四个开关器件均关断时，L 开始释放储能，四个二极管保持开通状态，每组二极管承担 i_L 的一半，i_L 逐渐减小，每个开关器件在关断时所承受的峰值电压均为 U_i。

3) 电路的输出

当电路输出电流连续时，电路输出电压为

$$U_o = 2\frac{N_2}{N_1}\frac{t_{on}}{T}U_i = 2\frac{N_2}{N_1}DU_i$$

当电路输出电流断续时，U_o 将偏高于电流连续时的值，并随负载的减小而增大，在负载为零的极限情况下，电路输出电压为

$$U_o = \frac{N_2}{N_1}U_i$$

全桥电路的优点是变压器可进行双向励磁，容易达到大功率，适用于大功率工业电源，如焊接电源、电解电源等。但全桥电路的结构复杂，成本较高，且存在直通问题，可靠性较低，需要多组复杂的隔离驱动电路。

3. 推挽电路

1) 电路的结构

如图4-20所示为推挽电路,其工作波形与半桥电路工作波形相同,但在电路中的开关器件都关断时,每个开关器件所承受的峰值电压均为$2U_i$。在每个周期中,电路中的S_1和S_2交替开通,在各自开通的半个周期内,电路分别将能量传递给负载,所以被称为推挽电路。

扫一扫

推挽电路

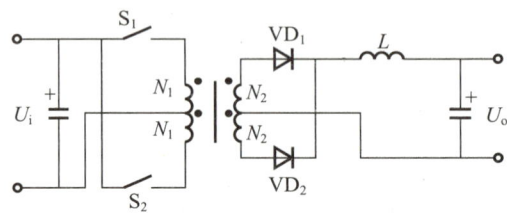

图4-20 推挽电路

2) 电路的工作原理

当S_1开通时,VD_1开通,i_L逐渐增大;当S_2开通时,VD_2开通,i_L也逐渐增大。当S_1、S_2都关断时,L释放能量,VD_1、VD_2均保持开通,每个二极管承担i_L的一半,i_L逐渐减小。推挽电路相当于两个正激电路串联,因此在工作中也应该避免两个开关器件同时开通,每个开关器件的占空比均不能超过0.5并留有一定的裕量。

3) 电路的输出

当电路输出电流连续时,电路输出电压为

$$U_o = \frac{N_2}{N_1} \frac{2t_{on}}{T} U_i = 2\frac{N_2}{N_1} D U_i$$

当电路输出电流断续时,U_o将略高于电流连续时的值,并随负载的减小而增大,在负载为零的极限情况下,电路输出电压为

$$U_o = \frac{N_2}{N_1} U_i$$

推挽电路的优点是结构简单,变压器磁芯利用率高,因为两个对称的开关每次只有一个开通,所以开通损耗小,适用于低输入电压的电源。但推挽电路存在偏磁问题,并且两个开关器件的耐压必须大于两倍的工作电压。

隔离型反激式DC/DC变换器

2021年,某全球知名半导体制造商开发出两款隔离型反激式DC/DC变换器,如图4-21所示。这两款新产品非常适用于新能源汽车中配备了栅极驱动器的主驱逆变器、车载充电机、电动压缩机以及PTC加热器等设备。

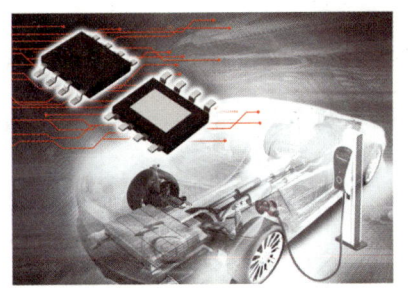

图 4-21 隔离型反激式 DC/DC 变换器

近年来，为了应对能源危机，国家大力开展新能源汽车的研发和推广。而以电力作为主要动力源的新能源汽车配备了一些特有的应用，如用于驱动电机的主驱逆变器、用于空调的电动压缩机、用于提升车内温度的 PTC 加热器等。因为这些应用都是通过高压电进行驱动的，所以为了确保安全，需要对动力蓄电池所在的一次侧电路和驱动电机等部件所在的二次侧电路进行隔离。另一方面，传统的隔离电路结构还存在一些问题，如开关频率会因安装面积、功耗的大小和输出电流等因素的影响而发生变化，而针对不同开关频率采取降噪措施则需要花费较多的设计工时。

新产品采用该公司擅长的模拟设计技术，在检测二次侧电路的电压和电流方面，新产品不再需要光电耦合器（或变压器）的辅助绕组以及外围部件。同时，新产品配备了自适应开通时间控制功能，可以固定开关开通时间，所以无论是在哪种输出功率下，开关频率都能稳定在 350 kHz 左右，开关频率稳定这一特性非常有助于减小各类应用设备的体积和降噪设计工时。

（资料来源：搜狐网，有改动）

综合测试

1. 填空题

（1）电路中开关器件的开通时间与开关周期之比定义为_____，用_____表示。

（2）根据电路结构和功能的不同，直流斩波电路可分为_____电路、_____电路、_____电路和_____电路。

（3）常见的间接直流变换电路有_____电路、_____电路、_____电路、_____电路和_____电路。

（4）直流斩波电路的控制方式包括_____控制方式、_____控制方式和_____控制方式三种。

（5）根据电路中电感电流是否连续，降压斩波电路有_____和_____两种工作模式。

2. 判断题

（1）在直流斩波电路中，改变占空比大小就可以改变输出电压的大小。　　　　　　（　　）

（2）降压斩波电路的特点是输出电压比输入电压高，而输出电流则低于输入电流。（　　）

(3) 升压斩波电路的开关器件与负载以串联方式连接，电感与负载以并联方式连接。（   ）

(4) 与正激电路相比，反激电路变压器二次侧电路中不含电感，储能工作由变压器完成。（   ）

(5) 半桥电路不存在直通问题，可靠性较高，不需要复杂的隔离驱动电路。（   ）

(6) 推挽电路存在偏磁问题，电路中两个开关的耐压必须大于两倍的工作电压。（   ）

3．简答题

(1) 简述直流斩波电路的工作原理。

(2) DC/DC 变换器的功能有哪些？

(3) 间接直流变换电路有哪些特点？

(4) 简述单端电路与双端电路的区别。

4．计算题

(1) 在图 4-5 所示的降压斩波电路中，已知 $U_i = 200$ V，$R = 10$ Ω，L 的值很大，$E_M = 30$ V。请计算当 $T = 50$ μA、$t_{on} = 20$ μA 时电路输出电压与输出电流。

(2) 在图 4-8（a）所示的升压斩波电路中，已知 $U_i = 50$ V，$R = 20$ Ω，L 和 C 的值都很大。请计算当 $T = 40$ μA、$t_{on} = 25$ μA 时电路输出电压与输出电流。

学习成果评价

指导教师根据学生对本项目的实际学习成果对其进行评价，学生配合指导教师共同完成如表 4-9 所示的学习成果评价表。

表 4-9　学习成果评价表

班级		组号		日期	
姓名		学号		指导教师	
学习成果/项目名称	DC/DC 变换电路				
评价项目	评价内容		评价方式	满分/分	评分/分
知识 40%	降压斩波电路的结构和工作原理		理论测试	5	
	升压斩波电路的结构和工作原理			5	
	升降压斩波电路的结构和工作原理			5	
	库克斩波电路的结构和工作原理			2	
	正激电路的结构、工作原理和输出			5	
	反激电路的结构、工作原理和输出			5	
	半桥电路的结构、工作原理和输出			5	
	全桥电路的结构、工作原理和输出			5	
	推挽电路的结构、工作原理和输出			3	

表4-9（续）

评价项目	评价内容	评价方式	满分/分	评分/分
技能 40%	测试降压斩波电路	实践操作	10	
	测试升压斩波电路		10	
	测试间接直流变换电路		20	
素养 20%	积极参加教学活动，主动学习、思考、讨论	综合评判	6	
	认真负责，按时完成学习、实践任务		4	
	团结协作，与组员之间密切配合		4	
	服从指挥，遵守课堂和实训室纪律		4	
	守正创新，自信自强		2	
	合计		100	
自我评价				
指导教师评价				

项目 5

AC/AC 变换电路

项目导读

由于交流电机具有良好的高速和高转矩特性,在控制方面相对于直流电机更为灵活和高效,且可靠性和维护成本也较低,因此在新能源汽车驱动电机的选择上,直流电机逐渐被交流电机取代。为了满足交流电机的运行要求,必须对其所需交流电的幅值、频率等参数进行调节,将一种形式的交流电转变成另一种形式的交流电。实现这一过程的电路就是AC/AC变换电路,也称交流变换电路。

本项目主要介绍交流调压电路与变频电路的结构和工作原理。

知识目标

- 了解AC/AC变换电路的分类。
- 熟悉交流调压电路的工作原理。
- 掌握交-交变频电路的工作原理。
- 了解交-直-交变频电路的分类及特点。

技能目标

- 能正确测试交流调压电路。
- 能正确测试变频电路。

素质目标

- 培养群体意识和合作精神。
- 树立民族自尊心、自豪感和文化自信。
- 养成专注细致的工匠精神,树立职业理想。

任务 5.1　测试交流调压电路

任务引入

交流调压电路的作用是将一种形式的交流电变换成另一种同频率、不同电压的交流电，主要应用在灯光控制、异步电机软启动、异步电机调压调速、供电系统对无功功率的连续调节等场合。此外，在大功率直流电源中，也常用交流调压电路调节变压器的一次电压。根据输入、输出相数的不同，交流调压电路可分为单相交流调压电路和三相交流调压电路。

本任务主要介绍交流调压电路的相关内容，知识与技能要求如表 5-1 所示。

表 5-1　知识与技能要求

任务内容	测试交流调压电路	学习程度		
		识记	理解	应用
学习任务	AC/AC 变换电路的分类	●		
	单相交流调压电路		●	
	三相交流调压电路	●		
实训任务	测试交流调压电路			●
自我勉励				

班级 _____ 姓名 _____ 学号 _____

任务工单——测试交流调压电路

1. 任务准备

1）知识准备

本任务主要对不同负载下的单相交流调压电路进行测试，测试电路如图 5-1 所示。其中，两个反向并联的晶闸管构成了单相交流调压电路的主电路；单相交流调压触发模块的 G 端与晶闸管门极相连，K 端与晶闸管阴极相连。

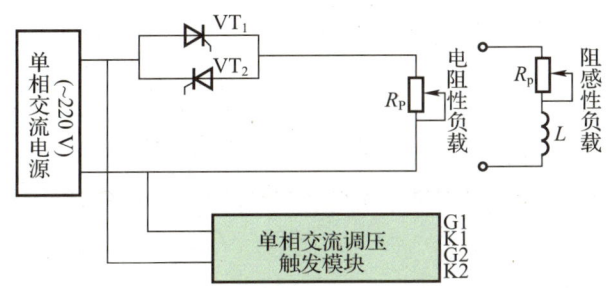

图 5-1 单相交流调压电路测试电路

2）工具和器材准备

准备任务实施所需的工具和器材，并补全表 5-2。

表 5-2 工具和器材清单

序号	名称	型号与规格	序号	名称	型号与规格
1	三相交流电源		5	单相交流调压触发模块	
2	晶闸管		6	示波器	
3	电位器		7	导线	
4	电感				

2. 任务实施

1）测试带电阻性负载的单相交流调压电路

接入电阻性负载，并按照图 5-1 所示连接试验电路。在确认电路连接无误后，将 R_P 调至最大阻值处，然后启动单相交流电源。随后通过调节单相交流调压触发模块来改变 α，并利用示波器观察和记录 α 分别为 30°、90°、120° 时 u_o 的波形。

通过对 u_o 波形的分析，回答下列问题。

（1）VT_1 在电源电压波形的_____（正/负）半周触发开通，VT_2 在电源电压波形的_____（正/负）半周触发开通，u_o 的波形为_____（规则/不规则）的正弦波。

（2）当 $\alpha = 0$ 时，$U_o =$ _____；当 $\alpha = \pi$ 时，$U_o =$ _____。随着 α 的增大，U_o 逐渐_____（增大/减小），则 α 的移相范围为_____。

班级 _____ 姓名 _____ 学号 _____

2）测试带阻感性负载的单相交流调压电路

接入阻感性负载，并按照图5-1所示连接试验电路。在确认电路连接无误后，将R_p调至最大阻值处，然后启动电源。随后调节R_p使负载阻抗角φ为一定值，并利用示波器观察和记录$\alpha>\varphi$、$\alpha=\varphi$、$\alpha<\varphi$三种情况下u_o和i_o的波形。

通过对u_o和i_o波形的分析，回答下列问题。

（1）当$\alpha=\varphi$时，i_o的波形_____（连续/不连续）；当$\alpha>\varphi$时，i_o的波形_____（连续/不连续）；当$\alpha<\varphi$时，若触发脉冲为窄脉冲，则i_o的波形_____（连续/不连续）。

（2）对于带阻感性负载的单相交流调压电路，α的移相范围为_____。

 点　拨

在测试带阻感性负载的单相交流调压电路时，需要调节负载阻抗角φ的大小，其值为$\varphi=\arctan(\omega L/R)$。一般通过对$R_p$的调节就可以改变负载阻抗角$\varphi$的大小。

3．考核评价

各组展示任务完成情况，并完成如表5-3所示的考核评价表。

表5-3　考核评价表

项目名称	评价标准	满分/分	评分/分		
			自评	互评	师评
职业素养考核项目 30%	任务工单整洁、规范	5			
	认真参加活动，积极思考	5			
	主动与同学、指导教师交流	5			
	团队协作，组织协调能力强	5			
	能发现问题并解决问题	10			
专业能力考核项目 70%	能正确连接带电阻性负载的单相交流调压测试电路	10			
	能正确连接带阻感性负载的单相交流调压测试电路	10			
	能分析不同负载下单相交流调压电路的工作过程	10			
	能利用示波器检测电路输出电压、电流的波形	25			
	测试完毕后正确断开电路连接，整理器材并归位	15			
	合计	100			
总评	自评（20%）+互评（20%）+师评（60%）=	综合等级：	指导教师（签名）：		

项目5 AC/AC变换电路

5.1.1 AC/AC变换电路的分类

根据变换要素的不同，AC/AC变换电路可分为交流电力控制电路和变频电路。其中，交流电力控制电路是只改变电路输出电压的幅值而不改变频率的AC/AC变换电路，而变频电路是将一定频率交流电变换成另一种频率固定或可调交流电的AC/AC变换电路。

1. 交流电力控制电路

交流电力控制电路主要包括交流调压电路、交流调功电路和交流电力电子开关三种形式。

1）交流调压电路

交流调压电路主要有整周波通断控制、相位控制、斩波控制三种控制方式。如图5-2所示为交流调压电路在三种控制方式下输出电压的波形。

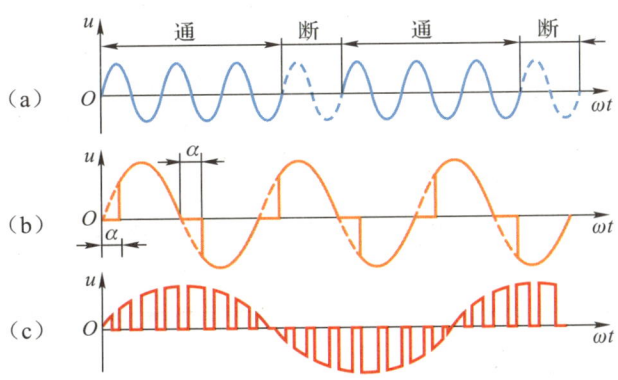

图5-2 交流调压电路在三种控制方式下输出电压的波形

（1）整周波通断控制采用晶闸管作为开关器件，将交流调压电路中的负载和电源接通几个周期、再断开几个周期，通过改变通断比来改变电路输出电压的大小，如图5-2（a）所示。

（2）相位控制主要采用晶闸管作为开关器件，在电源电压波形上、下半周的某一相位分别触发相应的晶闸管并使其开通，通过调节控制角的相位来改变负载接通电压的时间，从而达到交流调压的目的，如图5-2（b）所示。相位控制式交流调压电路的晶闸管可自然换流，不需要附加换流电路，可实现电压的平滑调节，响应速度快，因此，该电路是交流调压电路中应用最广的一种类型。但当控制角过大时，电路的功率因数偏低，电路输出电压的谐波分量较大。

（3）斩波控制主要采用全控型器件作为开关器件，在电源电压的一个周期中令开关器件多次通断，将电路输入的正弦交流电压斩波为若干个脉冲电压，通过改变开关器件的占空比来实现交流调压，如图5-2（c）所示。与相位控制式交流调压电路相比，斩波控制式交流调压电路的输出波形好、包含的谐波分量小，功率因数较高，输出电压的大小连续可调，且响应速度快，基本克服了相位控制方式的缺点，但电路结构较为复杂。

扫一扫

斩控式交流调压电路

2）交流调功电路

交流调功电路通过控制开关器件导通周期和关断周期的比值来调节输出功率的平均值，从而达到交流调功的目的。该电路控制简单，输出电流的波形为正弦波，无高次谐波，对电加热器等不需要高速控制的大惯性负载调节效果好，适用于各种需要加热或进行温度控制的场合（如金属热处理、化工合成加热、钢化玻璃热处理等）。但是交流调功电路的响应速度较慢，会对交流电网造成较大的负载脉动和低次谐波影响。

3）交流电力电子开关

扫一扫

无触点开关

交流电力电子开关是晶闸管问世后出现的一种用于取代传统电磁接触器的新型无触点开关，主要由双向晶闸管构成。因为交流电力电子开关无机械触点和零件，所以具有开关速度快、寿命长、可以频繁控制通断等优点，常被用来控制交流电机的正反转、频繁启动、间歇运行等。在电力系统中，交流电力电子开关的典型应用之一是晶闸管投切电容器（thyristor switched capacitor, TSC）。它可以对无功功率进行控制，从而提高电网的功率因数，稳定电网电压，改善供电质量。

 点 拨

交流调功电路与交流电力电子开关都是采用通断控制，但交流电力电子开关并不控制电路的平均输出功率，通常也没有明确的控制周期，而只是根据需要控制电路的接通和断开。一般情况下，交流电力电子开关的控制频率比交流调功电路的低得多。例如，在工业应用中，电网在进行无功功率补偿时，就是采用交流电力电子开关来控制电容器的投入与切除的，因此对开关器件切换的频率要求不是很高。

2. 变频电路

变频电路在改变交流电频率的同时，一般还可同时控制电路的输出电压。变频电路主要应用于变频调速装置、感应加热装置、不间断电源等场合。变频电路主要包括交-交变频电路和交-直-交变频电路两种形式。

（1）交-交变频电路是一种将一定频率交流电直接变换成固定或可调频率交流电的变流电路，故也称直接变频电路。交-交变频电路虽然结构较为复杂，但是仅通过一次变换就实现了变频，电路的效率高，并且可采用晶闸管进行自然换流，功率等级较高，低频输出性能较好，易于实现功率回馈。因此，它主要应用于大功率、低转速的交流调速系统。

（2）交-直-交变频电路是一种先将一定频率的交流电整流成直流电，再将直流电逆变成固定或可变频率交流电的电路。相较于交-交变频电路，它有中间直流变换环节，因此也称间接变频电路。交-直-交变频电路的结构简单，技术成熟，在实际生产中已得到广泛应用。但由于其功率变换次数较多，因此电路总效率较低。

5.1.2 单相交流调压电路

单相交流调压电路采用两个反向并联的单向晶闸管或一个双向晶闸管作为开关器件，通过对交流电正、负半周的对称控制，达到调节输出交流电压大小的目的，或实现交流调压电路的通、断控制。同整流电路一样，交流调压电路的工作情况与负载性质有很大的关系，因此，需要对不同负载下的交流调压电路进行分析。

1. 带电阻性负载

1）电路的工作原理

如图5-3所示为带电阻性负载的单相交流调压电路及其工作波形。该电路采用两个反向并联的晶闸管 VT_1、VT_2 作为交流开关，因此需要两组独立的触发电路分别控制两个晶闸管。由图5-3（a）可知，电路的具体工作过程如下。

（1）在 u_1 波形的正半周、$\omega t = \alpha$ 时刻，VT_1 触发开通，R 上有电流 i_o 通过。此时 $u_{VT1}=0$，$u_o = u_1$，u_o 与 i_o 的波形与 u_1 波形的正半周相同。

（2）在 u_1 过零后，VT_1 因承受反向电压而关断，此时 $u_{VT1}=u_1$，$u_o=0$。

（3）在 u_1 波形的负半周、$\omega t = \pi + \alpha$ 时刻，VT_2 触发开通，R 上有电流 i_o 通过。此时 $u_{VT2}=0$，$u_o=u_1$，u_o 与 i_o 的波形与 u_1 波形的负半周相同。

（4）在 u_1 再次过零后，VT_2 因承受反向电压而关断，此时 $u_{VT2}=u_1$，$u_o=0$。之后电路将重复上述过程。

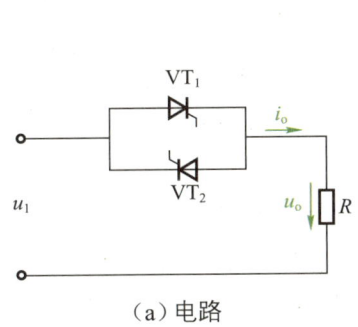

（a）电路

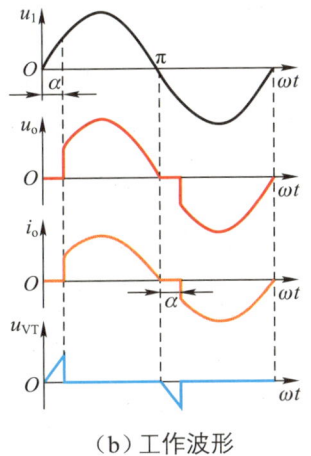

（b）工作波形

图5-3 带电阻性负载的单相交流调压电路及其工作波形

  点 拨

通过改变控制角的大小可以改变电路输出电压的大小，从而达到调压的目的，但输出电压的非正弦波形也为电路带来了谐波问题。

2）电路的输出

以下为带电阻性负载的单相交流调压电路基本参数的计算公式。

（1）电路输出电压为

$$U = \sqrt{\frac{1}{\pi}\int_{\alpha}^{\pi}(\sqrt{2}U_1\sin\omega t)^2 d\omega t} = U_1\sqrt{\frac{\sin 2\alpha}{2\pi}+\frac{\pi-\alpha}{\pi}}$$

（2）电路输出电流为

$$I = \frac{U}{R}$$

（3）晶闸管电流为

$$I_\mathrm{T} = \sqrt{\frac{1}{\pi}\int_\alpha^\pi \left(\frac{\sqrt{2}U_1 \sin\omega t}{R}\right)^2 \mathrm{d}\omega t} = \frac{U_1}{R}\sqrt{\frac{1}{2}\left(\frac{\pi-\alpha}{\pi}+\frac{\sin 2\alpha}{2\pi}\right)}$$

（4）电路的功率因数为

$$\lambda = \frac{UI}{U_1 I} = \frac{U}{U_1} = \sqrt{\frac{\sin 2\alpha}{2\pi}+\frac{\pi-\alpha}{\pi}}$$

点 拨

带电阻性负载的单相交流调压电路的移相范围为 $0\sim\pi$。当 $\alpha=0$ 时，$U=U_1$；当 α 逐渐增大时，U 逐渐减小。对于电路功率因数来说，当 $\alpha=0$ 时，功率因数 $\lambda=1$；随着 α 的逐渐增大，i_o 的波形将滞后于 u_o 的波形并发生畸变，λ 将逐渐减小。

2. 带阻感性负载

1）电路的工作原理

如图 5-4 所示为带阻感性负载的单相交流调压电路。由于 L 的存在，u_1 在过零时晶闸管还会继续导通，i_o 的相位滞后于 u_1 的相位，这段相位差称为负载阻抗角，用 φ 表示。此时晶闸管导通角的大小不仅与控制角有关，还与负载阻抗角有关。

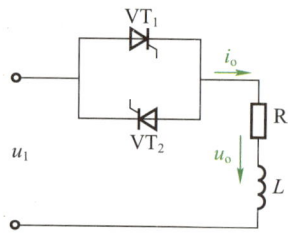

图 5-4 带阻感性负载的单相交流调压电路

为了计算方便，将控制角的初始值设定在电源电压过零时刻。当 $\omega t=\alpha$ 时，VT_1 开通，i_o 应满足如下微分方程式

$$L\frac{\mathrm{d}i_\mathrm{o}}{\mathrm{d}t}+Ri_\mathrm{o}=\sqrt{2}U_1 \sin\omega t$$

则解该方程可得

$$i_\mathrm{o}=\frac{\sqrt{2}U_1}{Z}\left[\sin(\omega t-\varphi)-\sin(\alpha-\varphi)\mathrm{e}^{\frac{\alpha-\omega t}{\tan\varphi}}\right](\alpha\leqslant\omega t\leqslant\alpha+\theta)$$

其中，Z 为负载阻抗，$Z=\sqrt{R^2+(\omega L)^2}$。当 $\omega t=\theta$ 时，i_o 过零，VT_1 关断，则可得到 θ 的超越方程为

$$\sin(\alpha+\theta-\varphi)=\sin(\alpha-\varphi)\mathrm{e}^{-\frac{\theta}{\tan\varphi}}$$

以 φ 为参考变量，可得到 θ 和 α 的关系曲线，如图 5-5 所示。如图 5-6 所示为带阻感性负载的单相交

流调压电路的工作波形，下面分三种情况对其进行分析。

（1）$\varphi < \alpha < \pi$。此时 α 从 π 逐渐减小至 φ，θ 逐渐增大并接近于 π，输出电压 U 逐渐增大并接近于 U_1，i_o 的波形断续，u_o 的波形为"缺块"的正弦波，如图5-6（a）所示。

（2）$\varphi = \alpha$。此时 $\theta = \pi$，$u_o = u_1$，电路处于稳定输出状态，没有调压作用，相当于晶闸管失去控制，i_o 和 u_o 的波形如图5-6（b）所示。

（3）$0 < \alpha < \varphi$。此时 $\theta > \pi$，电路的运行与触发脉冲的状态密切相关。如图5-6（c）所示为采用单窄脉冲触发时带阻感性负载的单相交流调压电路的工作波形，此时电路未起到交流调压作用。若要电路起到交流调压作用，应满足 $\varphi = \alpha_{\min}$，因此 α 的移相范围为 $\varphi \sim \pi$。

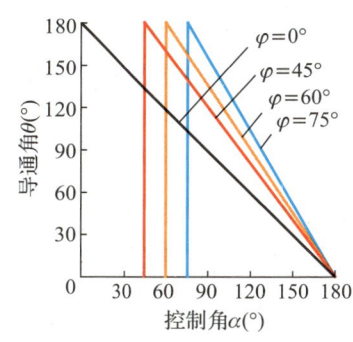

图5-5 带阻感性负载的单相交流调压电路以 φ 为变量的 θ 和 α 的关系曲线

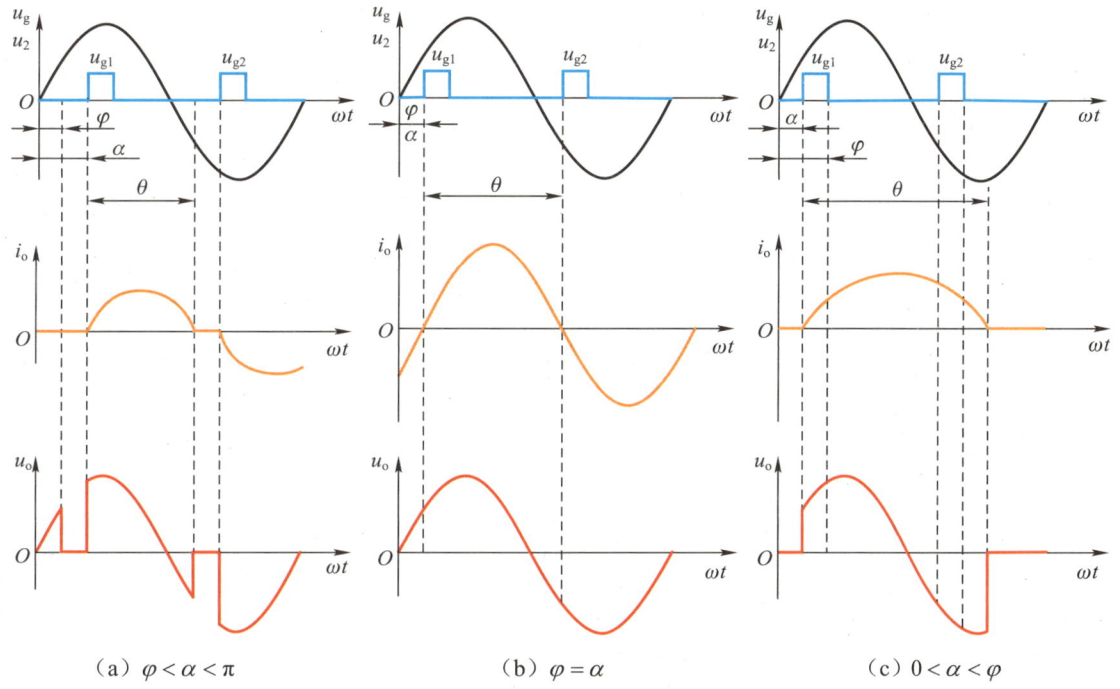

(a) $\varphi < \alpha < \pi$　　(b) $\varphi = \alpha$　　(c) $0 < \alpha < \varphi$

图5-6 带阻感性负载的单相交流调压电路的工作波形

知识链接

带阻感性负载的交流调压电路不能使用单窄脉冲触发的原因

如果电路的触发脉冲是单窄脉冲，VT_1 在接收到触发脉冲 u_{g1} 后开通，但是当 VT_2 的触发脉冲 u_{g2} 到来时，VT_1 的电流还未到零，VT_2 承受反向电压，因此无法开通。而当 VT_1 的电流过零、VT_1 关断时，VT_2 虽然承受正向电压，但触发脉冲 u_{g2} 已经消失，因此依旧无法开通。之后的周期会重复上述过程，这样就导致在每个周期内只有一个晶闸管开通的情况，电路输出电流只有正半波部分，且含有大量的直流分量，这会导致电路失去交流调压作用。

2）电路的输出

以下为带阻感性负载的单相交流调压电路基本参数的计算公式。

（1）电路输出电压为

$$U = \sqrt{\frac{1}{\pi}\int_{\alpha}^{\alpha+\theta}(\sqrt{2}U_1\sin\omega t)^2 d(\omega t)} = U_1\sqrt{\frac{1}{2\pi}[\sin 2\alpha - \sin(2\alpha+2\theta)] + \frac{\theta}{\pi}}$$

（2）晶闸管电流为

$$I_T = \sqrt{\frac{1}{\pi}\int_{\alpha}^{\alpha+\theta}\left\{\frac{U_1}{ZR}\left[\sin(\omega t - \varphi) - \sin(\alpha - \varphi)e^{\frac{\alpha-\omega t}{\tan\varphi}}\right]\right\}^2} = \frac{U_1}{\sqrt{2\pi}Z}\sqrt{\theta - \frac{\sin\theta\cos(2\alpha+\varphi+\theta)}{\cos\varphi}}$$

（3）电路输出电流为

$$I = \sqrt{2}I_T$$

5.1.3 三相交流调压电路

单相交流调压电路主要应用于单相负载和中、小容量交流调压的场合，而在三相负载和大容量交流调压的场合，多采用三相交流调压电路。

三相交流调压电路的连接方式很多，其技术经济指标各不相同且各有特点。常用的连接方式有三相四线星形连接、三对晶闸管反向并联连接、支路控制三角形连接、中性点控制三角形连接四种，如图 5-7 所示。

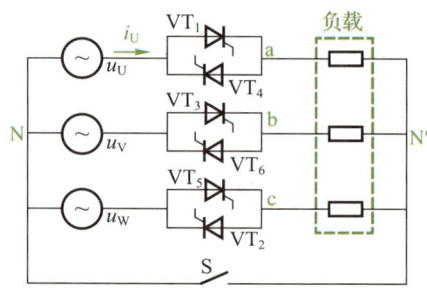

（a）三相四线星形连接

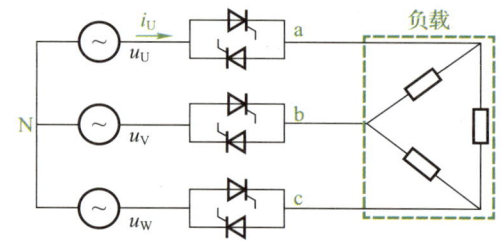

（b）三对晶闸管反向并联连接（三相三线星形连接）

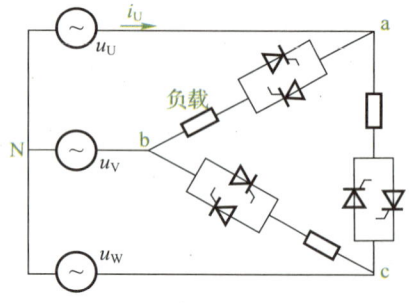

（c）支路控制三角形连接

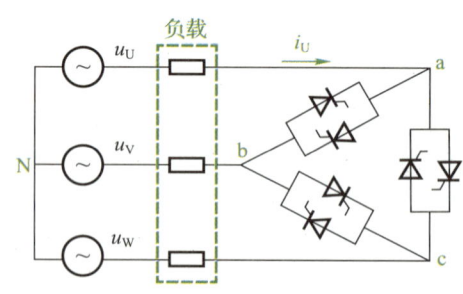

（d）中性点控制三角形连接

图 5-7　三相交流调压电路的连接方式

点 拨

如图5-7（b）所示为采用三对晶闸管反向并联连接的三相交流调压电路，其负载既可以按三角形连接，也可以按星形连接，相当于采用三相四线星形连接的三相交流调压电路。由于该电路中没有中性线，因此电路的每相电流必须和另一相电流构成回路，且应采用宽脉冲或双窄脉冲触发。

下面主要对采用三相四线星形连接的三相交流调压电路进行介绍。

采用三相四线星形连接的三相交流调压电路是最典型、最常用的三相交流调压电路，可以看作3个单相交流调压电路的组合，如图5-7（a）所示。电路中的晶闸管按照编号顺序依次导通，相邻编号晶闸管之间的触发脉冲间隔60°。

为保证电路正常工作，要求三相电路中至少有两相开通才能构成通路，且其中一相为正向晶闸管开通，另一相为反向晶闸管开通，每相之间间隔120°工作。各相输出电流由于为正负对称的缺角正弦波，因此包含了大量的三次谐波电流，此时中性线电流为各相三次谐波电流值的代数和。

1. 带电阻性负载

当电路中接电阻性负载时，α的移相范围为0°～150°。当$\alpha = 0°$时，在相应的每相电压过零处给晶闸管施加触发脉冲，每个时刻都有三只晶闸管同时开通，此时三相正、反向电流都畅通，电路相当于一般的三相交流电路，无调压功能；当$0° < \alpha < 60°$时，相邻编号的三个晶闸管开通与两个晶闸管开通交替，每个晶闸管开通$180° - \alpha$；当$60° < \alpha < 90°$时，相邻编号的两个晶闸管开通，每个晶闸管开通120°；当$90° < \alpha < 150°$，相邻编号的两个晶闸管开通与无晶闸管开通交替，每个晶闸管开通$300° - 2\alpha$；当$\alpha > 150°$时，虽然电路中晶闸管有对应的触发脉冲，但此时晶闸管承受反向电压，因此晶闸管无法导通，电路无调压功能。

 点 拨

当$\alpha = 90°$时，电路中的三次谐波电流最大，中性线上的电流近似为额定相电流；当电路中的三相不平衡时，中性线上的电流更大，因此要求中性线有较大的横截面积。

如图5-8所示为不同控制角下U相输出电压的工作波形。由图5-7（a）可知，u_o与VT_1和VT_4的开通和关断有关。下面以$\alpha = 30°$时电路的正半周工作波形为例进行分析。

（1）在$0 \sim \omega t_1$区间，虽然$u_U > 0$，VT_1承受正向电压，但触发脉冲还未到来，$u_o = 0$。

（2）在$\omega t_1 \sim \omega t_2$区间，$VT_1$接收到触发脉冲后开通，$VT_5$和$VT_6$在正向电压的作用下保持导通，三相均有电流通过，$u_o = u_U$。

（3）在$\omega t_2 \sim \omega t_3$区间，$u_W$过零，$VT_5$关断，$VT_2$无触发脉冲，故不开通。此时三相中只有$VT_1$和$VT_6$开通，U相和V相电阻各自分得$u_{UV}$的一半电压，即$u_o = u_{UV}/2$。

（4）在$\omega t_3 \sim \omega t_4$区间，$VT_2$接收到触发脉冲后开通，$VT_1$和$VT_6$在正向电压的作用下保持导通，三相均有电流通过，$u_o = u_U$。

（5）在 $\omega t_4 \sim \omega t_5$ 区间，u_V 过零，VT_6 关断，VT_3 无触发脉冲，故不开通。此时三相中只有 VT_1 和 VT_2 开通，U 相和 W 相电阻各自分得 u_{UW} 的一半电压，即 $u_o = u_{UW}/2$。

（6）在 $\omega t_5 \sim \pi$ 区间，VT_3 接收到触发脉冲后开通，VT_1 和 VT_2 在正向电压的作用下保持导通，三相均有电流通过，$u_o = u_U$。

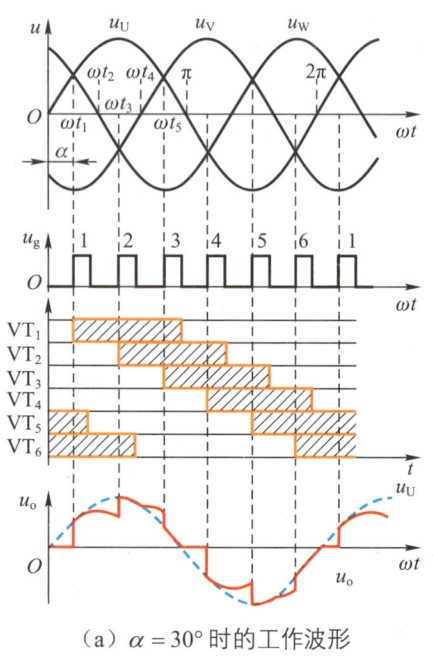 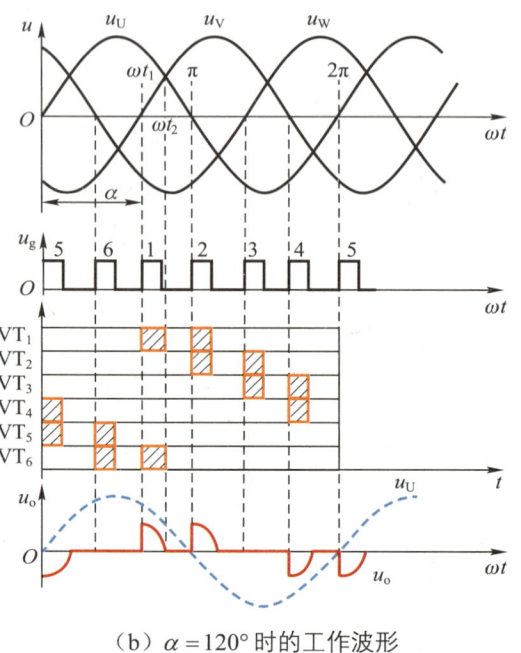

（a）$\alpha = 30°$ 时的工作波形　　　　　（b）$\alpha = 120°$ 时的工作波形

图 5-8　不同控制角下 U 相输出电压的工作波形

课堂讨论

请结合上述方法，对 $\alpha = 120°$ 时 U 相输出电压的工作波形进行分析。

2. 带阻感性负载

三相交流调压电路在接阻感性负载时与单相交流调压电路类似，电路中输出电压与电流存在相位差，i_o 的波形滞后于 u_o 的波形，晶闸管保持导通，其导通角与控制角和负载阻抗角都有关系。例如，在该电路的典型应用晶闸管控制电抗器（thyristor controlled reactor，TCR）中，α 的移相范围为 90°～180°，通过调节 α 可以连续调节通过 TCR 的电流，从而调节电路从电网中吸收的无功功率。

任务 5.2　测试变频电路

任务引入

变频器（见图5-9）是利用电力电子器件的通断作用，将一种频率的交流电变换为另一种频率的交流电的变换装置，主要由整流模块、滤波模块、逆变模块、微处理器等组成。

在新能源汽车上，变频器能够实现异步电机的软启动、变频调速，并能提高异步电机的运转精度，改变电路的功率因数，同时还具有过电流、过电压、过载保护等功能。变频器性能的好坏直接关系到驱动电机能否可靠、高效地运行，从而影响整车的动力性能和驾乘体验。

图5-9　变频器

本任务主要介绍变频电路的相关内容，知识与技能要求如表5-4所示。

表5-4　知识与技能要求

任务内容	测试变频电路	学习程度		
		识记	理解	应用
学习任务	单相交-交变频电路		●	
	三相交-交变频电路		●	
	交-直-交变频电路	●		
实训任务	测试变频电路			●
自我勉励				

班级＿＿＿＿＿＿　　　姓名＿＿＿＿＿＿　　　学号＿＿＿＿＿＿

任务工单——测试变频电路

1. 任务准备

1）知识准备

本任务主要测试不同负载下单相交-直-交变频电路输出电压的波形。本任务采用SPWM正弦波脉宽调制，通过改变调制频率实现交-直-交变频的目的。试验电路主要由主电路和驱动电路组成。其中，主电路如图5-10所示。

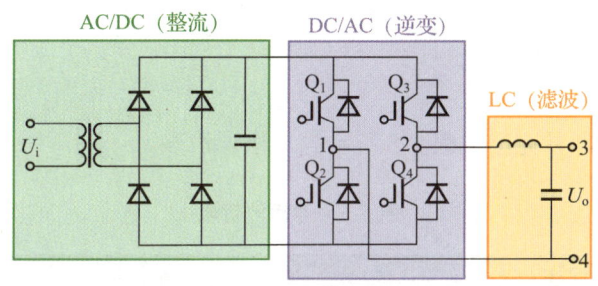

图5-10　主电路

在主电路中，交-直变换部分采用不可控整流电路，负责将220 V的工频交流电变换为直流电；直-交变换部分是由四个IGBT组成的单相桥式逆变电路，采用双极性调制方式；中间直流环节采用LC低通滤波器，负责滤除高次谐波，从而得到频率可调的正弦波交流输出。

试验电路的驱动电路主要包括SPWM波形发生器以及脉冲延迟、隔离等模块。由于单相桥式逆变电路中的两组开关（即Q_1和Q_4，Q_2和Q_3）交替开通，因此电路中需要两路相位差为180°的SPWM波。脉冲延迟模块主要用于防止两组开关器件同时开通，出现电路短路的情况。隔离模块中的光电耦合器负责电气隔离，三极管负责放大信号。

> **点　拨**
>
> SPWM波是一种按照正弦规律变换的方波，通过积分后可以得到正弦波。

2）工具和器材准备

在测试单相交-直-交变频电路时，利用示波器检测1、2两点之间的SPWM波；在3、4两点之间分别接入电阻性负载和阻感性负载，并利用示波器检测输出电压波形。请根据单相交-直-交变频电路的原理及测试要求，在模块化电力电子实训装置上选取对应的电路模块。

2. 任务实施

（1）根据选取的电路模块与对应的原理要求正确连接电路，并确认接线无误。

（2）将u_r的频率调至最小，然后为电路接入电阻性负载。启动电源后，在U_i保持不变的情况下，由小到大调节u_r的频率，利用示波器观察u_o的波形，并记录波形的幅值、频率等参数。对比SPWM波形（1、2两点）与u_o的波形（3、4两点），并简单绘制波形曲线。

（3）断开电路电源，将电阻性负载拆除后，将u_r的频率调至最小，然后为电路接入阻感性负载。启动电源后，在U_i保持不变的情况下，由小到大调节u_r的频率，利用示波器观察u_o的波形，并记录波形的幅值、频率等参数。对比SPWM波形（1、2两点）与u_o的波形（3、4两点），并简单绘制波形曲线。

 创想天地

> 变频电路在新能源汽车上有诸多应用，在空调制冷系统、车辆发动机冷却装置，以及最重要的驱动电机变频调速系统中，变频电路都发挥着重要作用。据有关调查数据显示，2022年全球变频器市场规模约为937亿元，预计2029年将达到1 194亿元。试分析：随着新能源汽车产销量的持续增长，变频器将迎来怎样的发展机遇？除新能源汽车领域外，变频器还可应用于哪些领域？

3．考核评价

各组展示任务完成情况，并完成如表5-5所示的考核评价表。

表5-5　考核评价表

项目名称	评价标准	满分/分	评分/分		
			自评	互评	师评
职业素养考核项目 30%	任务工单整洁、规范	5			
	认真参加活动，积极思考	5			
	主动与同学、指导教师交流	5			
	团结协作，沟通协调能力强	5			
	能发现问题并解决问题	10			
专业能力考核项目 70%	能正确说出单相交-直-交变频电路各环节的功能	10			
	能正确连接单相交-直-交变频测试电路	10			
	能利用示波器观察SPWM波形	10			
	能正确绘制出电路输出电压的波形	25			
	测试完毕后正确断开电路连接，整理器材并归位	15			
	合计	100			
总评	自评（20%）+互评（20%）+师评（60%）=	综合等级：	指导教师（签名）：		

5.2.1 交-交变频电路

扫一扫

交-交变频器

交-交变频电路是变频电路发展之初最常使用的变频电路,它无中间直流环节,损耗小,效率高;当开关器件为晶闸管时,采用自然换相,有利于大功率场合的应用;可以实现能量反馈,使电机实现四象限工作;在低频时输出波形接近正弦波,谐波含量小,负载转矩脉动低。因此,交-交变频电路多应用于大功率、低速交流传动领域。

但交-交变频电路的接线复杂,使用的晶闸管器件数量较多,成本较高,控制复杂;最高输出频率受到电网频率和变流电路脉波数的限制,其值必须小于输入电源频率的1/3或1/2,否则输出波形太差,电机会产生抖动,不能正常工作;并且它采用相位控制方式,当输出电压较低时,功率因数较低。这些缺点大大限制了交-交变频器的使用范围。

根据电路输出相数的不同,交-交变频电路可分为单相输出和三相输出两种电路。前者简称为单相交-交变频电路,后者简称为三相交-交变频电路。单相交-交变频电路是交-交变频电路的基础,但在实际使用中主要采用三相交-交变频电路。下面分别对单相交-交变频电路和三相交-交变频电路的结构、工作原理和特性等进行介绍。

1. 单相交-交变频电路

1)电路的结构

单相交-交变频电路由P、N两组反向并联的晶闸管变流电路构成,如图5-11所示。其中,P、N表示相控整流电路(以下简称P组、N组)。

根据输出电压波形的不同,单相交-交变频电路可分为方波型和正弦波型两种。虽然方波型电路控制简单,但其输出波形低次谐波大,用于电机调速传动时会增大电机损耗,降低电机的效率,因此多采用正弦波型电路。

当P组工作在整流状态时,N组开路,u_o的极性为上正下负;反之,当N组工作在整流状态时,P组开路,u_o的极性为上负下正。如果P、N两组按照一定频率交替工作,则电路可以输出同频率的交流电。因此,通过改变P、N两组的切换频率,就可以改变电路的输出频率;而改变电路工作时的控制角,就可以改变电路输出交流电压的幅值,故电路输出电压的大小取决于晶闸管控制角的取值。

为了使u_o的波形接近正弦波,需要按照正弦规律对α进行调节。例如,当P组工作时,令α从90°逐渐减小到0°或某个值,然后再逐渐增大至90°,则可使P组输出电压按正弦规律从零增至最大、再减小至零,形成类似于正弦波的电压波形,如图5-12所示。

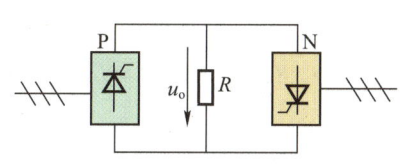

图5-11 单相交-交变频电路

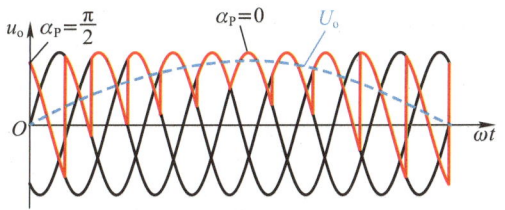

图5-12 单相交-交变频电路输出电压的波形

点　拨

通过观察可以发现，电路输出电压的波形是由若干段电源电压的波形拼接而成。在一个输出周期中包含的电源电压片段越多，则波形越接近正弦波。

2）电路的工作原理

下面以带阻感性负载的单相交-交变频电路为例进行分析。当电路采取无环流控制，即P组、N组交替工作时，若忽略输出电压、电流中的高次谐波，则单相交-交变频电路可等效为由正弦波交流电源和二极管串联的理想形式，如图5-13（a）所示。如图5-13（b）所示为理想化单相交-交变频电路的工作波形。

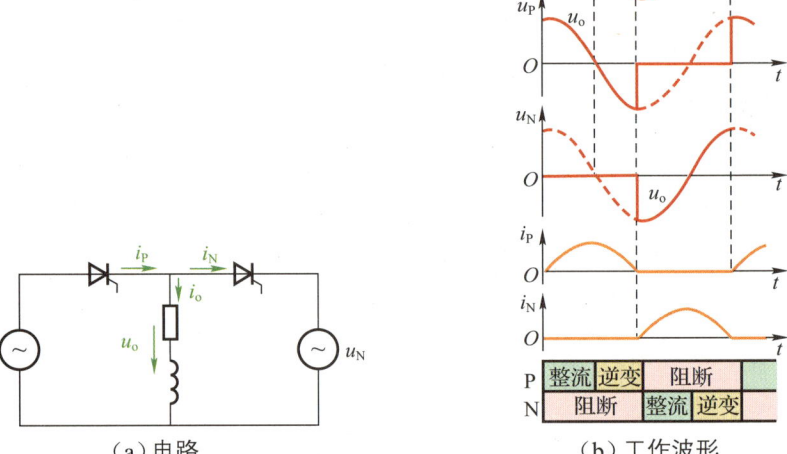

(a) 电路　　　　　　　　(b) 工作波形

图5-13　理想化单相交-交变频电路及其工作波形

 点　拨

在交-交变频电路中，如果正反两组变流电路同时开通，电流将经过晶闸管形成环流，从而造成电源短路。为了避免这一情况，可在两组之间接入限制环流的电抗器，或合理安排触发电路，即当一组有触发脉冲时，另一组没有触发脉冲，这就是无环流控制。

在$t_1 \sim t_3$时间段，P组工作，N组开路，$i_o > 0$。其中，在$t_1 \sim t_2$时间段，P组的i_o和u_o均为正值，故P组向外输出功率，处于整流状态；在$t_2 \sim t_3$时间段，P组的i_o为正值，u_o为负值，故P组反馈功率，处于逆变状态。

同理可得，在$t_3 \sim t_5$时间段，N组工作，P组开路，$i_o < 0$。其中，在$t_3 \sim t_4$时间段，N组的i_o和u_o均为负值，故N组向外输出功率，处于整流状态；在$t_4 \sim t_5$时间段，N组的i_o为负值，u_o为正值，故N组反馈功率，处于逆变状态。

通过上述分析，可得到以下结论。

（1）在电路中，由 i_o 的方向决定哪一组变流电路工作，而与 u_o 的极性无关。

（2）每组晶闸管变流电路的工作状态由 i_o 和 u_o 的极性共同决定，若二者极性相同，则工作在整流状态，反之，则工作在逆变状态。

（3）通过不断调整电路中两组晶闸管变流电路的 α，可使 u_o 的波形近似为正弦波；通过让电路中两组晶闸管变流电路按规定频率交替工作，可使 i_o 达到要求的频率。

知识链接

输出正弦波电压的调制方法

要实现交-交变频电路输出电压波形正弦化，必须不断改变晶闸管的控制角，在诸多方法中应用最广泛的是余弦交点法。该方法的基本思路是使交-交变频电路输出电压的瞬时值最接近理论正弦电压的瞬时值，然后比较给定波形和电源同频率的余弦波，两者的交点就是交-交变频电路的触发时刻，即控制角的初始值。

如图5-14所示为单相交-交变频电路输出电压和输出电流的波形。其中，蓝色线条表示理想化电路输出电压和输出电流的波形，红色线条表示实际电路输出电压和输出电流的波形。单相交-交变频电路在一个周期内的工作情况主要可分为六个区间。

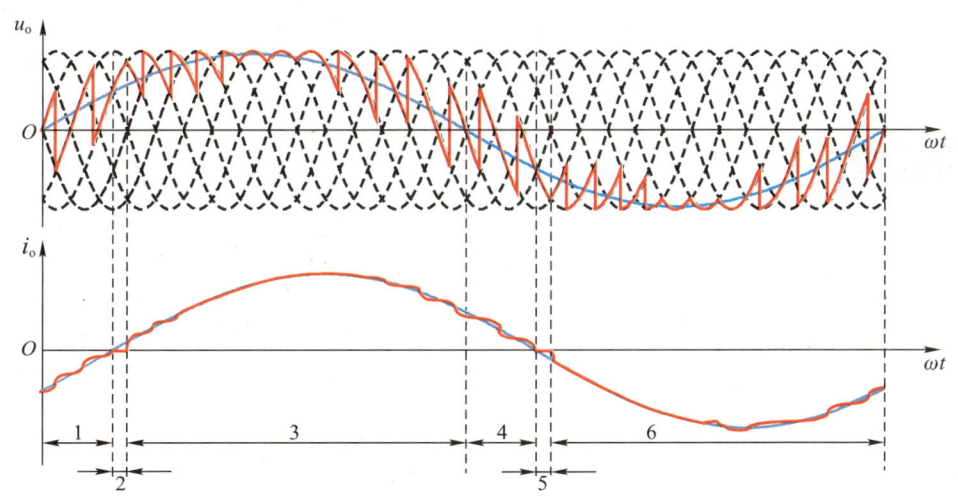

图5-14 单相交-交变频电路输出电压和输出电流的波形

在1区间，$u_o>0$，$i_o<0$，此时电路中的N组处在逆变状态；2区间为无环流死区，此时电流过零，该时间段为电流在P组和N组之间互相切换的时间；在3区间，$u_o>0$，$i_o>0$，此时电路中的P组处在整流状态；在4区间，$u_o<0$，$i_o>0$，此时电路中的P组处在逆变状态；5区间为无环流死区；在6区间，$u_o<0$，$i_o<0$，此时电路中的N组处在整流状态。

2. 三相交-交变频电路

三相交-交变频电路由三相输出电压的相位互差120°的单相交-交变频电路按一定方式连接组成，

主要应用于低速、大功率交流电机调速系统。三相交-交变频电路的连接方式分为公共交流母线进线方式和输出星形连接方式两种。

1) 公共交流母线进线方式

如图5-15所示为采用公共交流母线进线方式的三相交-交变频电路。该电路主要应用于中等容量的交流调速系统，电路中三组单相交-交变频电路的电源进线通过进线电抗器接在公共交流母线上。由于电源进线端为公用，因此三组单相交-交变频电路的输出端必须隔离，即负载的三相绕组是不连接的。

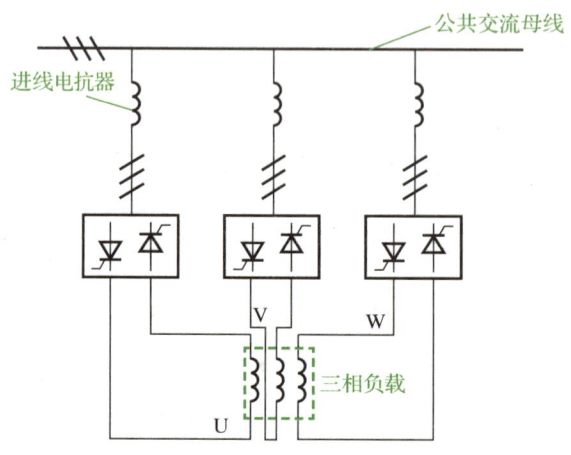

图5-15 采用公共交流母线进线方式的三相交-交变频电路

2) 输出星形连接方式

如图5-16所示为采用输出星形连接方式的三相交-交变频电路。该电路中三组单相交-交变频电路的输出端采用星形连接，主要应用于较大容量的交流调速系统。由于三组单相交-交变频电路的输出端连接在一起，因此电源进线端必须隔离，即分别用三台三相变压器供电。

由于电路输出端中性点不和负载中性点连接，因此在构成三相交-交变频电路的六组桥式电路中，至少要有两相输出电路的四个晶闸管同时开通才能构成电流回路。

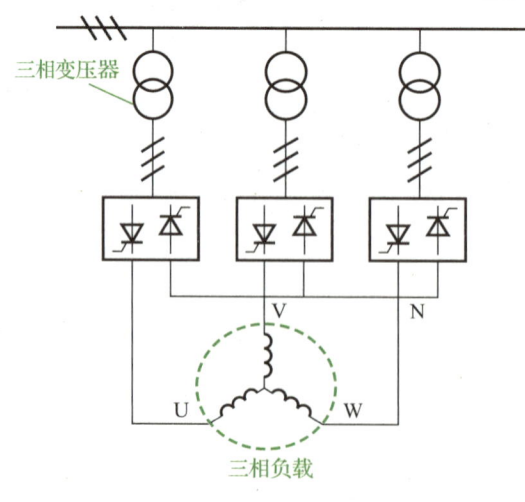

图5-16 采用输出星形连接方式的三相交-交变频电路

项目 5 AC/AC 变换电路

> **点拨**
>
> 在新能源汽车中，三相交-交变频电路多应用于电机控制器上，电路的负载为驱动电机。在一个工作周期内，若 u_o 和 i_o 的相位差小于 90°，则电机控制器向驱动电机提供的能量平均值为正，驱动电机工作在电动状态；若 u_o 和 i_o 的相位差大于 90°，则电机控制器向驱动电机提供的能量平均值为负，驱动电机工作在发电状态。

5.2.2 交-直-交变频电路

相较于交-交变频电路，交-直-交变频电路增加了中间直流环节，其应用范围广，调速范围大，机械特性硬，精度高。但是交-直-交变频电路的技术复杂，造价较高，维护检修困难，主要应用于要求精度高、调速性能较好的场合。交-直-交变频电路主要由整流电路、滤波电路、逆变电路、控制电路组成，如图 5-17 所示。

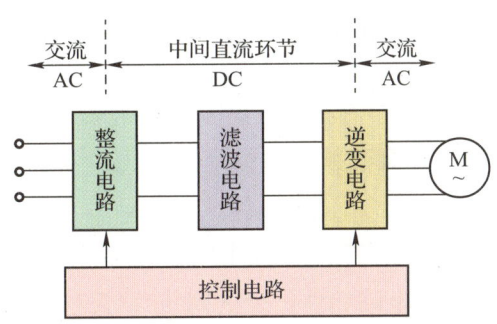

图 5-17 交-直-交变频电路的基本结构

其中，整流电路负责将固定频率和电压的交流电变换为直流电；滤波电路负责将整流电路输出的脉动直流电变换为平滑的直流电；逆变电路负责将滤波后的直流电变换为频率和电压都可调的交流电，它是交-直-交变频电路的核心环节；控制电路负责对整流电压、逆变频率等电路参数的控制，并实现外部通信和电路保护功能，主要由主控制电路、信号检测电路、驱动电路、外部接口电路及保护电路等组成。

根据控制方式或变频电源性质的不同，交-直-交变频电路可分为不同的类型。

1. 按照控制方式分类

交-直-交变频电路的控制方式有：① 可控整流器调压、逆变器调频的控制方式；② 不可控整流器整流、斩波器调压、逆变器调频的控制方式；③ 不可控整流器整流、PWM 逆变器调频的控制方式。相应地，交-直-交变频电路可分为以下三种类型。

（1）采用可控整流器调压、逆变器调频的交-直-交变频电路，其结构框图如图 5-18（a）所示。该电路结构简单，调压和调频在两个环节上分别进行，控制方便。但是，由于输入环节采用可控整流器，当电压调的较低时，电网端功率因数较低，而输出环节的谐波较大，因此这种变频电路应用较少。

（2）采用不可控整流器整流、斩波器调压、逆变器调频的交-直-交变频电路，其结构框图如图 5-18（b）所示。虽然这种变频电路克服了功率因数较低的缺点，但是电路输出环节的谐波仍然较大。

（3）采用不可控整流器整流、PWM逆变器调频的交-直-交变频电路，其结构框图如图5-18（c）所示。这种变频电路既克服了功率因数较低的缺点，又减小了电路输出环节的谐波。

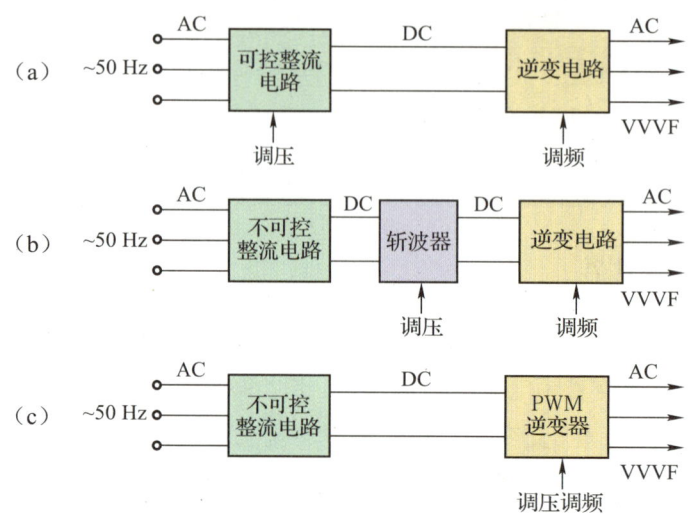

图5-18 采用不同控制方式的交-直-交变频电路结构框图

2．按照变频电源性质分类

根据变频电源性质的不同，交-直-交变频电路可分为交-直-交电压型变频电路和交-直-交电流型变频电路。

如图5-19所示为交-直-交电压型变频电路，其中间直流环节采用大电容进行滤波，滤波后的电压波形比较平直。在理想情况下，可将该电路看作一个内阻抗为零的恒压源，输出电压的波形为矩形波或阶梯波。交-直-交电压型变频电路不仅广泛地应用于电机调速系统中，还普遍应用于高精度稳频稳压电源和不间断电源。

如图5-20所示为交-直-交电流型变频电路，其中间直流环节采用大电感进行滤波，滤波后的电流波形比较平直。在理想情况下，可将该电路看作一个内阻抗很大的恒流源，输出电流的波形为矩形波或阶梯波。

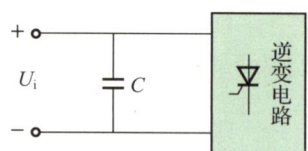
图5-19 交-直-交电压型变频电路原理图

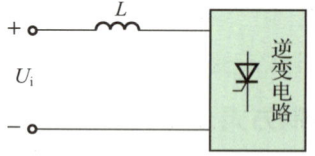
图5-20 交-直-交电流型变频电路

从电路性能上来说，交-直-交电压型变频电路和交-直-交电流型变频电路主要有以下区别。

（1）无功能量的缓冲。对于变频调速系统来说，电路的负载一般为异步电机，相当于阻感性负载。因此，在电路的中间直流环节与异步电机之间除了有功功率的传送外，还存在无功功率的交换。由于电力电子开关器件无法储能，因此无功能量只能靠储能器件进行缓冲。通常，交-直-交电压型变频电路采用大电容来缓冲无功能量，而交-直-交电流型变频电路则采用大电感来缓冲无功能量。

（2）回馈制动。当应用于异步电机的变频调速系统时，相比于交-直-交电压型变频电路，交-直-

项目5 AC/AC变换电路

交电流型变频电路更容易实现回馈制动,便于异步电机的四象限运行,因此更适用于经常需要制动和正反转的场合。

(3)适用范围。由于交-直-交电压型变频电路相当于恒压源,因此电压控制响应较慢,适用于多电机同步运行而不要求电机快速加减速的场合。由于电感的作用,交-直-交电流型变频电路对负载变化的反应迟缓,不适用于多电机同步运行的场合,而更适用于单电机传动系统,并且可以满足电机快速启动、制动和正反转的要求。

全球首创3挡变频电驱DHT Pro技术

随着我国"双碳"战略目标的提出,新能源汽车将逐步取代传统燃油汽车成为国内汽车市场的主流,各大汽车制造厂商也都陆续推出了自己的新能源汽车品牌和产品。面对电动化转型的浪潮,吉利汽车公司以霸气的"雷神"为名,推出雷神电动平台,并将其搭载于最新的车型星越L Hi·P上。该车型作为"雷神旗舰电动SUV",具备三大电动技术,实现了一辆车等于"纯电、增程、插电混动"三辆车的技术突破。

雷神电动平台是一个"主电驱动"平台,"主电"是指以驱动电机作为主要动力源,以发动机作为辅助动力源。其中,雷神电动平台的驱动电机在工作时采用双电机运行模式,即"P1+P2"的构型。P1电机作为前端动力源,P2电机作为备用动力源,两个动力源相互配合,提高了整车的工作效率,同时也提高了续驶里程。因此,"主电驱动"平台既能够充分发挥驱动电机的高效率优势,又能为驱动电机减轻工作负担。

除了基础的"主电驱动"功能外,真正让雷神电动平台在新能源汽车市场中脱颖而出的原因要归功于3挡变频电驱DHT Pro技术。目前国内市面上常见的新能源汽车大多使用的是定传动比传动,这就导致车辆的爬坡性能与高速性能无法兼顾,并且在车辆高速行驶时,驱动电机能耗非常大。这也是为什么车辆在初段加速时动力性能都很强,但是绝对极速不高,且高速行驶非常耗电的原因。

3挡变频电驱DHT Pro技术的出现不仅实现了发动机的3挡切换,还实现了电驱系统的3挡切换。在动力方面,3挡变频电驱DHT Pro技术可以让动力系统串并联结构的优势得到充分发挥,增大电驱系统的最大扭矩;在节能方面,3挡变频电驱DHT Pro技术通过智能调节,让动力系统始终工作在最佳工作区,更加省电。

此外,3挡变频电驱DHT Pro技术还兼具智能化特点,提供了7种主要的工作模式,即纯电模式、串联模式、并联模式、发动机直驱模式、全功率行驶模式、怠速充电模式以及能量回收模式。同时,因为有3挡变速机构的存在,可将这7种模式细化为20余种智能工作模式。3挡变频电驱DHT Pro技术也可通过移动终端的空中下载软件(firmware over-the-air, FOTA)的升级,持续学习驾驶员的驾驶习惯,优化控制策略,提升整体的驾驶体验。

(资料来源:搜狐网,有改动)

综合测试

1. 填空题

（1）根据变换要素的不同，AC/AC变换电路可分为_____和_____。

（2）交流调压电路主要有整周波通断控制、_____、_____三种控制方式。

（3）变频电路主要包括_____和_____两种形式。

（4）三相交-交变频电路的连接方式分为_____和_____两种。

（5）根据_____的不同，交-直-交变频电路可分交-直-交电压型变频电路和交-直-交电流型变频电路。

2. 判断题

（1）单相交流调压电路主要应用于单相负载和中、小容量交流调压的场合。　　　　　　（　　）

（2）在单相交-交变频电路中，由输出电压极性决定哪一组变流电路工作。　　　　　　（　　）

（3）交-直-交电流型变频电路的中间直流环节采用大电容进行滤波。　　　　　　　　　（　　）

（4）交流调功电路与交流调压电路具有完全相同的电路形式。　　　　　　　　　　　　（　　）

（5）交-交变频电路主要应用于大功率、高速交流调速领域。　　　　　　　　　　　　（　　）

3. 选择题

（1）只改变电压、电流大小或对电路的通断进行控制，而不改变频率的电路称为（　　）电路。

　　　A．变频　　　　　　B．交流电力控制　　　C．交流调功　　　　D．交流调压

（2）在TCR中，α的移相范围为（　　）。

　　　A．0°～180°　　　B．30°～90°　　　　 C．90°～180°　　　D．60°～180°

（3）在单相交-交变频电路中，要使电路输出电压波形正弦化，必须不断改变晶闸管的（　　）。

　　　A．切换频率　　　　B．幅值　　　　　　　C．电压　　　　　　D．控制角

（4）在带电阻性负载的单相交流调压电路中，α的移相范围为（　　）。

　　　A．0°～180°　　　B．30°～180°　　　　C．60°～180°　　　D．90°～180°

（5）交-直-交电压型变频电路的中间直流环节采用（　　）进行滤波。

　　　A．小电感　　　　　B．大电感　　　　　　C．大电容　　　　　D．小电容

4. 简答题

（1）简述交流调功电路与交流电力电子开关的区别。

（2）简述直接变频电路与间接变频电路的区别。

（3）简述三相交-交变频电路两种连接方式的区别。

学习成果评价

指导教师根据学生对本项目的实际学习成果对其进行评价,学生配合指导教师共同完成如表5-6所示的学习成果评价表。

表5-6 学习成果评价表

班级		组号		日期	
姓名		学号		指导教师	
学习成果/项目名称		AC/AC变换电路			
评价项目	评价内容	评价方式		满分/分	评分/分
知识 40%	交流调压电路的控制方式	理论测试		4	
	交流调功电路的应用			4	
	交流电力电子开关的优点			2	
	单相交流调压电路的工作原理			4	
	三相交流调压电路的连接方式			6	
	单相交-交变频电路的工作原理			2	
	三相交-交变频电路的连接方式			2	
	交-直-交变频电路的结构			6	
	交-直-交变频电路的分类			4	
	交-交变频电路与交-直-交变频电路的区别			6	
技能 40%	测试带电阻性负载的单相交流调压电路	实践操作		10	
	测试带阻感性负载的单相交流调压电路			10	
	测试单相交-直-交变频电路			20	
素养 20%	积极参加教学活动,主动学习、思考、讨论	综合评判		6	
	认真负责,按时完成学习、实践任务			4	
	团结协作,与组员之间密切配合			4	
	服从指挥,遵守课堂和实训室纪律			4	
	守正创新,自信自强			2	
合计				100	
自我评价					
指导教师评价					

项目 6

电路保护与常用电力电子技术

项目导读

随着科学技术的迅速发展,电力电子设备已经遍布日常生活和工业生产的各个领域,成为社会文明进步的重要标志,而这离不开电力电子技术的支持。电力电子器件作为电力电子技术的基础,只有其稳定、安全且可靠地运行,才能保证整个电力变换电路的性能。因此,了解常用电力电子技术的工作原理,掌握电力电子电路的保护措施是十分必要的。

本项目主要介绍电力电子电路的保护措施,以及PWM控制技术、软开关技术等常用电力电子技术。

知识目标

- 了解电力电子电路的保护措施。
- 了解PWM控制技术。
- 了解软开关技术。

技能目标

- 能正确测试保护电路。
- 能正确测试单相SPWM逆变电路。
- 能正确测试零电流开关准谐振电路。

素质目标

- 树立民族自尊心、自豪感和文化自信。
- 养成专注细致的工匠精神,树立职业理想。

任务 6.1 了解电力电子电路的保护措施

任务引入

电路保护器件是指安装在电路中,当电路出现过电流、过电压或过热等情形时,自动引发相关功能部位的熔断、电阻突变或其他物理变化,切断电路或抑制电流、电压的突变,从而起到保护电路和用电设备作用的一类器件。常见的电路保护器件有熔断器、断路器、避雷器、压敏电阻等。其中,熔断器是对电路进行过电流保护的器件,可提供最有效的短路保护,被广泛应用于新能源汽车、风光储能等领域。

新能源汽车的车辆状态具有不确定性,如快速充电、急加速、急减速等突发状况会导致电流频繁波动,这对熔断器的耐受能力、复杂工况适应能力提出了更高的要求。随着新能源汽车的快速发展,熔断器市场快速扩容,并逐步出现了国产替代进口的趋势。如图 6-1 所示为熔断器在新能源汽车中的应用。

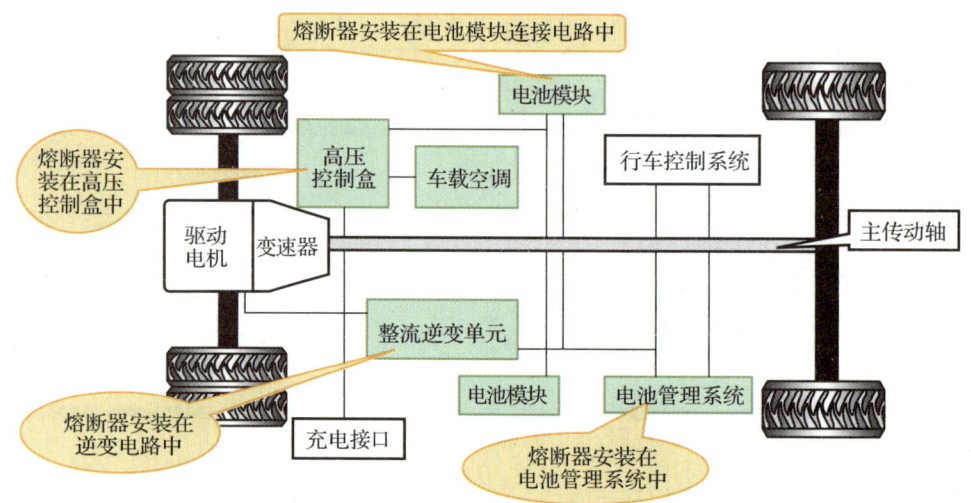

图 6-1 熔断器在新能源汽车中的应用

本任务主要介绍电力电子电路保护措施的相关内容,知识与技能要求如表 6-1 所示。

表 6-1 知识与技能要求

任务内容	了解电力电子电路的保护措施	学习程度		
		识记	理解	应用
学习任务	过电压保护措施	●		
	过电流保护措施		●	
	缓冲电路的分类		●	
	缓冲电路的工作原理		●	
实训任务	测试保护电路			●
自我勉励				

班级 _____ 姓名 _____ 学号 _____

任务工单——测试保护电路

1. 任务准备

1）知识准备

随着科技的不断发展，电脑设备和通信设备越来越精密，其对工作环境的要求也越来越高。当有因雷电等产生的瞬间过电压或过电流，通过电源、无线电信号收发设备等线路侵入室内电气设备和网络设备时，会造成设备或电力电子器件的损坏，使传输或储存的数据受到干扰或丢失，甚至使电子设备产生误动作或暂时瘫痪，数据终端、局域网乃至广域网遭到破坏。

在电力电子电路中，起核心作用的是电路中的电力电子器件。因此，对电力电子电路的保护就是对电力电子器件的保护。为了让电力电子器件能长时间安全可靠地工作，除了要根据实际情况选择合适参数的器件外，还必须设置一定的保护电路。常见的保护电路有过电压保护电路、过电流保护电路和缓冲电路等，它们可实现过电压保护、过电流保护、缓冲等功能。

2）工具和器材准备

准备任务实施所需的工具和器材，并补全表6-2。

表6-2 工具和器材清单

序号	名称	型号与规格	序号	名称	型号与规格
1	直流稳压电源		5	PWM发生器	
2	万用表		6	电位器	
3	IGBT模块		7	示波器	
4	IGBT驱动保护电路		8	导线	

2. 任务实施

如图6-2所示为IGBT驱动保护测试电路，请选择相应的器材连接电路。具体测试步骤如下。

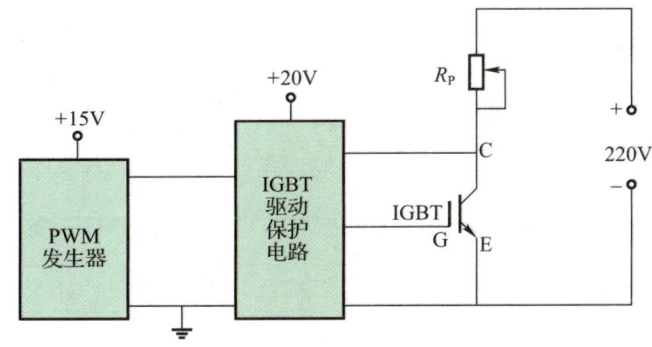

图6-2 IGBT驱动保护测试电路

（1）断开主电路，把PWM发生器的频率选择开关拨至"高频挡"，并使用示波器在输出端观察输出波形，调节频率按钮，使PWM发生器输出波形的频率保持在8 kHz～10 kHz。

（2）检查IGBT驱动保护电路的工作情况。在未接通主电路的情况下，接通IGBT驱动保护电路的电源并按图6-2所示将电路输入端与PWM发生器的输出端相连接，然后使用示波器在电路的输出端观察IGBT驱动保护电路的输出电压波形，调节PWM发生器输出波形的频率及占空比，观测PWM发生器输出波形的变化规律。

（3）将电位器调至最大阻值处，然后闭合主电路电源开关，再调节占空比，用示波器观测、记录不同占空比时IGBT门极驱动电压、IGBT集电极−发射极电压及电路输出电压的波形。

（4）测量不同占空比时的电路输出电压，并记录在表6-3中。

表6-3　不同占空比时的电路输出电压

$D/\%$	5	20	40	60	80	100
U_o/V						

（5）请绘制出当占空比为40%时IGBT门极驱动电压、IGBT集电极−发射极电压及电路输出电压的波形。

3．考核评价

各组展示任务完成情况，并完成如表6-4所示的考核评价表。

表6-4　考核评价表

项目名称	评价标准	满分/分	评分/分		
			自评	互评	师评
职业素养考核项目30%	任务工单整洁、规范	5			
	认真参加活动，积极思考	5			
	主动与同学、指导教师交流	5			
	团队协作，组织协调能力强	5			
	能发现问题并解决问题	10			
专业能力考核项目70%	能正确连接IGBT驱动保护测试电路	10			
	能正确调试电路	10			
	能用示波器观察相关电压的波形	10			
	能正确绘制出占空比为40%时相关电压的波形	25			
	测试完毕后正确断开电路连接，整理器材并归位	15			
	合计	100			
总评	自评（20%）+互评（20%）+师评（60%）=	综合等级：	指导教师（签名）：		

6.1.1 过电压保护

1. 产生过电压的原因

过电压是指电力系统在特定条件下出现的超过工作电压的电压异常升高现象，具体表现在电力电子电路中，是指电力电子器件的最大峰值电压超过其正常工作电压的现象。过电压会造成电力电子器件的损坏，从而使电力系统产生严重故障。在电力电子电路中，根据产生原因的不同，过电压可分为外因过电压和内因过电压两类。

变频器过电压的危害

雷击过电压的种类

1）外因过电压

外因过电压包括雷击过电压、操作过电压等，主要由雷击、操作不当等外因所致。

（1）雷击过电压，即由雷云直接对地面建筑物与电气设备放电或雷电感应而引起的过电压。其特点是持续时间短暂，但冲击性强。雷击过电压会造成电力线路或电气设备绝缘击穿，使供电中断，甚至可能引起火灾。

（2）操作过电压，即电路中的电感性器件（如变压器、电机、线圈等）在被突然接通或切断时产生的过电压。其特点是具有随机性，且在严重情况下过电压倍数较高。

> **点拨**
>
> 电路在遭雷击和在接通、断开大电感负载时常常会产生很大的操作过电压，这种瞬时过电压称为浪涌电压，是一种瞬变干扰。

2）内因过电压

内因过电压包括换相过电压、关断过电压等，主要产生于电力电子装置内部器件的开关过程中。

（1）换相过电压，即晶闸管或与全控型器件反向并联的二极管在换相结束后，反向电流急剧减小，由电感在器件两端感应出的过电压。

（2）关断过电压，即当全控型器件关断时，正向电流迅速减小，由电感在器件两端感应出的过电压。

2. 过电压保护措施

如图6-3所示为某整流电路的过电压保护措施。其中，避雷器F用于抑制雷击过电压；接地电容C用于抑制瞬时过电压。

阻容保护电路为常见的外因过电压抑制措施。当电路中出现尖峰电压时，阻容保护电路中并联的电容可以有效抑制电路中的过电压；而与电容串联的电阻能够消耗部分过电压，同时避免电路中的电感与电容产生振荡。阻容保护电路可以接在供电变压器的两侧（连接电网的一侧称为网侧，连接电力电子电路的一侧称为阀侧）或者电力电子电路的直流侧。

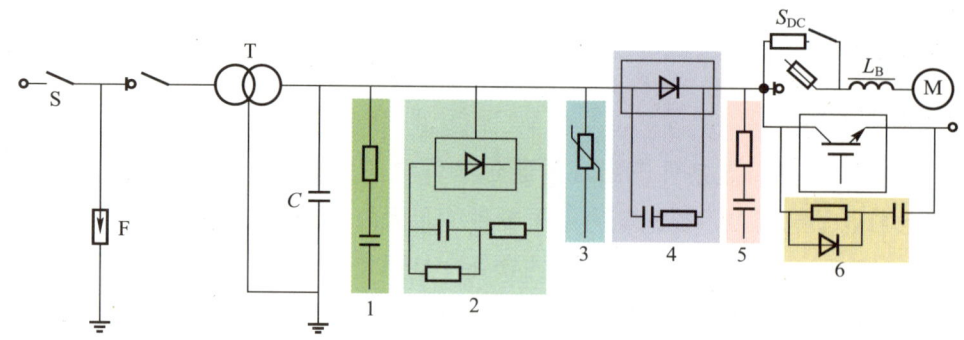

图6-3 某整流电路的过电压保护措施

1—抑制阀侧浪涌电压电路；2—抑制阀侧浪涌电压反向阻断电路；3—压敏电阻过电压抑制器；
4—抑制阀器件换相过电压电路；5—抑制阀器件换相过电压电路；6—抑制阀器件关断过电压电路。

> **点 拨**
>
> 对于变比较大的变压器，在一次、二次绕组间存在分布电容，可能因高电压通过分布电容耦合到二次侧而出现瞬时过电压。对此可将变压器附加屏蔽层接地，或使变压器采用星形连接且中性点通过电容接地，以减小瞬时过电压。

6.1.2 过电流保护

1. 产生过电流的原因

过电流是指在电气系统中，电气设备的实际电流超过其额定电流，或线路的实际电流超过其安全载流量的现象。具体表现在电力电子电路中，过电流是指电力电子器件误开通或击穿、可逆传动系统中产生环流、逆变失败、机械过载及机械故障引起的电机堵转等，导致电流超过正常工作电流的情况。长时间的过电流运行将导致电气设备迅速损坏，甚至引发严重的安全事故。因此，必须对电气设备和供电线路采取相应的过流保护措施。

产生过电流的原因主要如下。

（1）电路中出现负载过大、交流电源电压过高或过低、缺相运行等现象。

（2）电力电子器件击穿或短路、线路绝缘层老化失效、可逆传动系统产生环流、逆变失败。

（3）控制电路、触发电路、驱动电路的故障或干扰信号的侵入，使电力电子电路产生误动作。

（4）配线、接线错误等人为因素。

2. 过电流保护措施

如图6-4所示为某整流电路的过电流保护措施。

通常采用的过电流保护措施如下。

（1）电力电子器件保护。这是一种反应较快的保护措施，主要利用过电流保护电子电路对重要的且易发生短路的晶闸管设备、全控型器件等进行保护。

（2）交流进线电抗保护。在电路的交流进线端串接电抗器或采用漏抗较大的变压器，利用电感限制短路电流。但在有负载时电路会产生较大的电压降。

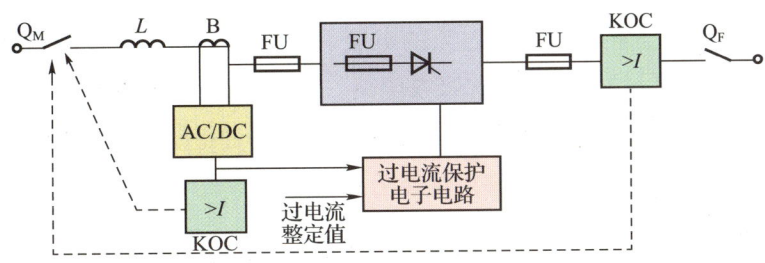

图6-4 某整流电路的过电流保护措施

Q_M—自动开关；L—交流进线电抗器；B—电流检测装置；
KOC—过电流继电器；Q_F—直流快速开关；FU—快速熔断器。

（3）电流检测装置保护。电流检测装置可利用过电流信号控制触发电路，使触发脉冲后移或使晶闸管关断，降低输出电压，从而抑制过电流。但该方法只能保护直流侧或负载。由于停发脉冲会造成逆变失败，因此可逆系统多采用触发脉冲快速后移的方法。

（4）过电流继电器保护。在交流侧或直流侧接入过电流继电器，当电路中出现过电流时，通过过电流继电器断开输入端的自动开关，从而达到切断电源的目的。这种方法的优点是经过复位后，电路可恢复正常工作。但由于过电流继电器和自动开关的动作时间为几百毫秒，因此当电流较大时过电流继电器并不能有效地保护电力电子器件。

（5）快速熔断器保护。快速熔断器是电力电子装置中最有效、应用最广的一种过电流保护措施。电力电子装置中多采用过电流信号控制触发脉冲的方法抑制过电流，而配合快速熔断器使用，可构成过电流保护的最后一道屏障。快速熔断器可用于主电路电桥、交流侧和直流侧电路中，常见的接法有以下3种，如图6-5所示。快速熔断器对电力电子器件的保护方式有全保护和短路保护两种。其中，全保护是对发生过载、短路的整个电路进行保护，适用于小功率装置或器件的电流裕度较大的场合；短路保护是仅对发生短路的部分电路或器件进行保护，只在短路电流较大的区域起保护作用。

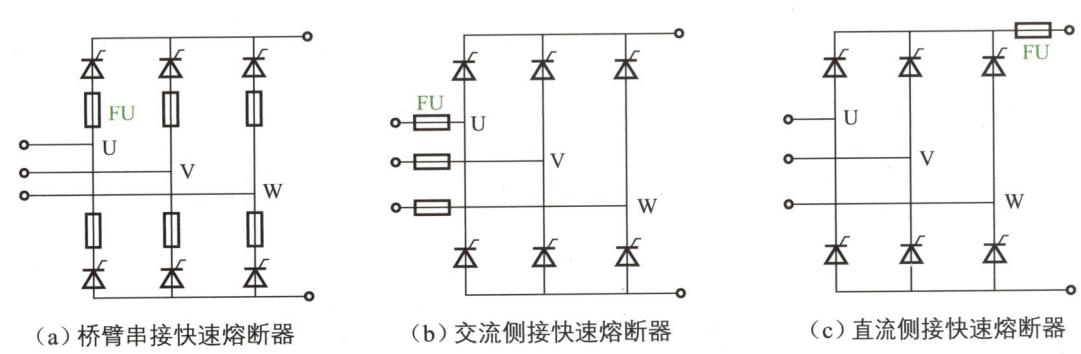

(a) 桥臂串接快速熔断器　　(b) 交流侧接快速熔断器　　(c) 直流侧接快速熔断器

图6-5 快速熔断器在电路中的接法

（6）直流快速开关保护。对于大、中容量的变换器，快速熔断器的价格高且更换不方便。为避免过电流时烧断快速熔断器，可采用动作时间只有2 ms的直流快速开关。在直流侧发生过电流时，直流快速开关可先于快速熔断器动作，从而达到保护电力电子器件的目的。从保护角度看，直流快速开关的动作时间和整定电流应与电抗器的电感相匹配。

6.1.3 缓冲电路保护

缓冲电路是为避免电力电子器件上通过过大的电流、出现过高的电压，或为错开同时出现的电压、电流的峰值区，而设置的一种保护电路，又称吸收电路。通过将开关损耗由电力电子器件本身转移至缓冲电路，可以减小电力电子器件在开关过程中产生的过电压、过电流、过热、du/dt（电压上升率）和di/dt（电流上升率），从而确保电力电子器件安全、可靠运行。

1. 缓冲电路的分类

（1）根据缓冲电路作用时刻的不同，可将其分为关断缓冲电路和开通缓冲电路。其中，关断缓冲电路又称du/dt抑制电路，用于吸收器件的关断过电压和换相过电压，抑制du/dt，减小器件的关断损耗；开通缓冲电路又称di/dt抑制电路，用于抑制器件开通时的电流过冲和di/dt，减小器件的开通损耗。

> 将关断缓冲电路与开通缓冲电路结合在一起的缓冲电路称为复合缓冲电路。

（2）根据组成缓冲电路器件类型的不同，可将其分为无源缓冲电路和有源缓冲电路。其中，无源缓冲电路由无源器件构成。无源缓冲电路不需要控制和驱动电路，因此电路结构简单，在工程设计中得到了广泛应用。而有源缓冲电路不仅包含无源和有源器件，还包括一些控制电路和全控型器件的驱动电路，因此电路结构复杂。

（3）根据缓冲电路能量去向的不同，可将其分为耗能式缓冲电路和馈能式缓冲电路。在耗能式缓冲电路中，储能器件的能量消耗在其吸收电阻上，电路结构简单，但是效率较低，适用于工作频率不高的场合；馈能式缓冲电路也称无损吸收电路，它将储能器件的能量回馈给负载或电源，其效率更高，但结构更加复杂。

2. 缓冲电路的工作原理

缓冲电路的功能有抑制和吸收两个方面，以半控型器件（晶闸管）的缓冲电路（见图6-6）为例，当VT开通时，缓冲电路利用电感上电流不能突变的特性抑制半控型器件的di/dt，从而减小开通损耗；当VT关断时，缓冲电路利用电容两端电压不能突变的特性抑制半控型器件的du/dt，从而减小关断损耗。

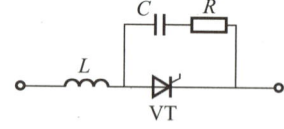

图6-6 半控型器件（晶闸管）的缓冲电路

> 晶闸管在实际应用中一般只承受换相过电压，没有关断过电压的问题，关断时也不会产生很大的du/dt，因此一般只采用由电阻、电容组成的RC缓冲电路。

下面以GTR的缓冲电路及其工作波形（见图6-7）为例，具体说明缓冲电路的工作原理。

图6-7（a）中绿色框图表示开通缓冲电路；粉色框图表示关断缓冲电路。图6-7（b）中黄色实线表示有开通缓冲电路时GTR集电极电流的波形；黄色虚线表示无开通缓冲电路时GTR集电极电流的波形；蓝色实线表示有关断缓冲电路时GTR集电极-发射极电压的波形；蓝色虚线表示无关断缓冲电路时GTR集电极-发射极电压的波形。

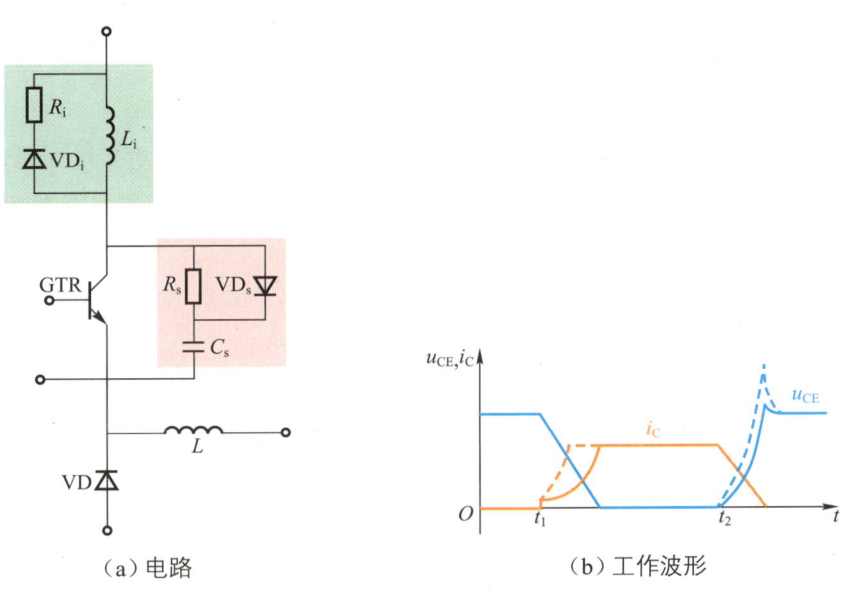

图6-7　GTR的缓冲电路及其工作波形

由图6-7（b）可知，在 t_1 时刻，GTR开通，i_C 迅速上升，在无开通缓冲电路时 di/dt 很大。当有开通缓冲电路时，C_s 通过 R_s 向GTR放电，使 i_C 先上升一个台阶，之后在 L_i 的作用下 di/dt 上升速度减缓。在 t_2 时刻，GTR关断，在无关断缓冲电路时 du/dt 很大。当有关断缓冲电路时，电路通过 VD_s 向 C_s 充电，减轻了GTR的负担，抑制了 du/dt 和过电压。

由于在电力电子器件关断时电路中的电感需要释放能量，因此电路中会出现一定的过电压。

任务 6.2　了解 PWM 控制技术

任务引入

如果将冲量（幅值对时间的积分）相等而形状不同的窄脉冲分别加在具有惯性环节的输入端，则其输出响应波形基本相同。也就是说，尽管脉冲的形状不同，但只要冲量相等，其作用的效果基本相同，即面积等效原理，这也是 PWM 控制技术的重要理论依据。如图 6-8 所示为形状不同而冲量相同的各种窄脉冲波形，它们在低频段取得的输出响应波形基本相同，仅在高频段略有差异。

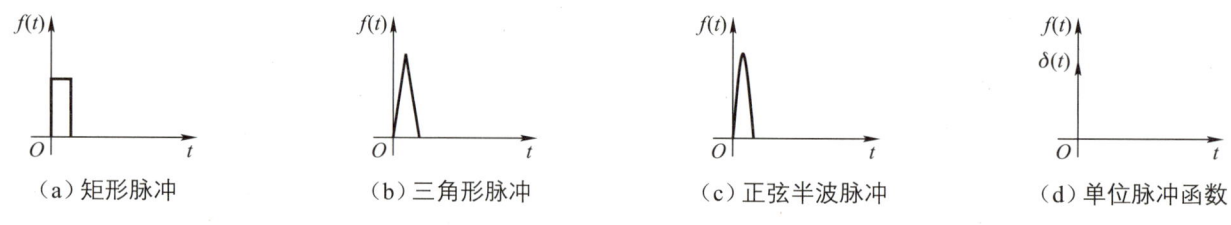

（a）矩形脉冲　　（b）三角形脉冲　　（c）正弦半波脉冲　　（d）单位脉冲函数

图 6-8　形状不同而冲量相同的各种窄脉冲波形

本任务主要介绍 PWM 控制技术的相关内容，知识与技能要求如表 6-5 所示。

表 6-5　知识与技能要求

任务内容	了解PWM控制技术	学习程度		
		识记	理解	应用
学习任务	PWM控制技术的基本原理	●		
	单极性控制和双极性控制		●	
	同步调制和异步调制		●	
实训任务	测试单相SPWM逆变电路			●
自我勉励				

任务工单——测试单相 SPWM 逆变电路

1. 任务准备

1)知识准备

如图 6-9 所示为正弦脉宽调制（sinusoidal pulse width modulation, SPWM）波形发生器结构框图。其中，绿色框图表示产生三角形载波信号 u_c 的电路模块，粉色框图表示产生正弦调制波信号 u_r 的电路模块，两路信号经过比较电路模块（黄色框图）调制后，可产生一系列等幅不等宽的矩形波 u_m，即 SPWM 波。u_m 经反相器处理后，生成两路相位相差 180°的 SPWM 波，再经触发器延时后，得到两路相位相差 180°并带一定死区范围的 SPWM 波，作为主电路中两组 IGBT 的控制信号。如图 6-10 所示为单相 SPWM 逆变电路的主电路。

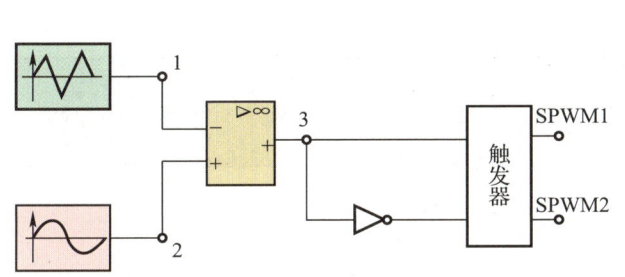

图 6-9　SPWM 波形发生器结构框图　　　　图 6-10　单相 SPWM 逆变电路的主电路

2)工具和器材准备

准备任务实施所需的工具和器材，并补全表 6-6。

表 6-6　工具和器材清单

序号	名称	型号与规格	序号	名称	型号与规格
1	直流稳压电源		5	二极管	
2	IGBT 模块		6	示波器	
3	IGBT 驱动电路		7	导线	
4	电位器				

2. 任务实施

1)观察 SPWM 波形发生器调制波和载波的波形

（1）观察 SPWM 波形发生器调制波 u_r 的波形，改变 u_r 的频率调节电位器，测试其频率与可调范围。

（2）观察 SPWM 波形发生器载波 u_c 的波形，改变 u_c 的频率调节电位器，测试其频率。

（3）改变 u_r 的频率，再测量 u_c 的频率，判断调制方式是同步调制还是异步调制。

班级 _____ 姓名 _____ 学号 _____

2）观察带不同负载时电容电压的波形

（1）带电阻性负载时。

在主电路6、7端接入电阻性负载，连接主电路1、3端。接通主电源，分别调节u_r和u_c的频率，然后用示波器观察电容电压（6、9端电压）的波形，记录其幅值、频率、波纹的变化。

（2）带阻感性负载时。

在主电路6、7端接入阻感性负载，连接主电路1、3端。接通主电源，分别调节u_r和u_c的频率，然后用示波器观察电容电压（6、9端电压）的波形，记录其幅值、频率、波纹的变化。

（3）请对比带电阻性负载和带阻感性负载两种情况下，不同频率的u_r或u_c对电容电压的影响，并得出结论。

3．考核评价

各组展示任务完成情况，并完成如表6-7所示的考核评价表。

表6-7　考核评价表

项目名称	评价标准	满分/分	评分/分		
			自评	互评	师评
职业素养考核项目30%	任务工单整洁、规范	5			
	认真参加活动，积极思考	5			
	主动与同学、指导教师交流	5			
	团结协作，组织协调能力强	5			
	能发现问题并解决问题	10			
专业能力考核项目70%	能正确连接单相SPWM逆变电路	10			
	能用示波器观察正弦调制波和三角形载波的波形	10			
	能正确为电路接入电阻性负载和阻感性负载	10			
	能用示波器观察电容电压的波形	25			
	测试完毕后正确断开电路连接，整理器材并归位	15			
合计		100			
总评	自评（20%）+互评（20%）+师评（60%）=	综合等级：	指导教师（签名）：		

6.2.1 PWM 控制技术概述

1. PWM 控制技术的基本原理

如图 6-11 所示为利用 SPWM 波代替正弦半波的过程。根据面积等效原理，将其分割成宽度相等、但幅值不同的 7 个窄脉冲。此时利用 7 个幅值相等，但宽度不同的矩形脉冲去代替正弦半波的 7 个窄脉冲。只要确保每个矩形脉冲的面积与所对应的窄脉冲面积相同，且矩形脉冲序列的脉冲宽度按正弦规律变化，则 PWM 波就可以等效于正弦波。此时得到的波形称为 SPWM 波形，脉冲频率越高，则 SPWM 波形越接近正弦波。

由上述分析可知，PWM 控制技术是通过对一系列脉冲的宽度进行调制，来等效地获得所需波形（含形状和幅值）的技术。因此，实现 PWM 控制的关键就在于确定各矩形脉冲的宽度。

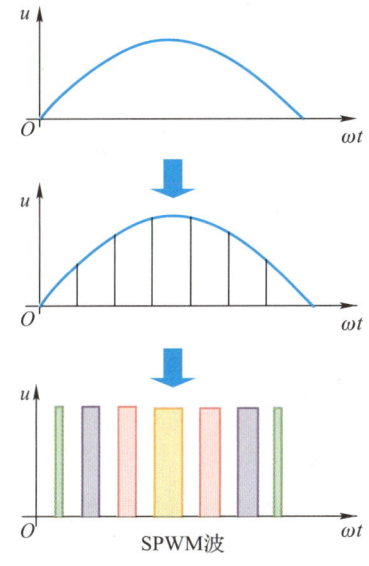

图 6-11 利用 SPWM 波代替正弦半波的过程

以调制 SPWM 波形为例，确定各矩形脉冲宽度的方法主要有计算法和调制法两种。前者是根据正弦波频率、幅值和半周期脉冲数目等参数计算 PWM 波各脉冲宽度和间隔，由于计算结果会随着参数的变化而变化，因此在实际中计算法很少采用。后者是根据等腰三角波与正弦波相交的方法确定各矩形脉冲的宽度。由于等腰三角波中任意一点水平宽度和高度成线性关系且左右对称，因此当等腰三角波与正弦波相交时，通过控制开关器件在交点处通断，就可得到一组等幅而脉冲宽度正比于正弦函数值的矩形脉冲。

一般将需要合成的信号称为调制信号，如正弦波和非正弦波等。而用于传递调制信号的高频信号称为载波，如等腰三角波和锯齿波等。调制就是选择合适的载波来传递调制信号的过程。

2. PWM 控制技术的应用

PWM 控制技术的应用使电力电子装置的性能大大提高，而 IGBT、MOSFET 等全控型器件的出现又给 PWM 控制技术提供了强大的物质基础。因此，PWM 控制技术在电力电子技术的发展史上占有十分重要的地位。应用 PWM 控制技术的电力变换电路主要有 PWM 逆变电路、直流斩波电路、PWM 整流电路、斩控式调压电路以及矩阵式变频电路等。

由直流电源产生的 PWM 波通常是等幅 PWM 波，此类应用有直流斩波电路、PWM 逆变电路和 PWM 整流电路等。由交流电源产生的 PWM 波通常是不等幅 PWM 波，此类应用有斩控式交流调压电路和矩阵式变频电路等。

6.2.2 PWM 逆变电路及控制方法

扫一扫

PWM控制技术在新能源汽车上的应用

当逆变电路输出电压为SPWM波形时,电路的低次谐波将得到很好的抑制和消除,且高次谐波容易滤除,输出电压波形近似于正弦波,因此中小功率的逆变电路几乎都采用PWM技术。

根据输入端电源性质的不同,PWM逆变电路可分为电压型和电流型两种,但在实际应用中,多采用电压型PWM逆变电路。根据调制脉动极性的不同,PWM的控制方式可分为单极性控制和双极性控制两种;根据载波信号和控制信号频率关系的不同,PWM的控制方式可分为同步调制和异步调制两种。下面以逆变电路为控制对象来介绍PWM控制技术。

1. 单相桥式电压型 PWM 逆变电路

如图6-12所示为单相桥式电压型PWM逆变电路,电路带阻感性负载。

1)单极性SPWM控制方式

如图6-13所示为单极性SPWM控制方式下电路的工作波形。其中,图6-13(a)中黑色线条表示u_c,它在正半周为正极性的等腰三角波,在负半周为负极性的等腰三角波;蓝色实线表示u_r,即希望获得的正弦波。u_r在过零点处控制开关器件Q_1、Q_2的开通和关断,在u_r与u_c的交点处控制开关器件Q_3、Q_4的开通和关断,具体控制过程如下。

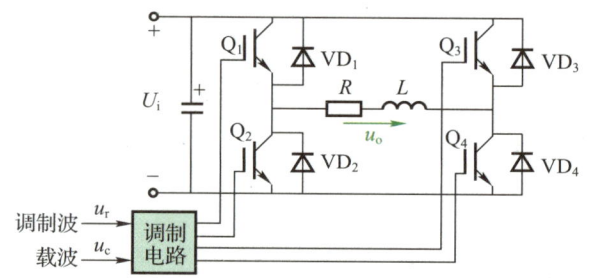

图6-12 单相桥式电压型PWM逆变电路

(1)在u_r的正半周,始终保持Q_1开通、Q_2关断。当$u_r > u_c$时,Q_4开通、Q_3关断,此时$u_o = U_i$;当$u_r < u_c$时,Q_4关断、Q_3开通,此时$u_o = 0$。

(2)在u_r的负半周,始终保持Q_1关断、Q_2开通。当$u_r < u_c$时,Q_3开通、Q_4关断,此时$u_o = -U_i$;当$u_r > u_c$时,Q_3关断、Q_4开通,此时$u_o = 0$。

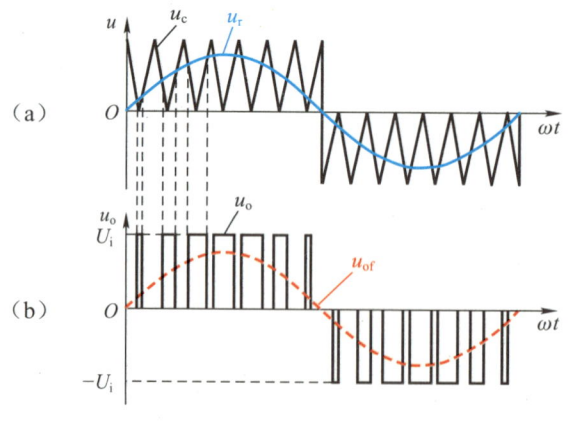

图6-13 单极性SPWM控制方式下电路的工作波形

由于电路带阻感性负载,因此Q_3(或Q_4)关断时,i_o将通过VD_4(或VD_3)续流,直到i_o减小为零,Q_4(或Q_3)才会开通。在图6-13(b)中,红色虚线表示u_o的基波分量u_{of}。由图6-13可知,在这种控制方式下电路输出的SPWM波只能在一个方向变化，故称为单极性SPWM控制方式。

2）双极性SPWM控制方式

双极性SPWM控制方式下的u_r在一个周期内对开关器件的控制规律与单极性SPWM控制方式下的相同。区别在于双极性SPWM控制方式中的u_c变为正负两个方向变化的等腰三角波，如图6-14（a）所示。由图6-14可知，具体控制过程如下。

（1）在u_r的正半周，当$u_r > u_c$时，Q_1、Q_4开通，Q_2、Q_3关断，此时$u_o = U_i$；当$u_r < u_c$时，Q_2、Q_3开通，Q_1、Q_4关断，此时$u_o = -U_i$。

（2）在u_r的负半周，当$u_r < u_c$时，Q_2、Q_3开通，Q_1、Q_4关断，此时$u_o = -U_i$；当$u_r > u_c$时，Q_1、Q_4开通，Q_2、Q_3关断，此时$u_o = U_i$。

在双极性SPWM控制方式下电路输出的SPWM波如图6-14（b）所示，它为两个方向变化的等幅不等宽的脉冲序列。由于电路带阻感性负载，因此Q_1、Q_4（或Q_2、Q_3）关断时，i_o将通过VD_2、VD_3（或VD_1、VD_4）续流，直到i_o减小为零，Q_2、Q_3（或Q_1、Q_4）才会开通。

点　拨

在实际使用中，为了避免出现同一相上下两个桥臂同时开通的情况，一般会给开关器件的驱动信号留有死区时间。由于死区时间取决于开关器件的关断时间，会影响对开关器件的控制，从而给电路输出SPWM波形带来不利影响，使其偏离正弦波，因此在保证安全换流的前提下，死区时间应尽可能地短。

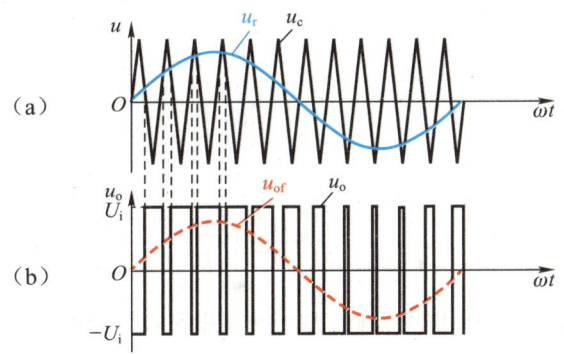

图6-14　双极性SPWM控制方式下电路的工作波形

2. 三相桥式电压型PWM逆变电路

如图6-15所示为三相桥式电压型PWM逆变电路，电路带阻感性负载。通过上述分析可知，单相桥式电路既可采用单极性控制方式，也可采用双极性控制方式，但三相桥式电压型PWM逆变电路只能采用双极性控制方式。

如图6-16所示为三相桥式电压型PWM逆变电路的工作波形。图6-16（a）中红色线条表示三相

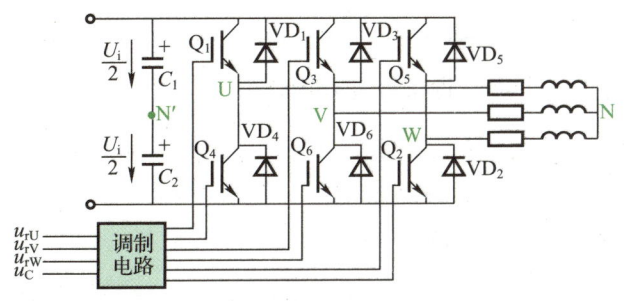

图6-15　三相桥式电压型PWM逆变电路

调制信号 u_{rU}、u_{rV}、u_{rW} 的波形，它们为幅值、频率相等，但相位依次相差 120° 的正弦波；黑色线条表示三相公用载波信号 u_c，它为一个正负方向变化的三角波。下面以 U 相为例，具体说明双极性 SPWM 控制方式下三相桥式电压型 PWM 逆变电路的工作原理。

当 $u_{rU} > u_c$ 时，Q_1 开通、Q_4 关断，则 U 相相对于输入电源中性点 N′ 的输出电压 $u_{UN'} = U_i/2$；当 $u_{rU} < u_c$ 时，Q_1 关断、Q_4 开通，则 $u_{UN'} = -U_i/2$。U 相输出电压（相对于中性点 N′）的波形如图 6-16（b）所示，其他两相控制规律与 U 相相同。如图 6-16（e）所示为 u_{UV} 的波形，$u_{UV} = u_{UN'} - u_{VN'}$；如图 6-16（f）所示为 u_U 的波形，$u_U = u_{UN'} - (u_{UN'} + u_{VN'} + u_{WN'})/3$。

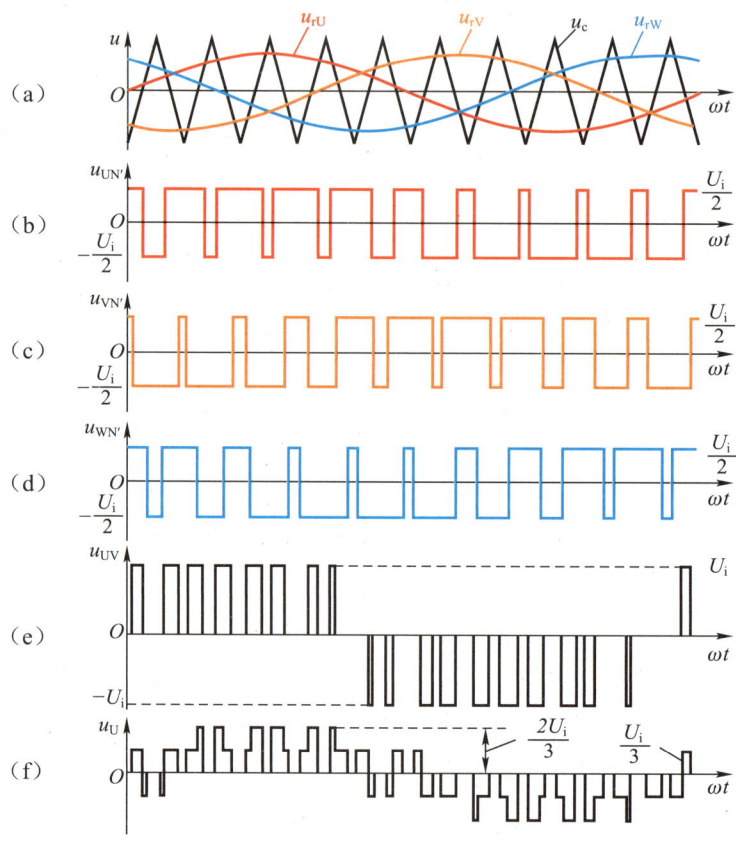

图 6-16　三相桥式电压型 PWM 逆变电路的工作波形

　课堂讨论

请对线电压 u_{UV} 和相电压 u_U 的波形进行分析。

3．异步调制和同步调制

在 PWM 控制方式中，将 u_c 的频率 f_c 与 u_r 的频率 f_r 之比定义为载波比，用 $N = f_c/f_r$ 表示，它反映了 u_c 和 u_r 是否同步的情况。

1）异步调制

u_c 和 u_r 不保持同步的调制方式称为异步调制，N 不为 3 的整数倍。异步调制通常保持 f_c 固定不变，因此当 f_r 变化时，N 也随之变化，u_c 和 u_r 无法保持同步。异步调制主要有以下特点。

（1）在 u_r 的半个周期内，电路输出脉冲个数不固定，脉冲相位也不固定，正负半周的脉冲不对称，半周期内前后1/4周期的脉冲也不对称，输出波形偏离了正弦波。

（2）当 f_r 较低时，N 较大，一个周期内的脉冲数较多，脉冲不对称产生的不利影响较小，电路输出波形接近正弦波。因此在采用异步调制时，应尽量提高 f_c。

（3）当 f_r 增高时，N 较小，一个周期内的脉冲数较少，脉冲不对称产生的不利影响较大，电路输出波形的对称性变差，不利于谐波的消除。

（4）由于 f_c 固定不变，因此异步调制容易实现微机控制。

点 拨

目前，由于IGBT等高速开关器件的广泛应用，很少出现 f_c 很低的情况，因此上述这种不利影响可以忽略不计。

2）同步调制

u_c 和 u_r 保持同步的调制方式称为同步调制，N 为3的整数倍。同步调制通常同时调整 f_c 和 f_r，且保持 N 不变，从而增高电路输出电压的频率。同步调制主要有以下特点。

（1）在 u_r 的半个周期内，电路输出脉冲个数固定不变，脉冲相位也是固定的，电路输出波形左右对称，等效于正弦波，因此不会出现偶次谐波。

（2）当 f_c 过低时，f_r 也会过低，导致载波的数量变少，电路输出波形脉动增大，谐波分量不易滤除。

（3）当 f_c 过高时，f_r 也会过高，使开关器件无法承受过高频率的开通和关断动作。

（4）由于 f_c 随 f_r 的变化而变化，因此同步调制难以实现微机控制。

知识链接

分段同步调制

人们通常采用"分段同步调制"来克服同步调制的缺点。如图6-17所示为分段同步调制示意，其中，红色实线表示输出频率增高时的切换频率，黑色虚线表示输出频率降低时的切换频率。分段同步调制的主要思想如下。

（1）将 f_r 的范围划分为成若干个频段，每个频段内保持载波比为恒定，而不同频段的载波比也不同。

（2）在 f_r 较高的频段内采用较低的载波比，使 f_c 不致过高，从而将其限制在开关器件允许的范围内。

（3）在 f_r 较低的频段内采用较高的载波比，使 f_c 不致过低而对负载产生不利影响。

（4）为防止 f_c 在切换点附近来回跳动，在各频率切换点采用滞后切换的方法。

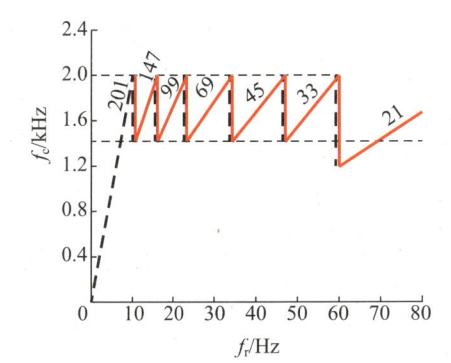

图6-17 分段同步调制示意

通过对比可以发现，同步调制的效果优于异步调制，但同步调制会更复杂一些。有的装置会在低频输出时采用异步调制，在高频输出时切换到同步调制，这样可以将两者的优点进行结合，其效果与分段同步调制接近。

时代楷模

充满挑战与传奇的铁甲人生——臧（zāng）克茂

臧克茂，江苏常州人，坦克电气自动化专家，中国工程院院士，中国人民解放军陆军装甲兵学院教授。臧克茂长期从事坦克电气自动化工程研究，通过自主创新，提出了现代坦克炮控系统的体系结构和控制方法，研制出我国第一台坦克电驱动系统原理样车，率先开展全电战斗车辆技术的研究，被誉为"钢铁战士"。

1955年，臧克茂毕业于浙江大学电机系。毕业后，臧克茂在中国人民解放军军事工程学院教书11年，1966年学院转业改制，他和战友们集体转业，随后被安排到哈尔滨船舶工程学院（现哈尔滨工程大学）工作。在那里，他为我国第一艘潜艇设计改造了推进电机，并到大连造船厂给工人们授课，这一干又是13年。1979年，在得知国家恢复军事院校招生时，他毫不犹豫，主动报名参军，成为北京装甲兵工程学院（现中国人民解放军陆军装甲兵学院）的教员。

20世纪80年代，我军主战坦克炮控系统瞄准时间长，射击精度低、性能一直落后于世界水平。臧克茂想到了当时其他国家用在风力发电、电机调速等领域的PWM控制技术，他大胆地将这项技术应用在了坦克的炮塔上。1995年，我国第一台PWM炮控装置研制成功，使坦克的火炮瞄准时间缩短了47%，命中率提高了35%。两年后，拥有PWM炮控装置的坦克正式列装，我国主战坦克终于在瞄准时间和打击精度上有了大幅提高。然而在当时，很多人并不知道，臧克茂已经罹（lí）患膀胱癌四年多了。

但臧克茂在与癌症病魔斗争期间，始终没有放慢科研创新的脚步，他和团队先后取得国家科技进步奖2项、军队科技进步奖5项、国防发明专利7项。这其中最让他引以为豪的是，他跨过了国外研究直流全电炮控系统发展的阶段，成功研制出了"坦克交流电炮控系统"。之后，古稀之年的臧克茂，瞄准未来战场，大胆提出发展"全电战斗车辆"的构想，并成功研制出我国第一台原理样车。

从电机到船舶再到坦克，臧克茂似乎习惯了挑战，习惯了从头开始，但唯一不变的是绝不服输的性格和始终坚定为国家奉献一切的精神。

（资料来源：央广网，有改动）

任务 6.3　了解软开关技术

任务引入

现代电力电子技术的进步对电力电子装置的性能提出了更高的要求,电力电子装置将会朝着小型化、轻量化的方向发展,并且要求有更高的效率和良好的电磁兼容性,而实现上述目标的有效途径就是提高电路的工作频率。

传统的开关器件工作在硬开关状态,在提高开关频率的同时也增加了开关损耗和电磁干扰。而软开关应用谐振的原理,使开关器件中的电流(或电压)按正弦或准正弦规律变化,在电流自然过零时使器件关断(或电压为零时,使器件开通),有效地减少了开关损耗,同时还能解决由硬开通引起的电磁干扰问题。软开关技术的发展和应用使电力电子装置的高效率、高可靠性、高频化和小型轻量化成为可能。

本任务主要介绍软开关技术的相关内容,知识与技能要求如表6-8所示。

表6-8　知识与技能要求

任务内容	了解软开关技术	学习程度		
		识记	理解	应用
学习任务	软开关的工作原理		●	
	软开关电路的分类	●		
	典型的软开关电路	●		
实训任务	测试零电流准谐振软开关电路			●
自我勉励				

班级 _____　　　　姓名 _____　　　　学号 _____

任务工单——测试零电流开关准谐振电路

1. 任务准备

1）知识准备

如图6-18所示为零电流开关准谐振电路，其基本思想是将Q与L_r串接，然后和C_r构成谐振电路。在Q开通前，$i_{Lr}=0$；当Q开通时，L_r限制Q的di/dt，i_{Lr}逐渐增大，从而实现Q的零电流开通；当Q关断时，L_r和C_r发生谐振，i_{Lr}逐渐减小，从而实现Q的零电流关断。零电流开关准谐振电路实现了零电流状态下的开通和关断，减小了开关损耗。但零电流开关准谐振电路必须采用脉冲频率调制（pulse frequency modulation, PFM）方式，因此开关频率处于变化状态，这就难以对其所采用的高频变压器、输入滤波器和输出滤波器进行优化设计。

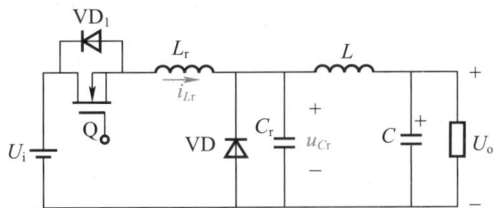

图6-18 零电流开关准谐振电路

2）工具和器材准备

准备任务实施所需的工具和器材，并补全表6-9。

表6-9 工具和器材清单

序号	名称	型号与规格	序号	名称	型号与规格
1	直流稳压电源		6	电容	
2	万用表		7	电阻	
3	IGBT模块		8	二极管	
4	PWM发生器		9	示波器	
5	电感		10	导线	

2. 任务实施

如图6-19所示为Buck ZCS软开关电路，请选择相应的器材连接电路，确认电路连接无误后，按下列步骤实施。

（1）先将电路选择开关拨向"Buck ZCS电路"挡。用万用表测量1、2端输入电压，再测量4、5端输出电压；然后调节调压旋钮，测量电路输出电压的工作范围。

（2）开启电源开关，通过调节调压旋钮，使输出电压分别为35 V、45 V、50 V，然后用示波器测量PWM发生器（2、6端）输出的波形和谐振电容上的电压波形（2、3端），观察并记录波形的变化情况。

（3）通过调节调压旋钮，使输出电压分别为35 V、45 V、50 V，然后用示波器测量PWM发生器（2、6端）输出的波形和谐振电感上的电流波形（2、7端），观察并记录波形的变化情况。

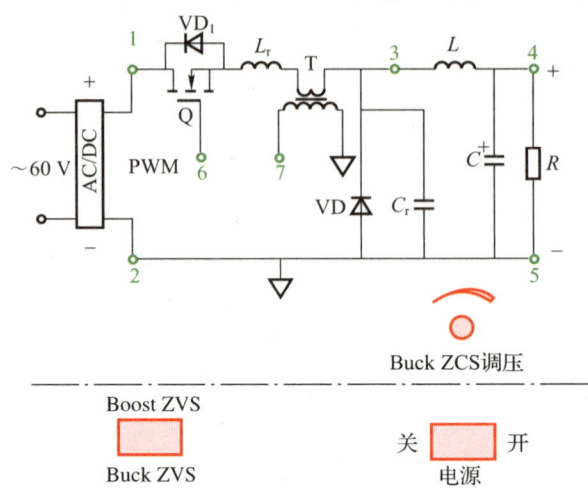

图6-19 Buck ZCS软开关电路

（4）请按照时序绘制出输出电压分别为35 V、45 V、50 V时电路的工作波形。

3．考核评价

各组展示任务完成情况，并完成如表6-10所示的考核评价表。

表6-10 考核评价表

项目名称	评价标准	满分/分	评分/分		
			自评	互评	师评
职业素养考核项目 30%	任务工单整洁、规范	5			
	认真参加活动，积极思考	5			
	主动与同学、指导教师交流	5			
	团结协作，组织协调能力强	5			
	能发现问题并解决问题	10			
专业能力考核项目 70%	能正确使用万用表并准确读数	10			
	能用示波器观察谐振电容上的电压波形	10			
	能用示波器观察谐振电感上的电流波形	10			
	能正确绘制出电路的工作波形	25			
	测试完毕后正确断开电路连接，整理器材并归位	15			
合计		100			
总评	自评（20%）+互评（20%）+师评（60%）=	综合等级：	指导教师（签名）：		

6.3.1 软开关的工作原理

1. 硬开关与软开关

根据开关器件工作状态的不同，可将其分为硬开关和软开关两种。

1）硬开关的开关过程

硬开关是指开关器件在开通和关断过程中，流过器件的电流和器件两端的电压同时发生变化。如图6-20所示为硬开关的工作波形，其中 P 表示电路开关过程的能量损耗。由图6-20可知，在硬开关的开关过程中，会出现电压与电流重叠的情况，导致开关损耗的产生。同时，由于电压、电流的变化剧烈，因此在硬开关的工作波形上出现明显的过冲，导致开关噪声的产生。

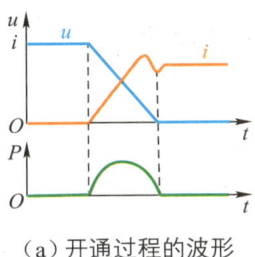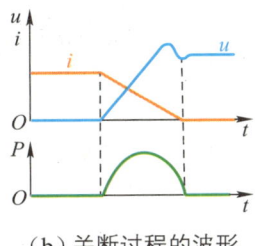

(a) 开通过程的波形　　　　(b) 关断过程的波形

图6-20　硬开关的工作波形

> **点　拨**
>
> 开关损耗会随着开关频率的提高而增加，使电路效率下降；而开关噪声会给电路带来严重的电磁干扰，影响周边电子设备的工作。

2）软开关的开关过程

软开关是指开关器件在开通和关断过程中，电压或电流中的一个量先保持为零，直到另一个量变化到正常值后，这个量才开始变化直至开通或关断过程结束。

软开关在硬开关的基础上增加了小电感、电容等谐振器件，构成辅助电路，在开关过程前后引入谐振过程，使开关在开通前电压先下降为零，关断前电流先下降为零，从而避免了电压、电流重叠的现象，使开关条件得以改善，大大降低了硬开关所存在的开关损耗和开关噪声，提高了电路的效率。如图6-21所示为软开关的工作波形。

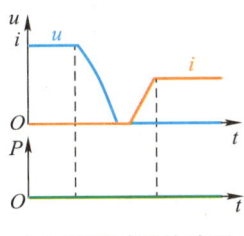

(a) 开通过程的波形　　　　(b) 关断过程的波形

图6-21　软开关的工作波形

2. 零电压开关和零电流开关

若在开关开通前令其两端电压为零，则开通时不会产生损耗和噪声，这种开通方式称为零电压开通；若在开关关断前令其电流为零，则关断时不会产生损耗和噪声，这种关断方式称为零电流关断。在实际应用中，一般无须具体区分开关的开通或关断过程，因此直接将它们称为零电压开关和零电流开关。由于零电压开通和零电流关断都是靠电路中的辅助谐振电路来实现的，因此零电压开关和零电流开关也称谐振软开关。

> **知识链接**
>
> **零电压关断和零电流开通**
>
> 除了上述方法外，还有两种利用零电压、零电流条件减小开关损耗和开关噪声的方法。一种是利用与开关器件并联的电容来延缓开关关断后电压上升的速率，从而降低关断损耗。另一种是利用与开关器件串联的电感来延缓开关开通后电流上升的速率，从而降低开通损耗。
>
> 这两种方法都不是通过谐振实现的，而是简单地利用并联电容实现零电压关断和利用串联电感实现零电流开通，因此会给电路造成总损耗增加、关断过电压增大等负面影响，并不实用。

6.3.2 软开关电路概述

1. 基本开关单元

随着软开关技术的发展和完善，各种类型的软开关电路也随之诞生。每一种软开关电路都可用于降压型、升压型等不同类型的变换电路，这些软开关的具体电路都是由基本开关电路演变而来的。如图6-22所示为基本开关单元及其应用电路。

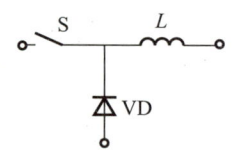
（a）基本开关单元

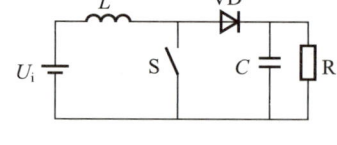
（b）升压斩波器中的基本开关单元

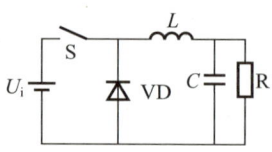
（c）降压斩波器中的基本开关单元

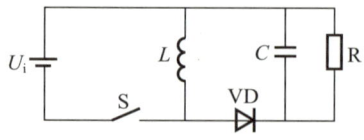
（d）升降压斩波器中的基本开关单元

图6-22 基本开关单元及其应用电路

2. 软开关电路的分类

根据开关器件开通和关断时电压、电流的状态，软开关电路可分为零电压电路和零电流电路两大类。而根据软开关技术发展的历程，软开关电路可分为准谐振电路、零开关PWM电路和零转换PWM电路三类。下面主要对准谐振电路、零开关PWM电路和零转换PWM电路三种软开关电路进行介绍。

1)准谐振电路

准谐振电路是最早出现的软开关电路,由于其电压或电流的波形为正弦半波,因此称为准谐振。准谐振电路可分为零电压开关准谐振电路、零电流开关准谐振电路、零电压开关多谐振电路和用于逆变器的谐振直流环节电路。如图6-23所示为准谐振电路的三种基本开关单元,其中S表示电路主开关,L_r表示谐振电感,C_r表示谐振电容,与L、C相比,L_r和C_r的值小很多。

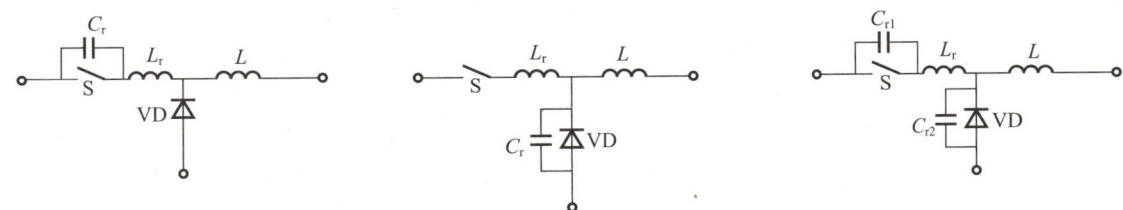

(a)零电压开关准谐振电路基本开关单元　(b)零电流开关准谐振电路基本开关单元　(c)零电压开关多谐振电路基本开关单元

图6-23　准谐振电路的三种基本开关单元

虽然谐振过程的加入使开关损耗和开关噪声大大降低,但谐振过程会使谐振电压峰值增大,造成开关器件耐压要求提高,谐振电流的有效值增大,电路中存在大量无功功率的交换,导致电路损耗增加。此外,由于谐振周期会随输入电压、负载的变化而改变,因此电路不能采取定频调宽的PWM控制,而只得采用PFM方式来控制,这会给电路的设计增加难度。

2)零开关PWM电路

零开关PWM电路通过引入辅助开关S_1来控制谐振过程的开始时刻,使谐振仅发生在开关过程前后,从而实现主开关的零电压开通或零电流关断。这种方式使开关器件上电压和电流的波形基本为方波,仅上升沿和下降沿变缓,没有过冲,开关器件不需要承受过大的电压,电路可采用固定频率的PWM控制方式。

零开关PWM电路可分为零电压开关PWM电路和零电流开关PWM电路,这两种电路的基本开关单元如图6-24所示。

(a)零电压开关PWM电路的基本开关单元　　　　(b)零电流开关PWM电路的基本开关单元

图6-24　零开关PWM电路的基本开关单元

> **点拨**
>
> 零开关PWM电路中的谐振电路由于在工作中有负载电流通过,因此受到负载影响,不易在很宽的输入电压范围内实现软开关功能。

3)零转换PWM电路

零转换PWM电路与零开关PWM电路的工作原理类似,都是通过引入辅助开关来控制谐振过程的开始时刻的。但零转换PWM电路中的谐振电路与主开关是并联的,因此输入电压和输入电流对电路谐振过程的影响很小,电路在很宽的输入电压范围内不受负载影响,均能工作在软开关状态。而且电路中无功功率的交换被削减到最小,这使得电路的效率进一步提高。

零转换PWM电路可分为零电压转换PWM电路和零电流转换PWM电路,这两种电路的基本开关单元如图6-25所示。

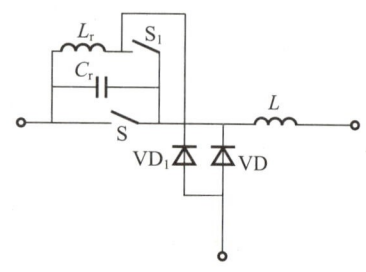
(a)零电压转换PWM电路的基本开关单元

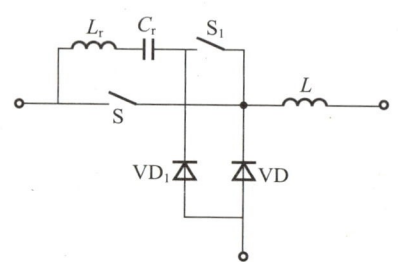
(b)零电流转换PWM电路的基本开关单元

图6-25 零转换PWM电路的基本开关单元

6.3.3 典型的软开关电路

1. 零电压开关准谐振电路

如图6-26所示为零电压开关准谐振电路及其工作波形。零电压开关准谐振电路的工作原理如下。

(1)$t_0 \sim t_1$区间:在t_0时刻前,S为通态,VD为断态,此时$u_{Cr}=0$,$i_{Lr}=I_L$;在t_0时刻,S关断,与S并联的C_r减缓了电压的上升,因此减小了S的关断损耗,此时VD还未开通,L_r和L释放能量为C_r充电,u_{Cr}逐渐增大,u_{VD}逐渐减小。

(2)$t_1 \sim t_2$区间:在t_1时刻,$u_{VD}=0$,VD开通,L通过VD续流,C_r、L_r和U_i构成谐振回路;在t_2时刻,i_{Lr}下降至零,u_{Cr}达到谐振峰值。

(3)$t_2 \sim t_3$区间:在t_2时刻之后,C_r放电,u_{Cr}逐渐减小,L_r储存能量;在t_3时刻,i_{Lr}达到反向谐振峰值。

(4)$t_3 \sim t_4$区间:在t_3时刻之后,L_r释放储存的能量为C_r反向充电;在t_4时刻,u_{Cr}减小为零。

(5)$t_4 \sim t_5$区间:i_{Lr}逐渐增大,在t_5时刻,$i_{Lr}=0$。因为此时$u_S=0$,所以此时开通S不会产生开通损耗。

(6)$t_5 \sim t_6$区间:S为通态,i_{Lr}逐渐增大;在t_6时刻,$i_{Lr}=I_L$,VD关断。之后电路将重复上述过程。

> **点 拨**
>
> 在零电压开关准谐振电路中,谐振电压的峰值将高于输入电压的两倍,这提高了电路对开关器件耐压等级的要求。

项目6 电路保护与常用电力电子技术

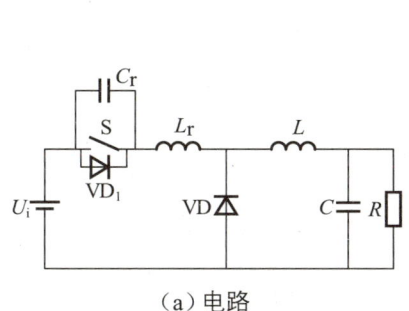
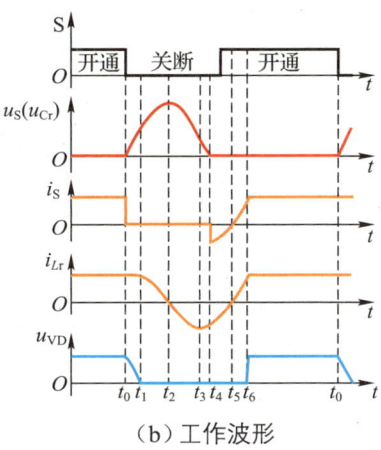

（a）电路　　　　　　　　　　　（b）工作波形

图6-26　零电压开关准谐振电路及其工作波形

2. 谐振直流环电路

谐振直流环电路常应用于交-直-交变频电路的中间环节，使交-直-交变频电路的整流和逆变环节工作在软开关状态。如图6-27所示为谐振直流环电路及其工作波形。谐振直流环电路的工作原理如下。

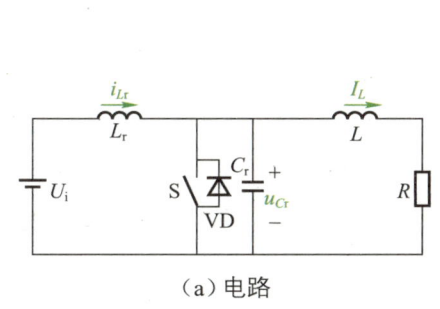
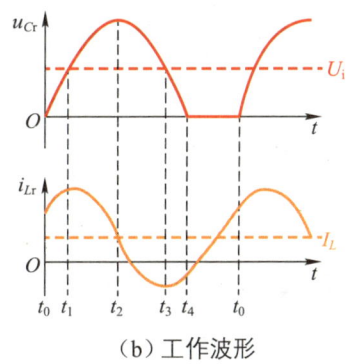

（a）电路　　　　　　　　　　　（b）工作波形

图6-27　谐振直流环电路及其工作波形

（1）$t_0 \sim t_1$区间：在t_0时刻前，S为通态，VD为断态，此时$i_{Lr} > I_L$；在t_0时刻，S关断，电路中发生谐振，L_r释放能量为C_r充电。

（2）$t_1 \sim t_2$区间：在t_1时刻，$u_{Cr} = U_i$；t_1时刻后，i_{Lr}继续为C_r充电；在t_2时刻，$i_{Lr} = I_L$，u_{Cr}达到谐振峰值。

（3）$t_2 \sim t_3$区间：在t_2时刻之后，C_r向L_r和L放电，i_{Lr}逐渐减小，到零后反向；u_{Cr}逐渐减小，在t_3时刻，$u_{Cr} = U_i$。

（4）$t_3 \sim t_4$区间：在t_3时刻，i_{Lr}达到反向谐振峰值，之后开始减小；u_{Cr}继续减小，在t_4时刻，$u_{Cr} = 0$；与S反并联的VD开通，u_{Cr}被钳位于零。

（5）$t_4 \sim t_0$区间：在t_4时刻，S开通，之后i_{Lr}过零后开始增大；在t_0时刻，S关断，电路将重复上述过程。

综合测试

1．填空题

（1）根据产生原因的不同，过电压可分为＿＿＿＿＿＿和＿＿＿＿＿＿两类。

（2）快速熔断器对电力电子器件的保护方式有＿＿＿＿＿＿和＿＿＿＿＿＿两种。

（3）根据缓冲电路作用时刻的不同，可将其分为＿＿＿＿＿＿和＿＿＿＿＿＿。

（4）根据调制脉动极性的不同，PWM的控制方式可分为＿＿＿＿＿＿和＿＿＿＿＿＿。

（5）根据载波信号和控制信号频率关系的不同，PWM的控制方式可分为＿＿＿＿＿＿和＿＿＿＿＿＿。

（6）根据开关器件工作状态的不同，可将开关分为＿＿＿＿＿＿和＿＿＿＿＿＿两种。

（7）零开关PWM电路可分为＿＿＿＿＿＿和＿＿＿＿＿＿。

（8）零转换PWM电路可分为＿＿＿＿＿＿和＿＿＿＿＿＿。

2．判断题

（1）操作过电压来自电力电子装置内部器件的开关过程。（　　）

（2）当电流较大时，过电流继电器可以有效地保护电力电子器件。（　　）

（3）馈能式缓冲电路能将储能器件的能量回馈给负载或电源，其电路结构复杂但效率高。（　　）

（4）PWM控制技术是通过对一系列脉冲宽度进行调制，来等效地获得所需要波形（含形状和幅值）的技术。（　　）

（5）三相桥式电压型PWM逆变电路既可以采用单极性控制方式，又可以采用双极性控制方式。（　　）

（6）当电路采用异步调制时，要尽量提高f_c，以尽量减小不对称产生的不利影响，使输出波形接近正弦波。（　　）

3．简答题

（1）简述阻容保护电路的功能。

（2）产生过电流的原因有哪些？

（3）什么是异步调制？什么是同步调制？两者各有什么特点？

（4）简述零开关PWM电路与零转换PWM电路的区别。

学习成果评价

指导教师根据学生对本项目的实际学习成果对其进行评价,学生配合指导教师共同完成如表6-11所示的学习成果评价表。

表6-11 学习成果评价表

班级		组号		日期	
姓名		学号		指导教师	
学习成果/项目名称	电路保护与常用电力电子技术				
评价项目	评价内容	评价方式	满分/分	评分/分	
知识 40%	过电压保护措施	理论测试	2		
	过电流保护措施		2		
	缓冲电路的分类		5		
	PWM控制技术的基本原理		3		
	单极性SPWM控制方式		5		
	双极性SPWM控制方式		5		
	异步调制和同步调制		5		
	软开关的工作原理		5		
	准谐振电路		3		
	零开关PWM电路		3		
	零转换PWM电路		2		
技能 40%	测试保护电路	实践操作	10		
	测试单相SPWM逆变电路		15		
	测试零电流开关准谐振电路		15		
素养 20%	积极参加教学活动,主动学习、思考、讨论	综合评判	6		
	认真负责,按时完成学习、实践任务		4		
	团结协作,与组员之间密切配合		4		
	服从指挥,遵守课堂和实训室纪律		4		
	守正创新,自信自强		2		
合计			100		
自我评价					
指导教师评价					

参考文献

[1] 戴璐，欧明文，熊少华. 新能源汽车电力电子技术［M］. 北京：中国轻工业出版社，2022.

[2] 谢立果，吴刚，林志钿. 新能源汽车电力电子技术［M］. 北京：北京理工大学出版社，2022.

[3] 吴书龙，黄维娜. 新能源汽车电力电子技术［M］. 北京：机械工业出版社，2022.

[4] 郭医军，于红花. 新能源汽车电力电子技术［M］. 北京：北京理工大学出版社，2021.

[5] 王瑜. 新能源汽车电力电子技术［M］. 北京：高等教育出版社，2020.

[6] 冯津，钟永刚. 新能源汽车电力电子技术［M］. 北京：机械工业出版社，2019.